"La vida religiosa siempre ha tenido un papel profético. En este libro Gittins señala cómo puede mantener su perfil profético al modelar cómo podemos vivir plena e interculturalmente en una época de migración sin precedentes. En casi todos los países estamos con dolores de parto de una forma nueva de ser humano. Pero la migración y la vida intercultural están llenas de dolor y posibilidades. Vivir feliz y productivamente en el futuro implicará aprender no sólo a respetar las diferencias culturales sino también la habilidad de disfrutar la vida con la diferencia. Gittins esboza el papel misionero y profético que puede jugar la Iglesia y da una visión práctica de la cultura, la marginación y la misión así como de las habilidades y actitudes que se requieren para vivir en esas comunidades".

 —Noel Connolly, SSC
 Columban Mission Institute

"*Viviendo Interculturalmente la Misión: Fe, Cultura y Renovación de la Práctica* es un tesoro y un trabajo esencial sobre la vida intercultural como una expresión de la misión, una participación real en la misión de Dios. Este libro es una lectura esencial para las congregaciones internacionales comprometidas con la vida intercultural y dispuestas a 'hacer el trabajo' necesario para hacer de esto una realidad viva. La inclusión de preguntas para la reflexión personal y comunitaria después de cada capítulo y los apéndices desafían al lector a ir más allá del texto y a entrar en un proceso que puede conducir a la transformación. La libertad y apertura para participar en la crítica de la cultura es esencial para la creación de una comunidad de 'acogida radical'. La formación real de la comunidad intercultural es crucial para el desarrollo de la vida religiosa en un contexto global. La experiencia, sabiduría y reflexiones profundas de Gittins son tanto un don como una bendición para la vida religiosa y la Iglesia. Esta no es una lectura para los débiles".

 —Joan Marie Steadman, CSC Directora Ejecutiva
 Leadership Conference of Women Religious

"En *Viviendo Interculturalmente la Misión*, el Padre Gittins proporciona el recurso más completo hasta ahora para integrar los dones de la sociología, la antropología cultural (estudios interculturales) y la teología, aplicables a las comunidades religiosas. En este enfoque multidimensional del tema, él guía a sus lectores en un viaje multifacético con claridad de definiciones, por un lado, y con puntos de referencia para el compromiso y la transformación personal y comunitaria, por el otro. Si la complejidad de la vida intercultural es como una esfera, entonces, cada capítulo de este libro es como una rebanada de la esfera que ofrece oportunidades para una comprensión y exploración más profundas de lo que significa y lo que se necesita para ser una fiel comunidad intercultural misionera".

 —Eric H. F. Law
 Director Ejecutivo de Kaleidoscope Institute
 Autor de *El Lobo Habitará con el Cordero*

"Soy una líder en una congregación internacional que está discerniendo actualmente lo que la interculturalidad puede significar para nosotras y para los demás. He participado en talleres de Gittins sobre este tema y acojo este estudio adicional como una ayuda para una escucha profunda y una respuesta más enfocada a lo que el mundo necesita hoy de las comunidades internacionales. Gittins profundiza de una forma clara y accesible cada aspecto de este tema tan oportuno. Su exploración de la vida intercultural impulsada por la misión es inmensamente práctica y desafiante, y está sólidamente basada en la educación, el compromiso vivido, el diálogo extenso y la reflexión orante. Gittins nos ha dado un gran regalo e incentivo para vivir nuestra unidad en la diversidad desde una postura de fe radical y una mayor conciencia cultural. Estoy deseosa de compartir este regalo con toda mi comunidad internacional y todos nuestros colaboradores en la misión".

 —Mary Ann Buckley, SHCJ
 American Providence Leader, Society of the Holy Child Jesus

"Muchos de nosotros en comunidades religiosas, diócesis y parroquias estamos buscando asesoramiento y recursos para hacer frente a los crecientes desafíos y oportunidades de la vida intercultural hoy en día. *Viviendo Interculturalmente la Misión* es un excelente recurso para los practicantes. Basándose en su formación en ciencias sociales y su conocimiento profundo de las situaciones reales de la misión/ministerio, Anthony Gittins proporciona una herramienta magnífica con información relevante y ejercicios prácticos que pueden ser usados por grupos e individuos. Y él lo hace con un estilo de escritura perspicaz, conciso y claro que conocemos bien y apreciamos en sus otros escritos. En sus propias palabras, Gittins intenta ofrecer formas de acercarse a la 'otredad' de otra gente y a estimular a los lectores a recordar su propia 'otredad' en relación con aquellos entre los que viven y trabajan' (xix). Ha logrado este objetivo y nos deja con un recurso excelente para responder a situaciones de la vida real".

 —Roger Schroeder, SVD
 Louis J. Luzbetak, SVD, Profesor de Mission and Culture Profesor de
 Intercultural Studies and Ministry
 Catholic Theological Union at Chicago

"*Viviendo Interculturalmente la Misión* es una lectura obligada para cualquiera que quiera vivir más plena y profundamente nuestro llamado como iglesia y ciudadanos globales. El libro de Anthony Gittins es el resultado de años de comprometerse teológicamente y vivir prácticamente la invitación, los desafíos y posibilidades de la vida comunitaria intercultural. Gittins explica con grandes ejemplos las dimensiones requeridas para movernos hacia la vivencia de la misión intercultural, ya sea como congregaciones religiosas o como comunidades parroquiales. Él nos da una comprensión de lo que queremos decir con comunidad intercultural y nos enseña cómo abrirnos al crecimiento de manera muy pragmática. En medio de todo esto, nos recuerda que pensar y actuar de manera diferente requiere de una conversión radical, la cual Dios anhela vivir en nosotros. Este libro es para todos los que quieren participar en la construcción del reino de Dios ¡aquí y ahora!".

 —Maria Cimperman, RSCJ, PhD
 Directora, Center for the Study of Consecrated Life
 Profesora Asociada de Theological Ethics, Catholic Theological Union

Viviendo Interculturalmente la Misión

Fe, Cultura y Renovación de la Práctica

Anthony J. Gittins, CSSp

Traducido por
Mexican American Catholic College

Prólogo de
Gerald A. Arbuckle, SM

A Michael Glazier Book

LITURGICAL PRESS
Collegeville, Minnesota

www.litpress.org

Un Libro de Michael Glazier publicado por Liturgical Press

Publicado originalmente como *Living Mission Interculturally: Faith, Culture, and the Renewal of Praxis* por Anthony J. Gittins, CSSp, © 2015 por la Orden de Saint Benedict, Collegeville, Minnesota.

"Radical Welcome" © 2006 Stephanie Spellers. Todos los derechos reservados. Usado con permiso de Church Publishing Incorporated, New York, NY.

"Effects of Culture Contact on Individuals and Community," adaptado de Dawid Venter, "Mending the Multi-Coloured Coat of a Rainbow Nation," *Missionalia* (1995): 316–17. Usado con permiso.

A menos que se indique lo contrario, los textos de las Escrituras en esta obra se han tomado de *La Biblia de Jerusalén* 2009 © Desclée De Brouwer, S.A., Bilbao, España. Usado con permiso. Todos los derechos reservados.

© 2023 por la Orden de Saint Benedict, Collegeville, Minnesota. Todos los derechos reservados. Ninguna parte de este libro puede ser reproducida en ninguna forma, impresa, microfilm, microfichas, grabación mecánica, fotocopia, traducción o por cualquier otro medio, conocido o desconocido, para cualquier propósito excepto para breves citas en reseñas, sin el permiso previo por escrito de Liturgical Press, Saint John's Abbey, PO Box 7500, Collegeville, Minnesota 56321-7500. Impreso en Estados Unidos de América.

1   2   3   4   5   6   7   8   9

Library of Congress Cataloging-in-Publication Data

Names: Gittins, Anthony J., 1943- author. | Arbuckle, Gerald A., writer of prologue. | Mexican American Catholic College (San Antonio, Tex.), translator.
Title: Viviendo interculturalmente la misión : fe, cultura y renovación de la práctica / Anthony J. Gittins, CSSp, Mexican American Catholic College, Gerald A. Arbuckle, SM.
Other titles: Living mission interculturally. Spanish
Description: Collegeville, Minnesota : Liturgical Press, [2023] | "A Michael Glazier book." | Includes bibliographical references and index. | Summary: "Viviendo Interculturalmente la Misión integra la sociología/antropología con la teología práctica, nos recuerda que la buena voluntad por sí sola no es suficiente para lograr el cambio, y señala una forma de vida intercultural sustentada en la fe, la virtud y una serie de habilidades nuevas y adecuadas"— Provided by publisher.
Identifiers: LCCN 2022031422 (print) | LCCN 2022031423 (ebook) | ISBN 9780814668238 (trade paperback) | ISBN 9780814668245 (epub) | ISBN 9780814668245 (pdf)
Subjects: LCSH: Catholic Church—Missions. | Intercultural communication—Religious aspects—Catholic Church. | Christianity and culture. | BISAC: RELIGION / Christian Theology / Ecclesiology | RELIGION / Christian Theology / Anthropology
Classification: LCC BV2180 .G57918 2023 (print) | LCC BV2180 (ebook) | DDC 266/.2—dc23/eng/20220802

Contenido

Prólogo ix
Gerald A. Arbuckle, SM, PhD

Introducción xiii

Capítulo 1

Llamados a la Conversión 1

   El Rostro Cambiante de las Comunidades Religiosas Internacionales 1

   Definiciones y Uso 3

   Diez Tesis sobre la Vida Intercultural 4

   Tres Lineamientos 6

   El Llamado a la Conversión: ¿Qué, Quién, Dónde, Cuándo? 11

   Seguimiento Sugerido 14

Capítulo 2

De Monocultural a Intercultural 15

   Definiendo y Clarificando Términos 15

   Características de las Comunidades Interculturales 24

   Cambiando los Contornos, Perspectivas y Necesidades 29

   Seguimiento Sugerido 31

Capítulo 3

Cultura, "La Parte del Medio Ambiente Hecha por el Humano" 32

   Abordando la "Cultura" 32

   La Cultura como "La Parte del Medio Ambiente Hecha por el Humano" 35

   Seguimiento Sugerido 45

v

Capítulo 4

Cultura: Vida, Significado, Piel, Realidad 46
   Introducción 46
   La Cultura como "La Forma de Vida Social" 47
   La Cultura como "Un Sistema que Da Significado" 50
   La Cultura como "Piel Social" 54
   La Cultura como "Una Realidad Social Duradera" 55
   La Necesidad de Aclarar la Terminología 56
   Seguimiento Sugerido 61

Capítulo 5

Cultura, Fe y Vida Intercultural 62
   Espiritualidad Vivida 62
   Variables Culturales y la Formación de la Fe 63
   Comprensión Cultural del Pasado, el Presente y el Futuro 74
   Viviendo Nuestra Fe y Espiritualidad Interculturalmente 76
   Dos Ejemplos: Óscar Romero y Jesús 77
   Seguimiento Sugerido 79

Capítulo 6

Perfiles Sociales e Interacción Social 80
   Una Advertencia y una Palabra de Aliento 80
   Caracterización de los Tipos Sociales 81
   Estilos de Comunicación de "Alto-Contexto" (Sociocéntrico) y "Bajo-Contexto" (Egocéntrico) 92
   Interpretando, Aplicando y Viviendo con Estilos de Comunicación 94
   Seguimiento Sugerido 96

Capítulo 7

Desarrollando la Competencia Intercultural 98
   "Modelos de" y "Modelos para" 98
   Del Etnocentrismo al Etnorelativismo 100

Las Etapas Etnocéntricas del Desarrollo   101
Las Etapas Etnorelativas del Desarrollo   108
Coda   113
Seguimiento Sugerido   114

Capítulo 8

Misión, Márgenes y Vida Intercultural   115
Revisión y Presentación   115
Márgenes y Marginalidad   117
Marginalidad como Carga u Oportunidad   121
Liminalidad como un "Rito de Paso"   123
Márgenes: Problemas y Posibilidades   124
Jesús: Marginado por Elección y como Ejemplo   126
El Potencial Misionero de las Personas Marginadas   127
Seguimiento Sugerido   130

Capítulo 9

Respuestas Psicológicas a la Vida Intercultural   131
La Necesidad de Ajustes Mutuos   131
Un Diagrama Esquemático de Ajuste Psicológico   133
De la Teoría a la Práctica: Vida Intercultural Auténtica   142
Seguimiento Sugerido   146

Capítulo 10

Respuestas Culturales a la Vida Intercultural   147
La Adherencia a la Cultura   147
La Dignidad de la Diferencia   148
Del Paraíso a la Ruptura: "La Falla Cultural"   151
Los de Adentro y los de Afuera, Participantes y No-Participantes   153
La Solución de Jesús: Quitar la Barrera   158
Seguimiento Sugerido   161

Capítulo 11

Comunidad, *Communitas* y Vivir Plenamente 162
  El Punto de Todo Esto   162
  Comunidad e Institucionalización   165
  Communitas: "Comunidad con una Tarea"   168
  Comunidad Normativa: Institucionalización del Carisma   169
  Comunidad Mecánica   171
  ¿Cuánta Energía *Communitas* se Necesita?   172
  Communitas, Liminalidad y Creatividad   174
  Avivando la Llama   176
  Seguimiento Sugerido   177

Capítulo 12

De la Invitación a la Bienvenida Radical   178
  Hacer Realidad la Comunidad Intercultural   178
  Tres Tipos o Estilos de Comunidad   180
  Seguimiento Sugerido   186

APÉNDICES

  Apéndice I: "Bagaje Cultural"   187
  Apéndice II: Habilidades y Virtudes para la Vida Intercultural   194
  Apéndice III: Vida Intergeneracional   204
  Apéndice IV: Opción Preferencial por "El Otro"   210
  Apéndice V: Poder y Autoridad   215

Notas   222
Bibliografía   240
Índice   250

Prólogo

El mundo está fracturado por conflictos ideológicos, genocidio, formas patológicas de nacionalismo y tensiones interculturales—un mundo "sufriendo dolores de parto" (Rm 8,22) necesitado de reconciliación a través de las fronteras culturales y dentro de las mismas. Necesitamos personas sabias que nos ayuden a entender lo que está sucediendo y nos ofrezcan pautas prácticas para vivir juntos en armonía. La sabiduría es la información y comprensión que se obtiene a través de la contemplación de la experiencia que guiará el comportamiento. Es una forma de comprensión que combina una actitud reflexiva y una preocupación práctica de actuar virtuosamente.

El autor Anthony Gittins tiene la sabiduría que necesitamos para vivir interculturalmente. Este libro es la consecuencia de sus años de contemplar inteligentemente y de vivir en muchas culturas diferentes. El autor descubrirá, como yo lo he hecho, que detrás del texto del libro está su creencia incuestionable de que Dios nos llama a construir culturas purificadas de todo aquello que obstruye la presencia de su Espíritu. Su entusiasmo es contagioso. Los lectores también lo encontrarán irresistible.

Aunque el libro está escrito para miembros de comunidades religiosas internacionales (mujeres u hombres, laicos o clérigos), gran parte de las ideas teóricas y prácticas pueden aplicarse igualmente a cualquier persona comprometida con un ministerio que implique relaciones entre personas de diferentes culturas. Para ilustrar la relevancia amplia y urgente de este libro, Anthony menciona, por ejemplo, la necesidad urgente de fomentar la vida intercultural para el clero que ha sido reclutado en el extranjero, y la necesidad de que las congregaciones religiosas dejen sus acostumbradas políticas de asimilación cultural que "cada vez están menos adaptadas a las realidades de una iglesia global y que son incapaces de producir comunidades integradas compuestas por miembros mutuamente respetuosos y solidarios" (p. xvi).

También afirma que los temas del libro son necesarios para ayudar a los ministros pastorales laicos en las diócesis multiculturales. Tiene razón. Algunas personas pueden estar entusiasmadas por trabajar fuera de su propia cultura, pero carecen de las habilidades para aprender algo de las culturas anfitrionas e integrarse en ellas. En resumen, las ideas de Anthony sobre la complejidad de la cultura y sus implicaciones prácticas son válidas para cualquiera que viva y trabaje en culturas que no sean la suya, no solo para las personas de fe comprometidas con la vida intercultural.

La mezcla de teoría y práctica del libro es tan efectiva que el libro podría haberse llamado *Un Manual para Vivir Interculturalmente la Misión*. La vida intercultural es una Aventura intencional e inequívocamente basada en la fe. Pero la fe debe vivirse en un contexto cultural, porque "llevamos este tesoro en recipientes de barro" (2 Co 4,7). De ahí la importancia de captar perceptivamente la compleja dinámica de la cultura. Si vamos a ser miembros auténticos de comunidades de fe internacionales, necesitamos descubrir, respetar y honrar las demandas genuinas de nuestras culturas y comprometernos a encontrarnos con gente de otras culturas, tanto con gratitud como con la voluntad de aprender. Esto significa que debemos comprender la naturaleza y el poder de la cultura. Necesitamos identificar, mientras nos esforzamos por vivir interculturalmente, lo que puede estar frenándonos o liberándonos en nuestras culturas.

El autor procede a explicar estos puntos en formas fácilmente comprensibles para el lector no académico. Con razón, él insiste en que vivir interculturalmente demanda habilidades que deber ser adquiridas y trabajadas con diligencia y sin cesar *si* se quiere que las personas vivan amigablemente. La buena voluntad no es suficiente. ¡Cuánta verdad! Extrae con maestría de las lecciones que ofrecen las ciencias sociales con especial referencia a la psicología, la sociología y la antropología social/cultural en particular. El autor no solo articula claramente las habilidades requeridas, sino que también describe formas prácticas para lograrlas y evaluarlas.

La cuarta palabra del título del libro es "Misión" porque, refiriéndose a la exhortación del Papa Francisco, "*todos* estamos llamados a ser 'discípulos misioneros': no hay otra clase de discípulos de Jesús" (p. 164). No podemos tener una vida intercultural *si* no estamos en misión; una comunidad que solo mira hacia adentro de sí misma muere. Es decir, el objetivo esencial y la validación de la vida intercultural son la misión de Dios y nuestra participación gozosa y entusiasta en ella. Humanamente la vida intercultural será siempre un desafío; eso significa dejar atrás los vínculos culturales apreciados y estar abiertos a nuevas experiencias culturales. Exige un esfuerzo constante inspirado en la fe. En palabras del autor: "La vida intercultural es, de hecho, revolucionaria: afecta a todos los involucrados, no favorece a nadie, y exige de todos una transformación" (p. xviii). La transformación es el fruto continuo de la conversión a la misión de Cristo: es el cambio en nuestra vida lo que invitará a otros a escucharnos.

En *The Hobbit: Or There and Back Again*, de J. R. R. Tolkien, Bilbo Baggins inicialmente rechaza una invitación a ir de viaje. Está demasiado cómodo en su estilo de vida como para molestarse en experimentar una aventura. Finalmente, acepta el reto e incluso empieza a disfrutarlo. Pero pronto se cansa de la implacable necesidad de adaptarse, y de aprender de otras culturas, así que regresa a casa y se retira del mundo de la aventura, cantando: "Los pies que se han ido errantes, regresan al fin a la casa lejana. Los ojos . . . Ven al fin los prados verdes". Anthony explica que podemos comprometernos a la vida intercultural, pero siempre está la tentación de debilitar nuestros esfuerzos, de buscar refugio otra vez, como Bilbo Baggins, en nuestras propias culturas familiares y nuestros prejuicios. Él escribe: "Jesús nos llama a transformar nuestras culturas particulares desafiando el pecado y buscando la gracia, como él se esforzó por transformar la suya. Y eso no cuesta menos que todo lo demás: esa es la medida de nuestra fe, vivida culturalmente" (p. 78). San Pablo usa la analogía de un atleta cuando explica el proceso de la conversión requerido para la vida intercultural. Dejar de correr para el Señor es volver a caer en percepciones y comodidades puramente humanas (1 Co 9,24-27). Se requiere la disciplina constante de toda la persona: "Los atletas se privan de todo. . . . Así pues, yo corro, pero no sin ton ni son . . . golpeo mi cuerpo . . . no sea que, después de enseñar a los demás, yo quede descalificado" (1 Co 9,25-27).

Gerald A. Arbuckle, SM, PhD\
Refounding and Pastoral Development Unit\
Sydney, Australia

Introducción

Desafío y Oportunidad en la Misión y el Ministerio Contemporáneos

Algunos temas resultan ser de interés perenne para mucha gente, mientras otros se hacen interesantes por circunstancias particulares; es posible que los incendios o las inundaciones no capten el interés o la imaginación de la gente en general hasta que un incendio o inundación los involucre a ellos o a sus seres queridos. Con el fenómeno de la globalización en recientes décadas, la vida intercultural ha demostrado ser un tema cada vez más relevante para más y más gente y, francamente, muy desafiante para aquellos cuyas circunstancias los llevan al contacto frecuente con gente de culturas diferentes. Hubo un tiempo en que la mayoría de la gente pasaba toda su existencia a una distancia sorprendente de sus casas o se trasladaban a lugares donde la gente hablaba el mismo idioma y la vida cultural era muy similar a la suya. Pero los viajes de avión a precios asequibles, la migración humana, (elegida libremente o forzada), la expansión de los mercados y el comercio, la posibilidad de una educación casi universal y el aumento del trabajo pastoral misionero han alterado radicalmente la naturaleza de las relaciones humanas en todo el mundo.

La internacionalidad y la multiculturalidad describen aspectos de los cambios que afectan a las personas y los grupos, pero frecuentemente las palabras ocultan tanto como revelan—no siempre son adecuadas para describir ciertos procesos sociales. Más bien, describen situaciones o hechos sociales: "internacional" se aplica generalmente a cualquier situación que involucre a personas de diferentes nacionalidades, desde "una crisis internacional" hasta "cooperación internacional"; mientras "multicultural" es típicamente utilizado cuando los interesados se distinguen o diferencian principalmente no por su nacionalidad, sino por su cultura. Sin embargo, ninguna de las dos palabras identifica la calidad real de las relaciones en cuestión. La ayuda internacional puede ser unilateral y simbólica sin crear una relación significativa o positiva de mutualidad entre los donantes y los receptores. De hecho, muchos donadores nunca se encuentran con ningún receptor, ni los receptores tienen idea de dónde se originó la ayuda. La ayuda internacional puede crear fácilmente resentimiento en los receptores y complacencia en los donantes.

La palabra multicultural puede aplicarse a una realidad social *de facto* sin revelar nada sobre la calidad de las relaciones involucradas. Millones de personas viven en ciudades o barrios multiculturales, codo a codo con gente de muy diferentes culturas, pero sin intentar nunca aprender el idioma del otro o encontrarse con sus vecinos de una manera que no sea superficial o convencionalmente cívica. El multiculturalismo ha sido descrito como "vivir juntos pero separados". Para nosotros como personas de fe, eso simplemente no puede ser suficiente.

En el mundo de hoy, algo está ocurriendo cada vez con mayor frecuencia, ya sea por razones comerciales o humanitarias o debido a un compromiso intencional con "el otro" (cualquier persona, pero particularmente alguien de una cultura o idioma diferente). El fenómeno es que ciertas personas, bajo ciertas circunstancias, eligen deliberadamente trabajar a través de divisiones lingüísticas o culturales para construir una comunidad que puede ser llamada "intercultural". Ése es el enfoque de este libro. Pero, al igual que las palabras "internacional" y "multicultural", la palabra "intercultural" puede describir un simple hecho social. O puede aplicarse a una calidad particular de relaciones entre las personas involucradas; es este último significado el que definiremos, identificaremos y promoveremos.

Escrito principalmente para miembros de comunidades internacionales de religiosos (mujeres y hombres, laicos o clérigos), gran parte del contenido de este libro puede aplicarse igualmente bien a cualquier persona comprometida con un ministerio que implique relaciones entre personas de diferentes culturas—la gran mayoría de los ministros eclesiales en el mundo globalizado de hoy. La denotación más importante de la palabra "intercultural" en estas páginas es que es una palabra teológica y por lo tanto se aplica a personas que están explícita e implícitamente motivadas por la fe en Dios. Pero, antes de explorar esto, aquí hay cuatro situaciones o escenarios posibles en los cuales se podría requerir una vida intercultural y en los que este libro podría ser relevante.

1. Clero Internacional en Diócesis Grandes

Hay muchas razones por las que personas de diferentes idiomas y culturas pueden intentar formar una comunidad intercultural, virtual o real. Considere algunas diócesis lejanas en las Provincias de las Praderas de Canadá o en muchas otras partes del mundo donde los clérigos son pocos y están envejeciendo, y el obispo está preocupado por proporcionar sacerdotes como pastores y ministros sacramentales. Viaja a lo largo y ancho de países con más clero y logra reclutar unos cuantos de las Filipinas, África, Polonia e India para complementar su actual clero diocesano, el cual está formado solamente por canadienses. Su esperanza es que esta nueva adición de sacerdotes de diversas culturas se una de tal manera que demuestre a la gente local la posibilidad y la fuerza de la vida intercultural. Sin embargo, después de tres o cuatro años, su experiencia es que un número considerable de su cuidadosamente reclutado expatriado clero había regresado a casa o de alguna manera le había fallado al obispo, a su gente y quizá a ellos mismos. Además, los que se quedaron buscaron la compañía de sacerdotes amigos de su propia cultura y no se mezclaron muy bien con los de otras culturas. El clero local canadiense también encontraba que eran difíciles de entender y los consideraba de alguna manera problemáticos, mientras el obispo no solo creía que su experimento no había dado fruto, sino que también había creado un gran número de problemas pastorales de personal, de servicio pastoral efectivo y de supervisión.

Los detalles de tal escenario pueden ser cubiertos por cualquiera con imaginación y un poco de experiencia. Entonces, la pregunta ahora es: ¿qué se podría haber hecho, si es que se podía hacer algo? Este libro intenta dar algunas respuestas.

2. La Expansión de una Congregación Alemana de Religiosas

Imagina una fundación religiosa que data de mediados del siglo XIX que establece una nueva comunidad en los Estados Unidos en la década de 1860. Está compuesta por un puñado de hermanas de habla alemana. Inicialmente, su ministerio está confinado a una sola diócesis donde ellas trabajan en su mayoría entre inmigrantes de habla alemana. Pero a medida que se empiezan a sentir seguras y encuentran su apostolado, mejoran su dominio del inglés y comienzan a buscar y acoger vocaciones locales. Para el tiempo del Concilio Vaticano II, se han establecido bien, con comunidades y escuelas desde la Costa Oeste hasta la Costa Este. Muchas de las hermanas más jóvenes son de origen alemán de segunda y tercera generación, por lo que hay un fuerte *ethos* alemán y un apego a los fundadores alemanes, aunque una minoría sustancial de las hermanas es de origen inglés, irlandés, italiano y francés. El hábito religioso, el estilo litúrgico y de oración, y muchas costumbres y elementos del menú se derivan, sin embargo, directamente de los orígenes alemanes de su comunidad. Una característica de esta comunidad es que las aspirantes a postulantes y novicias son admitidas mediante un proceso de asimilación: se les exige que modifiquen su comportamiento para aceptar las convenciones bien establecidas de la comunidad con su sello fuertemente germánico, y quien no pueda hacerlo, tarde o temprano dejará la comunidad. Este modelo de asimilación fue el modelo por excelencia en la vida religiosa durante siglos: la orden o congregación se consideraba poseedora de un carisma fundacional (una identidad y propósito específico o "misión") encarnada en su regla y constituciones y su carisma debía pasar de una generación a la siguiente con muy poca variación y con mucha fidelidad a la tradición. El enfoque no era extraordinario por sí mismo y aseguraba continuidad y conformidad, minimizando o suprimiendo las diferencias individuales de naturaleza personal, temperamental y cultural.

    Impulsadas por las reformas del Concilio Vaticano II, tales comunidades se diversificaron y expandieron gradualmente más allá de sus límites territoriales anteriores. Con las condiciones sociales cambiantes, ahora las nuevos miembros entraron como adultas maduras en lugar de acabadas de salir de la escuela, y el modelo asimilacionista se hizo cada vez más inadaptado a las realidades de la iglesia global e incapaz de producir comunidades integradas compuestas por miembros mutuamente respetuosos y solidarios. Hoy en día, mientras algunas comunidades siguen siendo en gran medida monoculturales y homogéneas, la mayoría de los religiosos posteriores al Concilio Vaticano II han examinado su inspiración original y tratado de enfocarla en el mundo actual—incorporando a personas de culturas e iglesias locales más allá de Europa y América. Muchas han descubierto, para su propia sorpresa o disgusto, y a un gran costo personal para las aspirantes, que es imposible continuar con patrones de formación respetados por mucho tiempo. Lentamente, pero con seguridad, se han convencido de que el modelo asimilacionista ya no es adecuado para el propósito si las comunidades internacionales, y *de facto* multiculturales, pretenden estar apropiadamente equipadas para el apostolado de hoy. Pero también están conscientes de que el simple hecho de vivir bajo el mismo techo no convierte a las personas en una comunidad o familia. A menos que enfrenten el reto de la vida *intercultural*, las comunidades corren el riesgo de la fragmentación, la pérdida de membresía y la incapacidad de servir a la misión. Este libro es un intento de trazar un rumbo para el futuro.

3. Individualismo en Comunidades Misioneras Establecidas

No todos los grupos internacionales o multiculturales son interculturales. La verdadera vida intercultural es una iniciativa basada en la fe y requiere que cada persona esté verdaderamente comprometida con personas de culturas y etnias diferentes. Un espíritu de independencia e individualismo socavará cualquier proyecto intercultural, y la pertenencia a comunidades religiosas internacionales no produce automáticamente la vida intercultural. Algunas personas han vivido por décadas fuera del ambiente de su cultura original sin ser verdaderamente aceptadas, ni mucho menos integradas, a las comunidades en las que viven. Algunas mantienen vínculos mucho más fuertes con su hogar que con las personas a las que dicen servir, buscando la compañía de otros expatriados en lugar de la de la gente local y aferrándose a su propio lenguaje en lugar de hacer cualquier intento serio de aprender el idioma de sus anfitriones. Sus vidas no solo están lejos de ser interculturales; es improbable incluso que sean transculturales en cualquier sentido real. Irónicamente, algunas comunidades recientemente internacionalizadas (internacionales tanto en reclutamiento como en asistencia) parecen más comprometidas con la vida intercultural que las comunidades establecidas desde hace mucho tiempo. Identificaremos algunos puntos ciegos que limitan la visión y el compromiso de las personas, e intentaremos ofrecer algunos indicadores relevantes para la vida intercultural.

4. Ministros Pastorales (Laicos) en Diócesis Multiculturales

A mediados del siglo pasado, el número de ministros pastorales oficialmente calificados y empleados ha aumentado a un ritmo sin precedentes. Solo en los Estados Unidos, no había ninguno en 1967, 10,500 en 1986 y 22,791 en 2013. Dado el cambio radical de parroquias monoculturales o de una sola etnia a las parroquias multiculturales de hoy, es evidente que los ministros pastorales están ahora llamados a trabajar con y entre una amplia variedad de estilos culturales. El trabajo de Eric H. F. Law ha sido una gran contribución para el ministerio multicultural; su trabajo será examinado en estas páginas. Pero este libro también está estructurado de tal manera que ofrece a los ministros pastorales alguna ayuda para identificar los retos que forman parte de su ministerio. Dado que todos los cristianos estamos llamados por el bautismo a servir no solo a las hermanas y hermanos que ya conocemos, sino también a los que aún no hemos conocido, y dado que vivimos en un mundo globalizado, multicultural, tiene que haber algo en estas páginas para todo aquel que se tome en serio el componente cultural de su fe. Los encuentros interculturales y la vida intercultural no solo se aplican a las personas *dentro* de las comunidades de mujeres u hombres religiosos consagrados, sino también a las relaciones *entre* comunidades y los miembros que las forman. Por lo tanto, quien emprende un trabajo pastoral en las favelas, hospitales, prisiones, asilos, parroquias, etc., donde uno mismo (*ego*) es el de afuera, comprometido a aprender sobre los de adentro y de ellos, está emprendiendo una forma de vida intercultural.

Cualquiera que se comprometa en esta empresa experimentará vulnerabilidad, limitaciones y "se sentirá de afuera" hasta cierto punto. Pero al identificar la forma en que el mismo Jesús abrazó tal estatus y nos llama a hacer lo mismo, la vida intercultural no solo es posible (con el compromiso y la adquisición de las habilidades y sensibilidad apropiadas) sino que también puede ser redentora tanto para los de adentro como para los de afuera.

La vida intercultural es de hecho revolucionaria: afecta a todos los involucrados, no favorece a nadie y exige a todos una transformación. Afecta a los recién llegados, incluyendo a los reclutadores; afecta la forma en que las personas se adaptan a nuevos nombramientos, incluyendo a sus mentores; reta a los miembros de la cultura dominante en cualquier cultura o comunidad o grupo; y afecta la forma en que se trata y responde a las personas dentro de grupos minoritarios. Los estilos de liderazgo y el proceso para la selección de líderes futuros deben ser examinados y modificados para responder al llamado reiterado del papa Francisco y a las necesidades reales de las personas a quienes servimos. Y para que haya un futuro viable a largo plazo para la vida intercultural, todos los aspirantes—clérigos, religiosos o laicos—necesitarán demostrar no solo voluntad sino también un compromiso real y una capacidad probada para la vida intercultural.

Los Límites y Limitaciones de Este Libro

El tema de la interculturalidad y la vida intercultural ha generado una biblioteca virtual de estudios académicos, inicialmente y en gran parte dentro de las ciencias sociales, y más recientemente en el campo de la teología. El presente trabajo no pretende ni se propone ser una adición estrictamente académica a esa literatura. Si distinguimos el conocimiento académico o externo ("saber sobre") del conocimiento de aprendizaje o interno ("saber de"), siendo el primero más teórico y el segundo más práctico, los objetivos de este libro están dirigidos directamente al conocimiento práctico y de aprendizaje. La teoría está incluida, por supuesto, y hay muchas referencias bibliográficas para una lectura posterior; pero mi principal preocupación es describir las características de la vida intercultural e invitar a los lectores a recorrer un camino que puede llevarlos a una experiencia real de tal modo de vivir. A lo largo del libro hay sugerencias para la experimentación y la acción práctica para individuos y comunidades enteras, y cada capítulo termina con sugerencias para una mayor integración. Algunos de los diagramas deberían proporcionar materia para la meditación o para compartir en la comunidad, mientras que otros, como el de Perfiles Sociales (capítulo 6) o Respuestas Psicológicas (capítulo 9), podrían ser útiles para un taller para los miembros de la comunidad. Este libro, por lo tanto, es principalmente para los practicantes más que para los teóricos.

Viviendo Interculturalmente la Misión no es el resultado de una investigación básica de las prácticas diarias en varias comunidades, aunque algunos conocimientos y experiencias de ellas han contribuido a la presentación. Más bien ofrece una serie de "enfoques" de la vida intercultural, basados tanto en la investigación de otras personas como en sabiduría práctica destilada por antropólogos que trabajan con gente de diferentes culturas. Es este sentido, este libro es ecléctico o sintetizador por naturaleza, con el objetivo de presentar la vida intercultural no solo como un desafío serio, sino también como algo perfectamente posible y por lo que vale la pena esforzarse. Trata de ofrecer formas de acercarse a la "otredad" de otras personas y de estimular a los lectores a recordar su propia "otredad" en relación con aquellos entre los que viven y trabajan.

Hay muchos recursos que ofrecen caminos de discernimiento espiritual o pruebas psicológicas para preparar a la vida entre culturas o intercultural. Este libro, sin embargo, es más bien un "proceso de descubrimiento" por el cual las personas pueden medir su propia idoneidad temperamental, preparación o voluntad para adaptarse y aprender los elementos de la vida intercultural a través de la exposición a algunos análisis sociales, algunas reflexiones teológicas, y algún *examen* personal. En el curso de tal introspección y conversación, las personas deberían ser capaces de entender mejor si están preparadas para las demandas de la vida intercultural y, si no lo están, si pueden ofrecer apoyo moral y espiritual a aquellos que sí lo están. No hay que avergonzarse de reconocer que la vida intercultural está más allá de las habilidades reales de uno, ya sea por la edad, el estado de salud u otras limitaciones. Lo que es importante es saber cómo se puede contribuir mejor al bien de la comunidad y al objetivo misionero con el que se compromete.

Por tanto, este es un libro de "cómo hacerlo", pero como la vida intercultural es en el fondo una empresa teológica o basada en la fe, algunos de sus fundamentos teológicos y filosóficos más profundos se plantean a lo largo de él. Pero en el análisis final, ninguna cantidad de teologizar o filosofar puede reemplazar la necesidad del compromiso individual y de esfuerzos persistentes.

Aquí hay dos puntos que debemos tener en cuenta, cada uno de los cuales se repetirá a lo largo de estas páginas. Primero, debemos aprender a apreciar nuestras diferencias y no simplemente amalgamar o mezclar nuestras similitudes; la comunidad intercultural que construyamos debe convertirse en un segundo hogar para todos, no solamente para los de la cultura dominante o para las personas dominantes. Las palabras de Jonathan Sacks nos dan una buena advertencia si fallamos en esto: "La segregación está reemplazando rápidamente a la integración como ideal. Las comunidades se están volcando hacia adentro". Y segundo, debemos aprender a identificar la forma en que pensamos y entonces repensarla para el bien de la misión. Más tarde citaremos las sabias palabras de Rudy Wiebe: "Te arrepientes, no al sentirte mal, sino al pensar [y actuar] de manera diferente".

Y finalmente, aquí está una parábola o fábula. De niño, me encantaba jugar al cricket. Me hubiera gustado ser bueno en eso. Tenía mucho entusiasmo. Tenía un poco de talento. Pero nunca tuve un entrenador. Nunca recibí ningún estímulo. Y no tenía acceso a ningún equipo decente. Por consecuencia, nunca desarrollé el talento que pude haber tenido. Pero pude haberlo tenido si las circunstancias hubieran sido diferentes.

A muchas personas y comunidades les gustaría vivir interculturalmente *in unum*. Muchas personas y comunidades tienen un poco de talento y mucha buena voluntad. Me gustaría ofrecer en estas páginas un poco de material, mucho ánimo, algo de orientación y algunas sugerencias para la práctica continua, individual o como equipo. No todos querrán perseguir este tema. No todos pueden llegar a ser excepcionalmente buenos en él. Pero todos son capaces de generar algo de entusiasmo y algo de ánimo para otros. Y todos podemos comprometernos a aprender algunas habilidades y enfoques y a apoyar y afirmar a otros en lugar de menospreciarlos y criticarlos.

¿Existen algunas comunidades interculturales verdaderas? Sí, ciertamente las hay en la práctica, dondequiera que la gente se proponga vivir intencionalmente como una comunidad unida en sus diferencias y que respete verdaderamente al "otro". Pero podría haber muchas más si la gente creyera que la vida intercultural no solo es deseable, sino también verdaderamente posible, y si sintieran que es algo que puede aprenderse y practicarse sistemática y efectivamente. Aunque la buena voluntad por sí sola no es suficiente, es un prerrequisito importante. En las páginas siguientes, se describen, se ofrecen y se incentiva a realizar algunas cosas que se necesitan.

Capítulo Uno

Llamados a la Conversión

El Rostro Cambiante de
las Comunidades Religiosas Internacionales

La organización social de los institutos religiosos, tanto de mujeres como de hombres consagrados (incluyendo a los hermanos y clérigos) varía mucho, en coherencia con su *carisma* fundacional y objetivo pastoral, y es bastante diferente de la del clero parroquial o secular. En principio, al menos, la última solía proceder de los hombres que vivían dentro de los límites de una diócesis particular, y generalmente compartían un idioma, cultura y nacionalidad comunes. Por el contrario, muchas órdenes y congregaciones religiosas se extendieron con mucha rapidez y mucho más allá de sus orígenes geográficos históricos. Al reclutar de entre muchas culturas, con el tiempo se hicieron verdaderamente internacionales en extensión y membresía. Otras, aunque también eran internacionales en cuanto a sus miembros, se abstuvieron deliberadamente de reclutar nuevo personal de las áreas distantes que evangelizaban ("las Misiones" como se les llamaba) hasta que primero se estableciera un clero indígena o una comunidad diocesana de mujeres consagradas en la iglesia de la región y para la misma. Otras comunidades, más locales en ambición y alcance, florecieron por muchos años relativamente cerca de su fundación original pero más tarde (particularmente desde el Concilio Vaticano II) comenzaron a extenderse más allá de su área de influencia anterior para compartir su *carisma* y personal entre la gente que buscaba ayuda y experiencia pastoral y personal en otras partes del mundo con las que no estaban familiarizados.

Los tiempos cambian. Ya han pasado los días en que la membresía de provincias diferentes de comunidades consagradas internacionales era en gran medida étnica y lingüísticamente homogénea. Y si cada una de esas diversas provincias llevaban una vez el sello inconfundible y marcado de su provincia original o "madre" (en el atuendo y en el *horarium* diario), su identidad en el siglo XXI a menudo es muy diferente—en membresía, teología, misionología, enfoque y obras—de lo que era hasta mediados del siglo XX. La movilidad social y geográfica son mucho más evidentes hoy que antes de la llegada del Jumbo Jet que redujo al mundo en los años sesenta; y el impacto de tal movilidad está afectando y reconfigurando actualmente los contornos de las comunidades consagradas internacionales.

El modelo clásico de reclutamiento era el de la asimilación: después de un período adecuado de escrutinio o investigación, los posibles miembros eran admitidos con el entendimiento general y específico de que iban a aprender a acomodarse a una forma de vida preexistente y bien probada. Si, y cuando, los aspirantes eran admitidos en una comunidad particular, pero traían consigo una cultura o idioma diferente, la adaptación requerida sería en gran parte unidireccional: se esperaba simplemente que el miembro nuevo "encajara", mientras que la comunidad en su conjunto continuaría como antes—con un mínimo de alteración.

La tesis de este libro es que, dados los cambios demográficos globales que han ocurrido en la vida de los miembros mayores de hoy, el futuro de las comunidades consagradas internacionales debe ser cada vez más y más intencionalmente intercultural. De hecho, sin el cambio tectónico de internacional a intercultural, no habrá un futuro viable para las órdenes religiosas internacionales. A menos que podamos vivir juntos interculturalmente, nos desmoronaremos, nos retiraremos a nuestros grupos culturales respectivos, o continuaremos a medias, tal vez profesando de manera poco convincente lo que no vivimos realmente.

El desafío que todos enfrentan ahora—no solo los nuevos miembros, sino también los miembros actuales—es el de identificar y responder a las demandas específicas de la vida intercultural. Los aspirantes a miembros reconocerán más naturalmente que su propia identidad cultural no solo debe ser respetada, sino también seriamente asumida por los miembros actuales, mientras que estos últimos se verán desafiados a reconocer no solo que el anterior modelo de asimilación ya no es adecuado para el propósito, sino también que ahora le corresponde a cada miembro mayor identificar y responder al desafío real de vivir interculturalmente, ya sea abrazando esta forma de vivir de todo corazón, a medias o resistiéndose a ella y esperando la muerte. Todos deben estar dispuestos a levantarse y actuar: el futuro, viable o no, exige y depende de ello.

Definiciones y Uso

A lo largo de estas páginas iremos construyendo gradualmente un cuadro compuesto del significado y la relevancia de la palabra "intercultural", usada teológicamente. En ese sentido no está en muchos diccionarios; y donde se emplea puede verse que tiene diversos referentes. Como se usa teológicamente, su enfoque es claramente diferente del de las ciencias sociales, donde muy probablemente se originó. Este libro lo usa explícitamente en un sentido teológico: es decir, intrínsecamente, tiene algo que ver con Dios y la fe. Cuando aparece en un diccionario, su significado estándar es algo como "de, relacionado con o representando diferentes culturas", y suele aparecer en la frase "comunicación intercultural", la cual, a su vez, se describe como la comunicación que se comparte entre comunidades culturalmente diferentes. Ambas son perfectamente útiles y valiosas en lo que respecta a su aplicación; pero las llevaremos considerablemente más lejos al ponerlas en un contexto teológico. Desde hace varias décadas, los teólogos y misionólogos han estado hablando de la "teología intercultural" e "interculturalidad".[1]

Cuando se usa en estas páginas con un enfoque teológico, la palabra "intercultural" se asocia más a menudo con una forma de vivir: "la vida intercultural" es nuestro tema. Se distinguirá de "internacionalidad" y "multiculturalidad". Tomo lo siguiente como una descripción de trabajo que trataré de ampliar describiendo su funcionamiento e implicaciones:

> [El enfoque intercultural] tiene como objetivo, en última instancia, establecer en la realidad las condiciones prácticas que permiten a los sujetos de cualquier universo cultural utilizar las "reservas" de su tradición de origen como un punto de apoyo para su propia identidad personal, sin consecuencias discriminatorias, y participar en la utilización de estas referencias culturales en el proceso de intercambio de ideas. Todo ello con el objetivo común de buscar la verdad.[2]

Esto está claro y es útil, aunque el objetivo de estas páginas no es simplemente la búsqueda de la verdad; sino que está destinado principalmente para las personas que sienten que necesitan urgentemente algo más que la internacionalidad o la vida multicultural. Algunos, de hecho, ya están comprometidos—y quizá lo han estado por muchos años—con la vida intercultural como una forma de vida que sirve a los fines pastorales y misioneros de su comunidad religiosa internacional; pero las circunstancias de hoy exigen que muchos más se comprometan con este modo de vida.

Diez Tesis sobre la Vida Intercultural

Desde hace más de medio siglo, las compañías multinacionales han identificado, y las ciencias sociales han abordado, la necesidad de cooperación entre culturas[3] y de vastamente mejoradas habilidades para la comunicación transcultural.[4] El anterior y ampliamente usado término "multicultural" ha sido sustituido en gran medida por "intercultural"[5] para centrarse no solo en el hecho social de que las personas de culturas diferentes viven a menudo en estrecha proximidad, sino también en los desafíos específicos que enfrentan las corporaciones multinacionales que intentan crear una fuerza de trabajo conjunta con personal culturalmente diverso. Debido a que estas palabras todavía se usan a veces de manera intercambiable—y que las ciencias sociales y la misiología abordan realidades sociales diferentes—aclararé el uso cuando sea necesario.

Así como la palabra *inculturación* se ha convertido en una palabra específicamente teológica, desconocida o insignificante para los científicos sociales, lo mismo sucede con la palabra *intercultural*; lo mismo puede usarse para enfatizar cooperación transcultural y mutualidad, pero en el uso común o secular, eso es todo lo que significa. Por eso, es importante para nosotros identificar desde el principio algunos rasgos específicos de la *vida intercultural* tal como se expondrá en las siguientes páginas *como un término con peso teológico*. Aquí hay diez:

1. La vida intercultural es una labor intencional y basada explícitamente en la fe. Por lo tanto, es radicalmente diferente del ser simplemente un miembro de una comunidad internacional y vivir bajo el mismo techo que otros, incluyendo personas de diversas culturas.

2. Dado que una cultura particular (o constelación de rasgos culturales) marca a cada persona, se deduce que la fe de una persona solo puede ser vivida *culturalmente*: no hay fe vivida sin vivir la cultura correspondiente. La fe se expresa en la práctica. Esto requiere que se anime a todos a expresar su fe por medio de su cultura y que estén conscientes de que el no vivir profundamente

dentro y a través de su propia cultura puede producir una especie de esquizofrenia religiosa o espiritual.

3. La vida intercultural en sí misma no debe imaginarse principalmente como un *problema*. Sería preferible que la gente la identificara como un *desafío* que debe ser enfrentado y manejado apropiadamente. Tampoco debe ser vista como un desafío (o problema) de alguien más; es un desafío que afecta a todos por igual. Una comunidad que está polarizada en "nosotros" y "ellos" nunca logrará la vida intercultural; solo una comunidad que se esfuerza por convertirse en "nosotros" puede posiblemente tener éxito.

4. Para la gran mayoría de las personas, la vida intercultural es indeseable e innecesaria. De hecho, es antinatural o al menos no "natural" (como veremos). Pero es posible, tal vez "sobrenatural", si se lleva a cabo por un motivo sobrenatural. Y puesto que es una forma de vida basada en la fe, no se logra con un simple dominio de técnicas nuevas;[6] requiere virtud y, de hecho, la transformación o conversión de todos los involucrados.[7]

5. Como atestiguará cualquiera que haya intentado la vida intercultural, no es nada fácil. Pero es muy deseable y parece que es urgentemente deseado por Dios, no sea que una sola cultura llegue a dominar en una comunidad culturalmente diversa y los individuos se vean significativamente afligidos, alienados o algo aún peor.

6. La buena voluntad no es suficiente para lograr la vida intercultural. La buena voluntad ha sido responsable de la perpetración de muchas tragedias y escándalos humanos, tanto dentro de la Iglesia como fuera de ella. La buena voluntad es sin duda muy necesaria, pero por sí sola sigue siendo bastante insuficiente. También se requiere del compromiso y el trabajo duro y sostenido necesarios para la adquisición, tanto de habilidades como de virtudes.

7. La vida intercultural exige gracia, diplomacia, compromiso, respeto mutuo, diálogo serio y el desarrollo de una visión común y sostenible. Una visión es algo que inspira el esfuerzo común de toda una vida y también proporciona los medios apropiados para lograr un fin deseado.

8. Para la mayoría de la gente—incluso en comunidades religiosas internacionales establecidas—la vida intercultural es algo bastante nuevo. La mayoría de los humanos a lo largo de la historia ha sido monocultural, y esto sigue siendo cierto en los tiempos modernos

incluso cuando la gente vive en ambientes multiculturales o internacionales.

9. La vida intercultural se percibe cada vez más como necesaria para una vida religiosa internacional viable, pero el costo es alto. Si tiene éxito, traerá una revolución en la vida consagrada tal como la conocemos ahora, pero tal revolución es obligatoria para que los huesos secos revivan.

10. La vida intercultural—al menos en una forma modificada—no solo se exige para los miembros de comunidades consagradas internacionales; más ampliamente, presenta desafíos a toda persona de fe que emprenda el ministerio a cualquier "otro", ya sea por género, edad, etnicidad, religión, cultura o cualquier criterio de diferencia.

A medida que avancemos, estas declaraciones se ejemplificarán y aclararán según sea necesario, pero se articulan aquí para proporcionar una perspectiva inicial del recorrido que tenemos por delante—el recorrido requerirá tanto una preparación cuidadosa como una planeación estratégica.

Tres Lineamientos

Lo siguiente puede servir como una guía, una orientación o un marco dentro del que intentamos construir comunidades interculturales y la vida intercultural.

1. *Estamos llamados a construir juntos un hogar.*[8] La vida intercultural solo es posible si tenemos algún lugar al que llamar *nuestro* al que todos puedan llamar suyo, en el que cada uno asuma la misma responsabilidad, y donde todos puedan vivir en una coexistencia armoniosa. Pero esto no quiere decir que todos, o incluso alguno, se sienta completa y enteramente "en casa" en todo momento, ni que la coexistencia será como un perfecto *Shangri La* o paraíso. Esto se debe en parte a que el llamado a la vida consagrada misionera es también un llamado a dejar la casa por causa del Evangelio. Así que tendremos que abordar la paradoja con cuidado.

Es importante no romantizar y ser realista sobre lo que es factible, pero si las personas bajo un mismo techo se alienan o se despreocupan unos de otros, o se agrupan o aíslan, la vida intercultural será claramente imposible. Jonathan Sacks, ex Gran Rabino de *United Hebrew Congregations of the Commonwealth* [las Congregaciones Hebreas Unidas de la Mancomunidad], contrasta una gama de lugares diferentes en los que la gente podría vivir, ya sea como residentes permanentes o transitorios. Él considera las diferencias entre una casa de familia y otros espacios para vivir: un hotel, motel, una casa de campo, un club de élite, un asilo, un hospital, una prisión, un castillo o fortaleza, etc. Sacks distingue cada una de estas de acuerdo a los derechos, responsabilidades, grado de libertad o propiedad, nivel de confort de cada uno, así como otros criterios. Los siguientes párrafos proporcionan algunos ejemplos.

Una *residencia para ancianos* es conocida a veces claramente como un lugar de "vida independiente". Ahí, mucha gente puede vivir bajo el mismo techo, pero cada una con su propia libertad, presupuesto, privacidad y autodeterminación. La comunidad puede reunirse para comer y divertirse, pero cada persona es libre y nadie está obligado a cumplir con ningún requisito moral o legal aparte de observar las convenciones sociales normales de rigen cosas tales como el ruido excesivo y la rudeza habitual. Es una forma de independencia o "de estar juntos, pero aparte".

La prisión, eufemísticamente conocida como un "correccional", es muy diferente. Aquí, las reglas son específicas, universales y se imponen estrictamente. Los "reclusos" tienen algunos derechos humanos, pero están privados de muchos otros como la asociación libre y la libertad de expresión. Cada recluso debe cumplir con un régimen durante un tiempo específico, después del cual puede ser puesto en libertad en la sociedad en general. A menudo recibe poca o ninguna ayuda para adaptarse a la sociedad de la cual fue expulsado a la fuerza y legalmente. Esto podría caracterizarse como otra forma de "estar juntos, pero aparte".[9]

Un *motel* u *hotel* opera en base a anfitrión/huésped o director/cliente. Un "huésped" tiene ciertos derechos dependiendo de lo que el establecimiento ha anunciado ("anfitrión"/"director") y pagado por el "cliente". Se puede aplicar una tarifa especial si la propiedad es dañada y se aplican las convenciones civiles usuales, con más vigor, ya que el motel u hotel es más caro y elitista. En principio, esto no es ni soledad ni convivencia.

A un socio de un *club* se le puede exigir primero que pase por un proceso de verificación de antecedentes que requiere el patrocinio y la declaración de ciertos detalles personales y privados. La persona, una vez que es admitida como socia, estará sujeta a las reglas del club y tendrá derecho a sus privilegios. Las cuotas anuales están diseñadas para cubrir la provisión de las actividades del club y estas estarán a disposición del socio de forma gratuita. No se penalizará el "uso y desgaste" normal de la propiedad, pero hay reglas estrictas que rigen la responsabilidad del socio en caso de daños o desperfectos. Este es un ejemplo de afiliación libre.

Al reflexionar sobre las comunidades que nosotros mismos hemos conocido y quizá vivido—ya sean específicamente comunidades consagradas o residencias de cualquier otro tipo—podría ser instructivo para nosotros identificar las imágenes que nos evocan y considerar si son o no apropiadas para su propósito declarado, especialmente si pretenden ser comunidades consagradas como tales.

El título del libro del Rabino Sacks es *The Home We Build Together (La Casa que Construimos Juntos)*. Pero como nos recuerda el refrán, "una casa no es un hogar". La *casa de la familia* es mucho más que un grupo de parientes que viven bajo el mismo techo y muy diferente de una prisión, una unidad de cuidado intensivo o un hotel caro. La afiliación en un club selecto puede permitir ciertos privilegios sin requerir que el socio realice tareas esenciales como preparar las comidas, tender las camas o cuidar el jardín. Una vez que se han pagado las cuotas anuales y el socio se comporte con discreción y decoro, él o ella tendrá "derecho" a una serie de beneficios, incluyendo la privacidad y el estado de membresía correspondiente.

La *casa de la familia,* sin embargo, es una *entidad orgánica que evoluciona*. Su forma cambia siempre, cuando el esposo y la esposa se convierten en padres, cuando un hijo se convierte en hermano y cuando los hermanos pasan por diferentes etapas y a diferentes ritmos. Y todo ese tiempo cada persona en la casa tiene necesidades y derechos que merecen ser respetados y negociados en un ambiente en el que todos tienen un temperamento y cambio de humor diferentes. La armonía de la familia, de hecho, su supervivencia, depende de la calidad de las interacciones entre los miembros y exige el compromiso constante, el cambio de planes, la adaptabilidad a circunstancias imprevistas. Y cuando los hijos empiezan a dejar la casa, cada miembro de la familia se siente afectado en algún grado. Aun cuando el último hijo se ha ido, la identidad de la familia continúa aunque de una forma modificada. Las reuniones familiares ayudan a mantener el "espíritu de la familia", mientras que cada miembro de la familia se ajusta a una vida nueva. Ninguna familia puede sobrevivir sin el drama y el trauma, la fusión y la división y una gran mutualidad.

El reflexionar sobre las diferentes formas en que vive la gente, temporal o permanentemente, podría ayudarnos a visualizar una comunidad intercultural como una que tiene mucho más en común con la casa de la familia que con cualquier otro ejemplo de vida comunitaria. Una gran diferencia, por supuesto, es que la gente no elige a su familia, pero de muchas formas significativas, elige a su comunidad religiosa. Pero específicamente elegida o no, una comunidad en una orden religiosa internacional hoy en día tiene el peso de muchas expectativas de sus miembros y mucha responsabilidad de ser apta para el propósito. Es decir, tiene que convertirse en promotora de la fe, un lugar de apoyo, estímulo y desafío mutuos. A su vez, debe dar testimonio público de la posibilidad real de que personas de diferentes culturas e idiomas, pero con una fe y visión común, pueden coexistir y crecer por un propósito más allá de cualquier capricho o comodidad individual y como un signo del Reino o Reinado de Dios. ¡Esta es la desalentadora, difícil, pero no imposible tarea que tenemos ante nosotros! Pero Sacks advierte que "si la identidad se asemeja a un hotel, la identidad no será de integración, sino de separación".[10]

2. *Estamos llamados a descubrir la dignidad de la diferencia.*[11] Uno de los desafíos humanos más constantes e insuperables es ver la diferencia de manera positiva y constructiva. Hay una propensión humana generalizada a definir las cosas y a las personas en función de las diferencias en lugar de las similitudes. La propia palabra "definir" significa establecer límites alrededor, marcar, delimitar y distinguir. *No* soy chino, joven, mujer, psicoterapeuta, artista o activista; pero definirme negativamente, diciendo lo que no soy, indica muy poco sobre mi verdadera identidad. Identificarme positivamente como británico, anciano, hombre, clérigo, profesor, académico, etc., es igual de cierto, pero transmite una imagen e identidad muy diferentes, al igual que mi autoidentificación como hermano, hijo, tío, padre adoptivo, amigo, etc. Pero es muy fácil caer en descripciones negativas o diferenciadoras: el hecho de etiquetar a alguien como no católico, no un sacerdote, no practicante, "solo un laico", o términos similares está solo a un corto paso de tratar a esa persona como "no uno de nosotros" u "otro" en un sentido altamente peyorativo y xenofóbico. La gran paradoja humana es que todos somos los mismos y al mismo tiempo todos somos diferentes; la gran locura humana es que la humanidad se aliena a menudo a sí misma al usar diferencias no solo para distinguir sino también para discordar, disentir, y discriminar, algunas veces con consecuencias terribles. Somos miembros de una sola raza, y su nombre es *humana*.

En una vieja y familiar historia rabínica con muchas formas, el maestro pregunta a los discípulos: "¿Cuándo saben que es el amanecer?" Uno dice, "Cuando puedes distinguir un hilo blanco de un hilo negro". "No," dice el maestro. "Cuando puedes ver el contorno de un árbol contra el horizonte", se aventura otro. "No," dice el maestro—a este y a todos los otros esfuerzos para responder a la pregunta. Finalmente él dice: "Cuando puedes mirar a los ojos de un forastero, a 'otro', y ver a un hermano, o una hermana, entonces es el amanecer; hasta ese momento, todavía es de noche". Esto, en cierto sentido, resume el proceso que debería producir finalmente comunidades interculturales. Ciertamente tenemos que identificar y aprender las habilidades para participar en nuestros procesos respectivos de condicionamiento cultural, durante los cuales, y de manera sutil, las cataratas del etnocentrismo y otras inclinaciones y prejuicios habrán nublado un poco nuestra visión. Sin embargo, tales habilidades no son fáciles de conseguir especialmente cuando nos encontramos en los períodos medio o avanzado de la vida. Pero a medida que avanzamos, identificamos algunas de las habilidades y virtudes que debemos buscar. Por supuesto, el ejemplo del mismo Jesús será nuestra guía.

Parte de nuestra tarea, entonces, es redescubrir la dignidad de la diferencia y celebrarla en nuestras comunidades interculturales. El papa Francisco es explícito: "Debemos caminar unidos en las diferencias: no hay otro camino para unirnos. El camino de Jesús es ese".[12] La agenda de aquellos que buscan vivir en comunidades interculturales es larga y agotadora y no se logrará fácilmente. Pero por la gracia de Dios y nuestro compromiso, podemos poner nuestras manos en el arado y no mirar atrás. Como dice el Rabino Sacks, "La paz implica una crisis de identidad profunda. Los límites de uno mismo y de los demás, amigos y enemigos, deben ser redefinidos".[13]

3. *Estamos llamados a repensar la forma en que pensamos.* Muchos de nosotros, a menudo entrenados y ciertamente influenciados por las culturas occidentales, operamos con un tipo de pensamiento en gran parte dialéctico (opuesto o exclusivo). Tal vez expresado más fácilmente como pensamiento "uno u otro", un modo de pensamiento dialéctico lleva un argumento a una conclusión la cual juzga a una persona o tesis correcta y a otra incorrecta. Por el contrario, un modo de pensamiento analógico (complementario o inclusivo) busca el compromiso entre dos extremos, encontrando alguna verdad o validez en cada uno: esto es el tipo de pensamiento "ambos/y".[14] A medida que nos esforzamos por desarrollar principios y prácticas de la vida intercultural, tenemos que hacer un cambio consciente entre estos dos tipos. Cada enfoque o perspectiva puede aportar conocimientos valiosos, pero el tipo analógico probablemente sea el mejor cuando se buscan la vida en común y la unidad con la diferencia. Cada persona involucrada en desarrollar formas para la vida intercultural necesita sentir que no hay un *nosotros* y un *ellos* sino solo una comunidad que busca identificarse inclusivamente como *noso-*

tros. Como Rudy Wiebe expresó, "[En una sociedad como la de Jesús] uno se arrepiente, no porque se siente mal sino porque piensa diferente[mente]".[15] Si reflexionamos, pensar de manera diferente es considerablemente más difícil que sentirse mal; es relativamente más fácil hacer esto último sin que nada ni nadie cambie realmente; pero después de toda una vida de aprender a pensar, y luego pensar que nuestro pensamiento es correcto (e incluso pensar que la manera en que pensamos es realmente la forma en que Dios piensa), todos nos volvemos bastante resistentes a pensar de forma diferente.[16] Pensar y actuar de manera diferente a menudo requiere nada menos que una conversión radical.

Como miembros de comunidades religiosas internacionales del siglo XXI, debemos hacer frente a la urgente y apremiante tarea de aprender las habilidades y virtudes que se requieren de todas las personas, aunque el desafío sea formidable, especialmente quizás (pero no inevitablemente) para algunos de nuestros miembros mayores.[17] Han surgido nuevos desafíos (y no desaparecerán) en el mundo multicultural y globalizado de hoy. Y los/las religiosos/as—especialmente quienes han sido socializados en (o de hecho vivido en medio de) culturas y sociedades centradas fuertemente en el ego y basadas en los derechos[18]—enfrentan un llamado continuo a la conversión. La xenofobia no es nueva y ha adoptado formas alarmantemente religiosas (pseudoreligiosas, por supuesto) en los últimos años. Estos son los frutos envenenados de la mala religión, pero todos podemos ser contaminados por eso. Como dijo Jonathan Swift, célebre por *Los Viajes de Gulliver* y clérigo también: "Tenemos suficiente religión para odiarnos unos a otros, pero no suficiente como para hacernos amar unos a otros".[19] Esto debe cambiar—y los miembros de las comunidades internacionales deberían ser líderes y ejemplos del cambio.

El Llamado a la Conversión: ¿Qué, Quién, Dónde, Cuándo?

Estamos llamados a una conversión continua, y la conversión siempre tiene lugar en un contexto particular—y cambiante. Pero para las personas que invierten en la vida intercultural, esa misma inversión implica no solo la voluntad, sino también el deseo auténtico de convertirse una vez más. Aquí, para la reflexión personal y (aún mejor) para la comunitaria, se presentan dos formas del autor de distinguir tres componentes, aspectos o participantes en nuestra propia conversión, seguidos de una serie de definiciones de la conversión en general. Dado que la conversión es la base de todo en este libro, pueden ayudarnos a enfocarnos individualmente y como comunidad.

Tomando las palabras del profeta ("respetar el derecho, amar la lealtad y proceder humildemente con tu Dios", Mi 6,8), Donal Dorr identifica tres aspectos o facetas de la conversión: *conversión política*: es decir, conversión a cuestiones públicas, sistémicas ("respetar el derecho"); *conversión moral*: es decir, conversión al prójimo ("amar con lealtad"); y *conversión religiosa*: es decir, conversión a Dios ("proceder humildemente con Dios").[20] Orlando Costas (ver las definiciones más abajo) también habla de una triple conversión: para él, es una conversión a *Cristo*, a la *cultura* de uno mismo, y al *mundo* o a otras culturas o personas.[21] Estas perspectivas pueden ser muy útiles en el contexto de la *raison d'être* y la experiencia de la vida intercultural.

En cuanto a las definiciones: la primera es muy completa, consistente con lo que se encuentra en el diccionario. El autor es Lewis Rambo:

> La conversión es un proceso que tiene lugar en un campo de fuerza dinámico de personas, eventos, experiencias, ideas y grupos. Las dimensiones culturales, sociales, personales y religiosas infunden y dan forma al proceso de numerosas formas y en diferentes entornos. Es un proceso en el cual Dios nos hace vulnerables a lo trascendente; un proceso permanente de superar todo obstáculo o ídolo, y de volverse hacia el Dios vivo y hacia las necesidades de otros seres humanos.[22]

La terminología operativa aquí, como muchos estudiantes y personas en los retiros han indicado a lo largo de los años, incluye: "un proceso", "un campo de fuerza dinámico de gente", "una cultura", "ser vulnerable a lo trascendente", "permanente", y "romper con, volverse hacia, Dios, la humanidad". Es una definición rica, y algunas de sus características se repetirán en otras definiciones.

Jim Wallis, cristiano evangélico y uno de los fundadores de *Sojourners*, enfatiza nuestra responsabilidad social y la justicia de Dios, totalmente consistentes con sus propios compromisos: "Un volverse a Dios que es siempre profundamente personal pero nunca privado; un momento y un proceso de transformación que se profundiza y se extiende a lo largo de toda nuestra vida; el comienzo de la solidaridad activa con los propósitos del Reino de Dios en el mundo".[23]

Aquí, las personas a menudo se impactan con palabras o frases como: "personal, pero nunca privado", "momento y proceso", "transformación", "solidaridad activa", "reino" y "mundo". Esto no se centra solamente en la iglesia, ni busca su justificación, sino que mira hacia el ámbito o reino de Dios, como lo hizo Jesús, para el cumplimiento final de los planes de Dios.

La tercera definición, de Orlando Costas, un cristiano pentecostal, representa un cambio profundo en su propio recorrido espiritual. Desde una ingenuidad juvenil que asumía que mientras uno aceptara a Jesús como su Salvador personal, quedaba poco trabajo por hacer, hasta el aprecio al verdadero desafío de comprometerse con el proceso de su conversión personal y permanente, él ofreció esta definición: "[La conversión es] una experiencia dinámica, compleja y continua, profundamente sensible a tiempos y lugares particulares, y moldeada por el contexto de quienes la experimentan. Constituye tanto una ruptura como un nuevo compromiso con la sociedad, colocando a los creyentes en una relación dialéctica con su ambiente. Es personal pero también es eclesial".[24]

Una vez más, algunas palabras o frases saltan de la página: "dinámico", "continuo", "tiempos y lugares", "moldeado por el contexto". Podemos notar que una experiencia "compleja" no significa "complicada", sino algo mucho más cercano a "delicado".

Nikos Nissiotis, un cristiano ortodoxo, provenía de una tradición que valoraba profundamente la comunidad en la cual uno era formado y subsecuentemente veneraba. Su breve definición enfatiza muy bien el papel de la comunidad: "[La conversión] no es simplemente un acto individual, definitivo, sino un proceso de cambio y crecimiento personal continuos, con y para los demás miembros de la comunidad".[25]

En el contexto de la vida intercultural, esto es particularmente pertinente: "con y para los otros miembros de la comunidad". Finalmente, el teólogo canadiense Bernard Lonergan parece inspirarse cuando reflexiona sobre la conversión con las palabras que siguen. En el curso de una reflexión sobre un tema muy diferente, de pronto alza el vuelo en un gran pasaje lírico que se extiende a lo largo de un par de páginas. Aquí doy una paráfrasis parcial, pero con un gusto maravilloso de lo que vale la pena descubrir en su totalidad:

> [La conversión] es totalmente personal, absolutamente íntima, pero no tan privada como para ser solitaria. Puede sucederle a muchos, y pueden formar una comunidad para sostenerse mutuamente en su autotransformación y para ayudarse unos a otros a elaborar las implicaciones y cumplir la promesa de su nueva vida. Finalmente, lo que puede convertirse en comunitario también puede volverse histórico . . . pasar de generación en generación . . . extenderse de un medio cultural al otro . . . adaptarse

a las circunstancias cambiantes, confrontar situaciones nuevas, sobrevivir en edades diferentes, y florecer en otro período o época.[26]

Si esto lo hubiera encargado alguien que buscara algunas palabras de inspiración para miembros de una comunidad intercultural incipiente, difícilmente podría haberse mejorado de alguna manera; pero no es simplemente una inspiración piadosa o un sueño utópico. Las personas de fe inquebrantable—unidas en una causa clara y común, comprometidas a la transformación personal y mutua, sinceras a la hora de emprender el duro trabajo de aprender otras culturas, y dispuestas a perseverar en un proceso permanente que depende en gran medida en la buena voluntad mutua y la gracia de Dios—han experimentado de hecho lo que Lonergan describe. Si lo que puede imaginarse puede llegar a suceder realmente, la vida intercultural puede ser una realidad—no simplemente imaginándola, sino permitiendo que la imaginación colectiva de una comunidad de fe estimule y sostenga a las personas en la comunidad a través de las vicisitudes y victorias de su vida diaria.

Seguimiento Sugerido

1. Viendo la descripción de Sacks de varios espacios para vivir y los diferentes derechos y deberes asociados con cada uno, ¿puede reflexionar sobre la naturaleza del espacio comunitario en el que vive? Identifique las características que comparte con una verdadera casa de familia (refiérase a la descripción) y de qué manera se asemeja a una de las otras residencias que Sacks menciona—o quizá identifique una que él no incluye.

2. Reflexione sobre la distinción entre el pensamiento dialéctico (uno u otro) y analógico (ambos/y), en su propio caso y en la forma en que su comunidad tiende a operar. ¿Es necesario hacer algún ajuste?

3. Refiérase de nuevo a las diversas definiciones de conversión y su enfoque en Dios, los otros, la cultura y el mundo. Vale la pena reflexionar personalmente. Y también pueden ser la base para una discusión comunitaria.

Capítulo Dos

De Monocultural a Intercultural

Definiendo y Clarificando Términos

Sin una comprensión de las ideas principales, el entendimiento mutuo se frustra y la comunicación sostenida puede volverse incluso imposible. Aunque esto es generalmente cierto, es de particular importancia para las personas culturalmente diferentes que aspiran a formar una comunidad intercultural. Todos necesitan sentirse seguros y a gusto con un vocabulario común que facilitará la discusión de la vida intercultural en una forma mutuamente inteligible. Sin embargo, incluso cuando las personas tienen un lenguaje común, las discusiones a veces solo producen fallas en la comunicación y se agudiza la frustración. Si uno o más de los participantes habla inglés como segundo idioma, o cuando parte de la terminología es técnica, puede producirse un mal entendimiento más profundo que, a veces, conduce a la recriminación mutua. Se entiende que cualquier conversación sobre la vida intercultural de los miembros de comunidades religiosas internacionales deberá incluir necesariamente lenguaje con significados teológicos explícitos, como hemos señalado; la vida intercultural es una empresa con carga teológica. Sin embargo, una cantidad significativa del lenguaje y la terminología se deriva del campo de la sociología o la antropología cultural, y cuando se usa de manera no técnica o imprecisa, puede simplemente aumentar la confusión. Por lo tanto, debemos ser cuidadosos; la precisión del lenguaje es necesaria. Lo que sigue es una descripción de términos críticamente importantes. Para que se den conversaciones mutuamente esclarecedoras y fructíferas sobre la vida intercultural, es necesario entender y usar apropiadamente estos términos.[1]

1. Monocultural

Históricamente, la mayoría de las personas, aparte de los nómadas, ha vivido y muerto en un mundo de quizás no más diez millas de radio. Estadísticamente, por lo tanto, muy pocas personas son verdaderamente biculturales. Circunstancias excepcionales con respecto al clima, las guerras, el acceso a la comida pueden dictar un movimiento de un entorno cultural a otro, pero generalmente este involucra a un gran número de personas; la adaptación al cambio de circunstancias suele ser más fácil en grupo que para una sola persona. Cuando las personas viven en un ambiente estable donde virtualmente todos los contactos sociales son con "personas como nosotros", tenemos un grupo monocultural (fig. 1). Más allá de la zona de "personas como nosotros" hay "personas que no son como nosotros" (los que están afuera del entorno "A"). La mayoría de los miembros de la cultura A tiene poco o ningún contacto real con tales personas. El contacto externo se haría en gran parte por comerciantes o exploradores. La mayoría de nosotros vive y muere dentro de su propio grupo social o cultural.

Fig. 1

MONOCULTURAL

2. Bicultural

El verdadero biculturalismo se desarrolla principalmente en personas que crecen desde su infancia dentro de un ámbito doméstico estable, en el que cada padre habla un idioma nativo diferente. Estos niños socializarán en un contexto bilingüe y también pueden beneficiarse de moverse físicamente entre los territorios en los que cada uno de los padres fue criado. Encuentran perfectamente natural el cambio entre dos idiomas ("cambio de código") y territorios geográficos (fig. 2). El término bicultural, sin embargo, algunas veces se aplica a una persona que crece en una cultura y después se encuentra en otra cultura e idioma, donde aprende de ambos lo suficiente para circular más o menos libremente entre dos mundos. Pero si tal persona no vive en el ámbito donde fue criado, el término más apropiado sería el de transcultural. Para mayor claridad y consistencia, usaré la palabra bicultural en un sentido más amplio para aplicarla a cualquiera que viva simultáneamente en dos mundos culturales y lingüísticos,[2] como lo hacen muchos mexicoamericanos, coreanoamericanos, etc.

Fig. 2

BICULTURAL

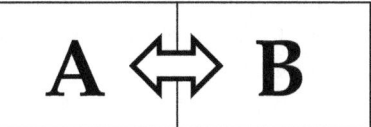

3. Transcultural

Una persona transcultural es aquella que cruza de un medio cultural a otro de una manera muy particular. Originalmente arraigada firmemente en una cultura particular ("cultura A"), la persona transcultural opta ir más allá de sus confines para residir durante un número significativo de años en otro entorno ("cultura B").[3] Al hacerlo, él o ella ya no se encuentra "en casa" sino que ha cruzado un límite, visible o invisible, a la cultura B (fig. 3). Es importante que nos demos cuenta—y sorprendentemente fácil pasar por alto—que las personas de la "cultura B" están perfectamente "en casa" (es después de todo, desde su perspectiva, su propia "cultura A").

Fig. 3

TRANSCULTURAL

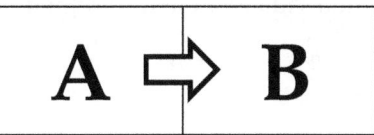

La persona intencionalmente transcultural se convierte así en un extraño o forastero en la "cultura B" y se compromete a aprender una cultura nueva (incluyendo nuevas *costumbres*) y un nuevo idioma, de manera que la primera es tan difícil como la segunda.⁴ Algunas personas piensan ingenuamente que el aprendizaje de la cultura ocurrirá naturalmente, con el tiempo. Esta es una simplificación peligrosa: los adultos deben entender una cultura nueva con el mismo cuidado, atención y experimentación con que aprenderían un nuevo idioma (pero sin una gramática o vocabulario a la mano). Y un componente esencial de la persona auténticamente transcultural es la habilidad para comunicarse en el idioma de los miembros de la "cultura B". Millones de personas que han vivido en los mismos vecindarios de otras personas que hablan diferentes idiomas—o tal vez en medio del territorio del idioma dominante—nunca aprenden lo fundamental de ese otro idioma, incluso después de casi toda una vida.

Incluso si tiene éxito, aprende el idioma del país anfitrión y descifra el código cultural, la persona transcultural sigue siendo una persona externa, ya que un adulto no puede asimilarse simplemente a una nueva cultura y convertirse en una verdadera persona de adentro.⁵ Pero hay tipos significativamente diferentes de personas de afuera, típicamente etiquetados como "participante" o "no participante".⁶ El primero puede ser de gran valor para los de adentro,⁷ mientras que el segundo es, en el mejor de los casos, irrelevante (como los turistas cuyo valor no está en su contribución intencional a la comunidad) y, en el peor de los casos, el más destructivo (como un ejército invasor y ocupante). No sorprende que la población anfitriona se tome el tiempo para examinar cuidadosamente a los recién llegados bien intencionados, antes de darles la clase de bienvenida que buscan.⁸

Convertirse en una persona transcultural depende evidentemente tanto de la respuesta de la población nativa como de la buena fe de la persona que llega. Un "tiempo de prueba", que a menudo dura meses o años y no sin dolor y frustración, precederá a la aceptación sincera;⁹ es una forma necesaria de autoprotección para las comunidades locales que, a menudo, guardan malos recuerdos de anteriores forasteros descorteses y amenazantes. Durante este tiempo, se espera que el recién llegado aprenda las reglas culturales, las responsabilidades y las sanciones necesarias para una vida cotidiana tranquila.

4. *Multicultural*

Cualquier vecindario, país, parroquia o comunidad religiosa compuesta por personas de muchas culturas es *de facto* una comunidad multicultural; pero esto no dice nada sobre *cómo* las personas de una cultura se relacionan realmente con las personas de la otra (fig. 4). El *cómo* es el gran desafío de toda persona comprometida específicamente con la vida *intercultural*. El hecho social evidente es que muchos vecindarios y muchos países son el hogar—pero no un hogar único y común—para las personas de varias o muchas culturas, como se ha señalado anteriormente. Cuando diferentes grupos culturales coexisten en la misma región, tenemos una sociedad y condiciones de vida multiculturales. Pero a menudo esto es lo más lejos a lo que se llega. En general, las personas no se comprometen—o buscan—construir una nueva comunidad integrada. Pueden vivir en coexistencia pacífica, con tolerancia o respeto mutuo e incluso con cierto grado de buena vecindad. Pero cada una de sus culturas respectivas se ve afectada mínimamente por las culturas que la rodean, y ciertamente no se comprometen a aprender el idioma la una de la otra. No son transculturales, porque no dejan sus propios puntos de referencia culturales y viven entre personas para las que ellos mismos son los extraños. De hecho, permanecen "en casa" mientras sus vecinos de culturas diferentes también permanecen "en su casa". Así que describimos esta clase de multiculturalidad como muchas personas que están igualmente en casa, pero por separado en lugar de juntas.

Fig. 4

MULTICULTURAL

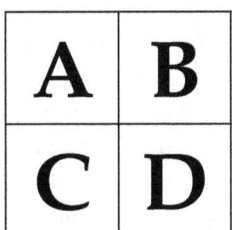

El multiculturalismo, por tanto, puede expresarse de muchas maneras, desde la indiferencia hasta la hostilidad, de la tolerancia a la amistad, del civismo a la colaboración, etc.[10] Las diferencias culturales pueden ser eliminadas, mezcladas o toleradas, o gestionadas.[11] Este no es el lugar para seguir de cerca este tema, pero especialmente para la vida intercultural, podemos señalar varios puntos. La eliminación de las diferencias se puede lograr de varias maneras: brutalmente (mediante el genocidio), por la fuerza (mediante la relocalización), dolorosamente (mediante la asimilación), y más sutilmente (mediante la promoción de la uniformidad). El resultado en cualquier caso es que el "problema" de las diferencias está, o parece estar, resuelto. La forma en que esto se puede aplicar a la vida intercultural es una cuestión para la reflexión y, si es necesario, para la acción.

Asimismo, hay muchas formas de armonizar o tolerar las diferencias como pueden ilustrar las imágenes del crisol cultural, la ensaladera o el mosaico.[12] Pero ninguno de estos puede proporcionar una solución humana adecuada al desafío que plantea el hecho social de las diferencias humanas. El crisol cultural es un crisol en el que uno o varios metales se calientan hasta que se fusionan, o un tazón de sipa en el que los ingredientes separados se mezclan. Pero los seres humanos no se "funden"; pueden ser arreados como ganado o tratados como esclavos, pero siguen siendo personas individuales. Por lo tanto, la idea del crisol cultural no es, en última estancia útil, ni en la teoría ni en la práctica. Una ensaladera evoca la imagen de una amplia variedad de personas mezcladas y coexistiendo. Pero las limitaciones de esta analogía son también claramente evidentes: nadie hace una ensalada (excepto quizás una ensalada verde) en la que todos los ingredientes están representados equitativamente. Algunos (anchoas, cebollas) darán sabor aun en pequeñas cantidades; otros (lechuga, espinacas) dan más volumen que sabor. En una sociedad mixta, varios miembros estarán sobre o subrepresentados. La ensaladera es una imagen que tampoco es útil para la vida intercultural. El mosaico es una representación más atractiva y más inmediata: muchas piezas juntas que componen un solo cuadro. Pero las limitaciones son igual de obvias: ni una sola pieza en un mosaico tiene una identidad propia discernible: es simplemente un fragmento o pieza de un cuadro mucho más grande. La sociedad humana, homogénea o heterogénea, no está compuesta por personas anónimas o clones: cada persona humana tiene una identidad autónoma. De cierto modo, esta es la imagen más peligrosa de las tres, porque debajo de su atractivo inmediato se encuentran implicaciones terribles para las propias personas, miembros de la comunidad.

Hay mucho esfuerzo por mezclar o tolerar (o ignorar) diferencias; pero las diferencias pueden también ser manejadas tanto en forma negativa como positiva. El manejo negativo puede lograrse permitiendo o esperando un "desarrollo separado" (*chacun pour soi*: cada uno a lo suyo) o dejando que la gente apática o desinteresada se las arregle por su cuenta; esto puede producir un grupo humano sin un enfoque, un centro o identidad de grupo, dejando a todos en un estado de confusión permanente, crisis de identidad o *liminalidad* (en un sentido negativo).[13] Pero también hay formas positivas de manejo. Uno podría usar la analogía de un coro (acomodando una amplia gama de voces y habilidades); una orquesta

Fig. 5

INTERCULTURAL

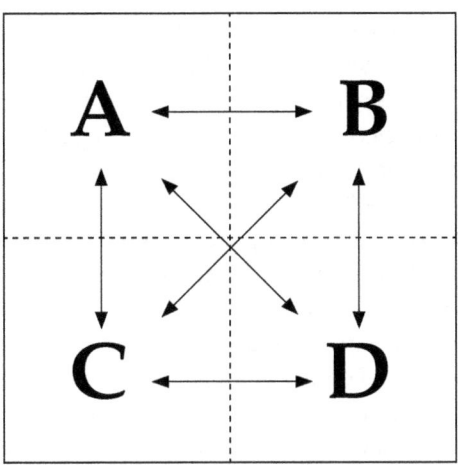

(armonizando los sonidos de muchos instrumentos; o una compañía de teatro (creando un conjunto de muchas partes). Una cosa que debe ser identificada, especialmente al abordar los desafíos de la vida intercultural (a largo plazo), es la necesidad de un liderazgo apropiado. Sin un liderazgo competente, un coro puede producir estridencia o gritería, una orquesta puede generar disonancia o estrépito, y una compañía de teatro puede convertirse en un equipo desorganizado.[14] Pero con la cooperación mutua, el fomento de la diversidad y el liderazgo apropiado, se puede lograr la grandeza. Cuestiones como estas merecen seria atención y proporcionan una transición para la consideración de la vida en una comunidad intercultural, una vez que identifiquemos lo que significa intercultural en sí.

5. Intercultural

Desde la década de 1950, cuando el estudio de los efectos del contacto transcultural no era una disciplina plenamente desarrollada y el vocabulario era inestable, las palabras multicultural e intercultural se usaban a menudo como sinónimos o eran empleadas por diversos escritores para sus propios fines. La incipiente disciplina surgió por primera vez en el campo de las ciencias sociales, incluyendo la antropología cultural, la sociología y la psicología. Pero gradualmente, los profesionales de las disciplinas teológicas, especialmente estudios de misión, pero más ampliamente estudios pastorales, se dieron cuenta de la enorme importancia de la dinámica cultural que existía en situaciones de misión *ad extra* o en parroquias que se estaban volviendo rápidamente multiculturales. A medida que la teología tomaba prestada y adaptaba terminología de las ciencias sociales, el uso estándar generalmente distingue ahora *multicultural*, un término sociológico/antropológico (fig. 4), e *intercultural*, una palabra específicamente teológica (fig. 5).

El término sociológico/antropológico "multicultural" identifica una realidad social en los vecindarios o en asociaciones voluntarias, mientras que la palabra teológica "intercultural" tiene connotaciones específicas relacionadas con Dios, la fe, y la práctica. Para nuestros propósitos, las implicaciones antropológicas y teológicas de la vida intercultural destacan igualmente, ya que en cada persona se combinan tanto elementos de la cultura (antropología), como de la fe (teología). Una comunidad intercultural comparte el compromiso intencional con la vida en común, motivada no solo por consideraciones pragmáticas, sino por una convicción religiosa compartida y un propósito común.

Hay similitudes evidentes entre las fig. 4 y 5. Ambas distinguen cuatro culturas: A, B, C y D. Sin embargo, en la fig. 4, cada letra o cultura está aislada de las otras por un límite, indicando que los miembros de cada cultura interactúan predominantemente con los suyos propios: "personas como nosotros". Aunque pueden ser bastante civilizados con las personas de las otras culturas, hay una vinculación social mínima. En la fig. 5, sin embargo, aunque las líneas entre las culturas permanecen, son porosas, y las flechas internas unen cada una de las cuatro letras o culturas con las otras. Esto ilustra la naturaleza de una comunidad intercultural: un compromiso explícito de toda la comunidad de construir una realidad social, cultural—y religiosa—nueva que surge de las diversas culturas, lo que supone un compromiso transcultural de parte de cada una de ellas de aprender otra cultura y, si es necesario o esperado, otro idioma.[15]

No obstante, los miembros de las comunidades interculturales no renuncian a su identidad cultural individual, aunque cada uno de ellos está efectivamente "fuera de lugar" por estar lejos de su hogar (viviendo transculturalmente) y porque no se permitirá que ninguna cultura domine. La fig. 5 lo indica mostrando flechas con doble punta (en lugar de una sola) uniendo a cada persona de la comunidad con todas las demás. Pero el desafío para todos es aún más dramático: crear una *nueva cultura* en la que todos puedan vivir fructíferamente. A esto se refiere Sacks cuando habla del hogar que construimos juntos. Esto necesariamente toma tiempo. Nadie se sentirá completamente en un elemento familiar, pero todos deben ser capaces de encontrar un grado apropiado de adaptabilidad en este nuevo entorno. La fig. 5 quedaría completa, por lo tanto, con la superposición de la sola letra E en todo el diagrama, en todos los cuatro cuadrantes (indicando una quinta cultura, más allá de A, B, C y D, fig. 6, abajo). Esta es una cultura en ciernes, y paradójicamente, *todos* los miembros de la nueva comunidad serán de afuera en la cultura E, pero cada uno de ellos podrá convertirse en un *participante de afuera*[16] y traer su cultura particular a la realidad emergente.

6. *Cultura de la Comunidad Intercultural*

En una comunidad intercultural, *todos* se ven directamente afectados por la presencia de las personas de otras culturas. Esto debería ser un estímulo para todos los miembros (no solo para los de culturas minoritarias) de aceptar el desafío de la vida transcultural en el sentido de que se comprometan a vivir *fuera* de su propia zona de confort.[17] En ese caso, las características de las culturas A, B, C, D, etc. siguen siendo parte de la identidad central de los miembros respectivos. Pero cada una se *transforma* gradualmente y se *convierte* en una forma de vida que, de alguna manera, es nueva y familiar para cada miembro de la comunidad. Y como todas las culturas están siempre y en todas partes, evolucionando o siendo "cuestionadas",[18] por la interacción de las personas, contextos y circunstancias, podemos identificar *"la cultura E" como la identidad existencial de una comunidad intercultural, formada por las materias primas de las culturas que la componen (A, B, C y D)*. En la medida en que los miembros de una comunidad estén comprometidos con la vida intercultural, son a la vez, transculturales, multiculturales, e interculturales: un gran desafío.

Fig. 6

UNA NUEVA COMUNIDAD INTERCULTURAL

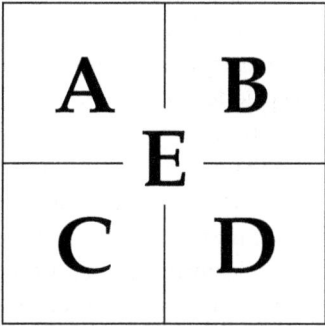

Todavía tenemos que tratar sobre la cultura en sí misma: su naturaleza, funciones y patologías. Pero antes de hacerlo, en el siguiente capítulo, podría ser útil al menos esbozar algunas de las características que marcan a una comunidad que se esfuerza por la vida intercultural. Pero tendremos que retomarlas después para mostrar cómo el enfoque de cada persona estará necesariamente influenciado por su propia cultura.

Características de las Comunidades Interculturales

"Por sus frutos los conocerás" no es solo un principio bíblico. Es aplicable en muchas situaciones. A medida que procedemos a elaborar una comprensión teórica y práctica de la interculturalidad y de las demandas de la vida intercultural en una comunidad, podemos observar varios rasgos indispensables de cualquier comunidad viable. No hay nada inevitable con respecto a su ocurrencia e influencia, y cada una de ellas necesita una atención cuidadosa y el compromiso de todos los miembros de la comunidad. Aquí hay siete—bíblicamente, ¡el número perfecto!

1. *Intencionalidad: Un Proyecto Común/Comunitario*

La intencionalidad es considerablemente más que la buena voluntad o las buenas intenciones. Cualquiera que tenga la voluntad debe encontrar los medios, y una comunidad debe ser capaz de identificar medios comunes y no simplemente la buena voluntad de cada uno. Por la profesión religiosa, los miembros de un instituto religioso abrazan la vida común, comprometiéndose, no simplemente a arar un solo surco, sino a trabajar juntos con dedicación común, hacia un fin común. Lo que a veces se refiere como "un proyecto común" o mejor, un "proyecto comunitario"—y algunas veces malentendido—es el enfoque que todos deben tener para el bien común y el bien del ministerio o apostolado; no es simplemente una tarea práctica. Una comunidad puede reparar la propiedad después de una tormenta o emprender una campaña de recolección de fondos; esto puede servir bien a la comunidad, pero es insuficiente: no es lo que requiere un "proyecto comunitario". Para una comunidad religiosa basada en la fe, eso sería lo que realmente inspira, llama la atención y la imaginación de los miembros, y estimula y desafía la fe de todos. Puede expresarse en las palabras de la "declaración de la misión" de la comunidad o identificarse como su carisma fundacional o *raison d'être*; pero necesita vivir, no simplemente en documentos elaborados cuidadosamente o en recuerdos nostálgicos, sino en cada persona. Así como una planta o un animal moriría sin agua, así el celo y el enfoque de una comunidad se atrofiaría, a menos que su proyecto común fuera nutrido y atendido. Mi propia comunidad, la Congregación del Espíritu Santo (Spiritans), articula su "Proyecto comunitario," o *projet communautaire*, de la siguiente manera: "Cada comunidad (local) planea lo que quiere lograr y cómo vive en el marco que la Regla provee. La planeación establece lo que la vida comunitaria pide a los miembros, en términos de tiempo y ocasiones para la oración común, de compartir más profundamente nuestras vidas y de una evaluación periódica de la vida de la comunidad y de nuestro trabajo apostólico".[19]

Se podría articular un proyecto común como una respuesta a las preguntas: ¿para qué vives realmente o por qué vale la pena morir? Pero vivir un proyecto tan común requiere varias características o cualidades corolarias.

2. Compromiso Individual

El proyecto común es común si se busca y reconoce la contribución de todos; la exclusión de cualquier persona, o la falta de respeto a los esfuerzos individuales, debilitará el compromiso de la persona, dejará demasiado a los especialistas, o se convertirá en una preocupación ideológica. El proyecto común requiere en realidad el compromiso de todos; el liderazgo es vital, pero un líder sin seguidores o un maestro sin alumnos es prácticamente impotente. Sea cual fuere la forma en que se conciba o articule el proyecto común, este debe requerir el compromiso de cada uno de los miembros, sin el cual no puede lograrse. Esto debe quedar claro para todos. Así, cada persona sabe lo que se pide para el bien de común y la gloria de Dios. Para el bien del apostolado y de la comunidad misma, es importante identificar a quienes se resistan activa o pasivamente, porque sin una "masa crítica" de compromiso y energía, las perspectivas oscilan entre lo oscuro y lo nulo.[20]

3. Tolerancia Mutua

La atmósfera de la comunidad debe permitir o animar a la gente a tomar riesgos apropiados, aunque a veces fallen, de modo que los errores y la inmadurez no se sancionen con tanta fuerza como para sofocar los esfuerzos futuros. Dice el papa Francisco: "Los invito a todos a ser audaces y creativos en . . . repensar las metas, estructuras, estilos y métodos de evangelización en sus respectivas comunidades . . . sin inhibición o temor. El Espíritu Santo también concede el valor de proclamar la novedad del Evangelio con audacia en todo tiempo y lugar, incluso cuando se encuentre con oposición".[21]

Hablando de la renovación y actualización de la vida consagrada (y sus comentarios aplican al desafío a la vida intercultural), el papa Francisco reconoció que "existe el peligro de equivocarse y cometer errores. Es arriesgado". Pero él afirma inmediatamente: "Esto no debería detenernos, porque existe la posibilidad de cometer errores más graves. De hecho, siempre debemos pedir perdón y ver con vergüenza los fracasos apostólicos causados por la falta de valor".[22] Estos sentimientos audaces y profundamente alentadores desafían a todos los que viven en comunidad.

4. Un Foro para Articular la Frustración

Debido a las inevitables frustraciones y malentendidos, es necesario incorporar algún mecanismo en la vida de la comunidad—un foro o procedimiento que permita a las personas desahogar sus frustraciones públicamente sin sentirse intimidadas, inhibidas o acusadas de animosidad personal. Si una persona identifica una dificultad personal particular, los demás no deben sentirse ofendidos o asumir aires de "inocencia herida". Y cuando alguien es capaz y está dispuesto a ponerle nombre a su frustración, puede ser de gran ayuda para aquellos que pueden identificarse inmediatamente con ella, pero que fueron más lentos para articularla o incluso notarla. Entonces la comunidad puede tomar medidas constructivas en lugar de destructivas o no actuar. Pero cada persona debe saber que la reunión es en un "lugar seguro"[23] donde pueden sentirse respetadas y no atacadas: un lugar para construir puentes potenciales y no para quemarlos. Además, el foro debe tener alguna estructura; no es simplemente "hacer lo que cada uno quiera" ni mucho menos una forma encubierta de confrontación o queja.

Por ejemplo, se podría invitar a cada persona a identificar, por un lado, algo específico que encuentre difícil en la vida de la comunidad, pero también algo que esté dispuesta a cambiar. En lugar de que esto degenere en un ataque personal, el dedo de cada interlocutor apuntará primero a sí mismo y no a otra persona. Pero entonces, si cada uno es invitado también a identificar algún aspecto de la vida en comunidad que sea de ayuda positiva en la vida diaria y las aspiraciones, algún consuelo, así como algún éxito o logro, se disipará una situación potencialmente conflictiva o competitiva, antes de que se vuelva tóxica. Las personas no deben tener dudas sobre esto: las comunidades que no se valgan de algún mecanismo para la conversación constructiva sobre la vida diaria de la comunidad finalmente fracasarán en vivir su llamado a la unidad y la misión.

5. *Corrección Apropiada*

Una característica complementaria es que la corrección a veces es necesaria, y el liderazgo es responsable de encontrar formas y medios adecuados para corregir, ya sea que se apliquen personalmente o a través de personal autorizado. La falta de acción y de liderazgo no ayudan a nadie. Una comunidad multicultural cuyos miembros han profesado su voluntad de intentar la vida intercultural se verá seriamente afectada por comportamientos no controlados o sancionados que minen los esfuerzos de la comunidad en su conjunto; el liderazgo es vital.[24] La venganza de parte de cualquiera es claramente injustificable—se requiere algo mucho más positivo: la escucha atenta y tal vez la mediación o flexibilidad, así como intentos sinceros de reparar los daños y un compromiso continuo hacia el diálogo y el desarrollo. La corrección nunca debe convertirse en humillación, y el líder debe buscar no solo reparar las faltas sino también convertirse en un constructor de puentes.

6. *Atención al Estrés y al Agotamiento*

Una comunidad de miembros diversos en la cual cada persona tiene responsabilidad puede producir competencia insana o su casi opuesto: la falta de atención a los demás. Es necesario apoyar el bienestar psicológico de las personas y resolver los malentendidos (que surgen tanto de la sobrecarga como de las diferencias del idioma o la mala voluntad). Esto requiere la sensibilidad de todos y las habilidades de liderazgo, especialmente en momentos previsibles de estrés como al final de un semestre académico, la preparación para fiestas litúrgicas, o el tiempo de exámenes o evaluaciones. Pero dada la naturaleza humana y ciertos tipos de personalidad, los miembros de la comunidad necesitan ser explícitos aquí, y comprometerse a tomar en serio los consejos apropiados respecto a signos de agotamiento inminente.

7. Clarificación de la Visión

Los miembros de una comunidad intercultural necesitan sentir que todos están del mismo lado, trabajando por objetivos comunes y por la implementación de una visión común; esto requiere compasión, preocupación y algunas veces un estímulo explícito en lugar de una mera falta de crítica. Una visión común no se genera simplemente a partir de las personas y se fomenta en la comunidad en general sino que es un intento de todos de identificar la *visión de Dios* para la comunidad: ¿qué está pidiendo Dios y cómo está respondiendo la comunidad?

Nos esforzamos por vivir, por encarnar, la visión de Dios para una comunidad en particular y para las personas que la constituyen. Dios no es inconstante, y creemos que el amor de Dios—el mismo ser de Dios—es seguro y permanente. Pero, para permanecer fieles, nosotros mismos debemos cambiar, adaptarnos y seguir buscando la voluntad de Dios. El sol no se mueve en relación con la tierra. Al mirar hacia el este en la mañana podemos sentir su calor y ver su brillo; pero a menos que nos movamos por la tarde, el sol parecerá estar detrás de nosotros, y después del anochecer habrá desaparecido. Sin embargo ¡el sol permanece! La invitación de Dios y el trabajo de nuestra vida es mantener la visión de Dios ante nosotros, no sea que nos encontremos tomando la iniciativa lejos de Dios o simplemente siguiendo los pasos de la vida religiosa en lugar de permanecer fieles a la auténtica "vida religiosa".

Nuestros intentos por mantener la visión viva dependen de nuestras estructuras y estrategias[25] y de nuestra voluntad de revisarlas continuamente. Esta es una responsabilidad particular de los Capítulos Provinciales y Generales y también de los retiros personales. Las estructuras son tanto nuestras estructuras personales (corporales) como nuestras estructuras institucionales (arquitectónicas). No sólo facilitan lo que podemos hacer, sino que también lo limitan. Menos personal, miembros cuya salud merma a medida que envejecen, edificios en mal estado y falta de propiedades—limitarán nuestra capacidad para mantener la visión como lo hacíamos antes. Pero todavía podemos seguir siendo fieles a la visión que nos inspiró. En contraste, grandes números, estructuras hermosas y propiedades espléndidas no son garantía: los Cistercienses del siglo XIII se volvieron demasiado prósperos y populares para su propio bien y, para el tiempo de Enrique VIII, las casas religiosas ofrecían ricas ganancias a las que los monarcas necesitados no se podían resistir. Debemos trabajar con las limitaciones de nuestras estructuras, sin caer en la nostalgia ni ser seducidos por grandiosos sueños. La estructura es el trampolín de cualquier proyecto, pero no es la única cuestión, ya que las estructuras producen estrategias.

Si las estructuras se centran en mantener viva la visión, las estrategias también deben hacerlo. Pero las estructuras pueden volverse interesadas y las estrategias demostrar estar irremediablemente desalineadas. Los religiosos que se aferran a una "Casa Madre" (por razones sentimentales o hasta que llegue el centenario) cuando hace tiempo que se ha convertido en un elefante blanco, no están usando apropiadamente la estructura: sus estrategias no logran mantener viva la misión, incluso si estas personas mantienen los edificios. Un plan de seis años al que se han adherido por el mandato de un Capítulo General de años antes—después de que las circunstancias hayan cambiado completamente—no es lealtad sino falta de responsabilidad. Las estructuras y estrategias tienen un solo propósito: sostener la visión para y por la cual vivimos. Si ya no son "aptas para el servicio" en este sentido, necesitan ser ajustadas o descartadas para el bien de la misión. Dice David Steindl-Rast:

> La vida siempre crea estructuras, y se necesita gente para apoyar y refinar las estructuras. Sin embargo, aunque la vida crea estructuras, las estructuras no crean vida. Así que tenemos que mantener el espíritu en marcha, la vida fuerte, y entonces crearemos las estructuras que necesitamos en un momento dado. La estructura institucional sirve a la vida; no es la vida la que sirve a la estructura. Así que mira la vida. Si esa vida se da en otro lugar—no dentro de la estructura sino fuera [de ella] entonces ábrete a ella. Y si esa vida es tan fuerte y tan nueva que rompe la estructura existente, permite que eso suceda. La estructura se renovará a sí misma. La vida hace eso siempre. Cada primavera todas las estructuras protectoras que están alrededor de las pequeñas hojas explotan y se caen. Así que permite que suceda. Toma seriamente aquello para lo que fuiste creado como una estructura, y eso es la vida. Ese es un consejo muy difícil de aceptar, porque las instituciones tienen la tendencia interna a perpetuarse a sí mismas. Las estructuras son enemigos potenciales peligrosos si las alientas, y aliados potencialmente útiles si las tienes de tu lado.[26]

Cambiando los Contornos, Perspectivas y Necesidades

Las corporaciones multinacionales contratan a personas que viajan extensa e internacionalmente. Ellas necesitan habilidades para comunicarse con una amplia variedad de socios empresariales. Por décadas, tales habilidades han sido identificadas, enseñadas y adquiridas a través del mundo de los negocios. Por otra parte, muchas comunidades basadas en la fe han encontrado los retos que plantea su propia membresía cada vez más multicultural y la conciencia de la cercana casi quiebra del modelo de asimilación estándar de reclutamiento. ("Vengan, únanse a nosotros, y les enseñaremos a hacer las cosas a *nuestra* manera—como siempre lo hemos hecho".) A lo largo de los años, los contornos de la vida intercultural y el ministerio se han vuelto cada vez más claros. Pero en parte porque han sido formadas en base a conocimientos previamente adquiridos de las ciencias sociales, la mayoría de las personas en las comunidades religiosas internaciones de hoy en día, o bien no han estado conscientes, o bien han luchado, o incluso se han resistido al desafío (el cual se está convirtiendo rápidamente en un verdadero imperativo) de la vida intercultural.

En resumen: la vida intercultural es un proceso de conversión basado en la fe que dura toda la vida y que ha surgido en décadas recientes como un requisito de los miembros de comunidades religiosas internacionales intencionales.[27] La vida intercultural saludable depende del nivel de compromiso y apoyo generado por *cada* miembro de la comunidad. Las personas varían en su nivel de adaptabilidad y aprendizaje, pero cada una genera energía positiva y negativa, y la calidad de la vida intercultural depende significativamente del conjunto de energía generada por todo el grupo. Un grupo pequeño y resistente puede generar suficiente energía negativa para frustrar a la comunidad en general. El futuro de la vida religiosa internacional depende significativamente de la habilidad de cada comunidad (local e institucional) para vivir interculturalmente; las que no lo hagan se fragmentarán o morirán.

Esto es una tarea muy difícil, y para empezar a estar a la altura, necesitamos explorar la cultura en sí misma. La vida comunitaria intercultural es el fin: es lo *que* buscamos; la cultura en sí misma es el medio: *cómo* la vivimos realmente. La cultura es la totalidad de los procesos que dan forma a una persona y por la cual se relaciona con un grupo social. Si examináramos con cierto detalle la cultura, entenderíamos mejor cómo cada uno de nosotros se ve desafiado a la transformación o conversión personal y a ser más capaz de identificar algunas habilidades y virtudes que necesitamos para intentarla, si queremos que la vida intercultural sea algo más que una esperanza ingenua o poco realista. Es imposible crear una comunidad perfecta, pero tenemos la responsabilidad de cultivar asiduamente el arte de lo posible.

Seguimiento Sugerido

1. Sería bueno si una reunión de la comunidad tuviera una conversación en la que se usara frecuentemente la terminología básica—cultura, monocultural, bicultural, multicultural, transcultural e intercultural—para que la gente pudiera entender y estar de acuerdo en el significado de esas palabras.

2. Se mencionan cuatro formas de manejar la diversidad: eliminando, mezclando, tolerando o gestionando. ¿Cuál es tu experiencia en este aspecto? (una pregunta particularmente pertinente para el liderazgo)

3. Se mencionan cuatro formas para promover una política: brutalmente, por la fuerza, dolorosa o sutilmente. Reflexione y discuta cuál de estas puede estar presente en su propia comunidad.

4. Las diferencias en una comunidad pueden "gestionarse" negativamente (esencialmente cuando hay un vacío donde se requiere liderazgo) o positivamente (imágenes de un coro u orquesta—o ambos). ¿Pueden ayudarte este lenguaje y estas imágenes a facilitar la discusión?

Capítulo Tres

Cultura, "La Parte del Medio Ambiente Hecha por el Humano"

Abordando la "Cultura"

La mayoría de la gente asume que puede identificar y entender la cultura, pero es el tema que necesita más aclaración para nuestros propósitos. Sin embargo, nosotros no necesitamos una larga disquisición sobre la cultura desde una perspectiva puramente técnica o teórica; más que una teoría, necesitamos entender cómo negociarla en el contexto específico de la vida intercultural. Por lo tanto, nuestro enfoque principal se centrará en las características de la cultura que todos nosotros abordamos de manera rutinaria, pero que también encontramos entre las más desafiantes. Primero, podemos encontrar el estudio de la cultura en el mundo académico, y después podemos pasar a una perspectiva más descriptiva y empírica.

Gerald Arbuckle ubica acertadamente el desafío que enfrentamos al citar al historiador social Raymond Williams. Sus palabras deberían servir como un relato con moraleja para cualquiera que asuma que la "cultura" es un término inequívoco, que lo entienden adecuadamente, o que comparten un entendimiento común con otras personas de su propia comunidad o cultura. "Cultura es una de las dos o tres palabras más complicadas en el idioma inglés . . . principalmente porque ahora se utiliza en conceptos importantes en varias . . . disciplinas, y en varios sistemas de pensamiento distintos e incompatibles".[1]

Al igual que muchos autores, Arbuckle nos recuerda que hay varios cientos de definiciones de este término, que cambia de forma y que todas ellas pueden clasificarse bajo una de cuatro grandes categorías: clasicista, evolutiva, moderna y postmoderna.[2] Brevemente las definiciones *clasicistas* identifican la "cultura" en singular: algunas personas y sociedades (pocas, privilegiadas) la tienen; otras no, o solo en forma atenuada. En cambio, una perspectiva *evolutiva*, clasifica a las culturas, contemporáneas e históricas, en una escala ascendente que está coronada por la "cultura" europea (o civilización) la cual, no es de extrañar: para empezar, resulta ser la de las propias personas que crearon la definición.

Sin embargo, para el siglo XIX, la gente empezaba a identificar una gran pluralidad de culturas y usar la palabra para describir la constelación de características que definían o describían a los grupos sociales particulares (usualmente una tribu, casta o nación). Mientras las definiciones clasicistas tendían a ver la cultura como algo fijo y congelado, las definiciones *modernas* tendían a comparar las culturas con relojes u organismos: cada parte tenía una función específica que contribuía al conjunto. La comprensión de las culturas como en equilibrio, autointegradas y homogéneas, tendía a pasar por alto las patologías culturales y el rápido cambio social, sin mencionar las fuerzas acumulativas y arrolladoras de la globalización. Las definiciones *postmodernas* ahora tienden a idealizar mucho menos la cultura, a minimizar la naturaleza científica de la antropología misma en favor de un enfoque más "interpretativo" de las manifestaciones culturales, y a ver las culturas, no como entidades discretas o estáticas, sino como constantemente "cuestionadas" (una noción útil, ésta) por sus miembros, que luchan por reinventarse ellos mismos, por adoptar nuevas opciones o simplemente por sobrevivir.

El teólogo Robert Schreiter ofrece un perfil de la cultura muy útil,[3] aunque gran parte de la literatura teológica no toma la cultura con la suficiente seriedad, de modo que algunos enfoques teológicos de la inculturación (la forma en que se vive la fe, y que solo puede vivirse, culturalmente, o en el contexto de una cultura particular)[4] a decir verdad son ingenuos. No así Schreiter, quien crea una tipología tripartita sencilla, viendo la cultura como *conceptual* (interesada por el significado y la interpretación), *performativa* (expresada a través de rituales y comportamientos corporales), y *material* (identificada en artefactos, pero también incluyendo la vestimenta, el lenguaje y la música).[5] Aunque esto puede ser un conjunto de lentes muy útil, yo no incluiría "simbolizaciones" (lenguaje, música) entre los aspectos materiales, y mi enfoque aquí será algo diferente, en parte porque está dirigido explícitamente a las personas comprometidas con la vida intercultural.

David Couturier, también, ofrece una perspectiva útil sobre la cultura cuando habla de diferentes "culturas de aprendizaje" en seminarios o comunidades religiosas. Estos son "diversos patrones de entendimiento, emociones, rituales y herramientas [que ayudan a la gente] a mediar en su mundo, interpretar sus experiencias, y tomar decisiones con respecto a la acción apropiada".[6]

Pero por más interesante, o frustrante, o inconcluso que pueda ser el estudio de la cultura (teórica o empíricamente), es evidente que la gente común, no especialista, es intuitivamente capaz de reconocer algunos de los grandes rasgos de la cultura y perfectamente capaz de hacer comparaciones (no siempre apropiadas o justas) entre diferentes culturas. Podemos comenzar, por lo tanto, con estas intuiciones comunes: que la cultura tiene que ver con las personas en la sociedad, sobre cómo viven, y sobre cómo las personas y grupos son a la vez similares y diferentes a los demás. Esto es suficiente para nuestros propósitos actuales como una base sobre la cual construir. En lugar de añadir una más a la gran cantidad de definiciones (demasiado técnicas), nuestro enfoque será, en cambio, mucho más descriptivo. Al identificar las diferentes facetas de la cultura y ofrecer algunas analogías que podrían ser de ayuda práctica, las expondremos primero en series y después consideraremos cómo cada una nos ofrece algunos desafíos específicos, así como medios para abordar la vida intercultural en comunidad.

Pero, primero, para establecer un principio fundamentalmente importante: la cultura se reconoce bajo muchas formas, y cada persona humana, criada en un ambiente social, tiene cultura. No existe una persona sin cultura.[7] La importancia de esto en su relación con la vida intercultural se explorará más adelante: la fe es—y solo puede ser—expresada *culturalmente*. Y, además, "la cultura" es una palabra que se aplica a un grupo de personas en lugar de a una sola persona. La cultura como una realidad social persiste a lo largo del tiempo, ciertamente, a lo largo de generaciones y a menudo de siglos. Sin embargo, nadie *nace* con cultura y, dadas las diferentes circunstancias sociales, cualquier persona puede haberse socializado o inculturado de forma diferente.[8] Un niño nacido y criado en Shanghai por padres chinos es étnicamente chino y será culturalmente chino, siempre y cuando se den las mismas constantes. Pero ese mismo niño, trasladado a Chicago poco después de nacer, y adoptado por padres euroamericanos, se inculturará como (es decir, será culturalmente) un euroamericano, aunque por supuesto seguirá siendo étnicamente chino. Etnicidad es *quiénes somos*; cultura es *cómo vivimos*; el ambiente y la socialización son de vital importancia para el desarrollo de la identidad cultural.

Descriptivamente, identificamos la cultura de varias maneras. Cada una amerita un tratamiento mucho más profundo del que podemos ofrecer aquí. Para nuestros propósitos actuales, nuestro tratamiento se limitará a los aspectos prácticos. Revisaré cinco definiciones descriptivas de las cuales podemos derivar algunas implicaciones y aplicaciones. La cultura, por tanto, es (1) la parte del medio ambiente hecha por el hombre; (2) la forma de la vida social; (3) un sistema de construcción de significados; (4) la piel social; y (5) una realidad social duradera.[9] El resto de este capítulo se ocupará de la primera de estas definiciones, y las demás serán el tema del siguiente capítulo.

La Cultura como "La Parte del Medio Ambiente Hecha por el Humano"

La antropología social o, en los Estados Unidos, cultural, cuyo principal objeto de estudio es la sociedad humana (la antropología cultural se ocupa explícitamente de la cultura: pero de hecho sus enfoques e intereses se superponen en gran medida) se describía a sí misma simplemente como el estudio del hombre. Con el aumento de los estudios feministas en la década de los 60, se redefinió de manera muy flexible como "el estudio del hombre—abarcando a la mujer". Esta descripción, muy superficial, apunta al sujeto-objeto del estudio. Mucho menos superficial es la primera de nuestras descripciones de cultura como "la parte del medio ambiente hecha por el humano". En otras palabras, virtualmente cada rastro que la humanidad ha dejado en la faz de la tierra—desde la Gran Muralla China hasta los vertederos de basura contemporáneos, desde la Ilustración hasta el *Shoah*, desde la medicina nuclear hasta la guerra nuclear, y desde la poesía hasta la pornografía—refleja un aspecto de la cultura. La cultura identifica no solo las grandes alturas que el espíritu humano puede alcanzar sino también las profundidades más bajas a las cuales una sociedad (no simplemente una sola persona) puede descender. Podemos pensar en la depravación de la antigua Roma o la corrupción del papado medieval en estos términos. Pero lo que constituye lo "hecho por el humano" puede ser identificado más claramente bajo cuatro encabezados: la cultura material, la simbólica, la institucional y la moral.

1. *La Cultura Material*

Esta se encuentra en artefactos prácticos, incluyendo herramientas, implementos, armas, mobiliario, decoraciones, cerámica, ropa, objetos de culto, etc., así como en edificios.

Pero es importante recordar que gran parte de la cultura material puede ser efímera porque es perecedera: las casas construidas con adobe se derrumban, la madera es devorada por la termita, y la tela de la ropa se pudre o se vuelve inservible. Algunas cosas pueden ser encontradas más tarde por los arqueólogos (o antropólogos físicos, paleoantropólogos o antropólogos forenses, quienes desentierran tumbas), pero dondequiera que las sociedades no usen la piedra, el concreto o el hierro pre-tensado, puede que quede muy poco después de unas pocas décadas, por no decir siglos. Una consecuencia de esto es que, si identificamos y evaluamos la "cultura" *solo* en función de lo que la evidencia arqueológica revela, concluiríamos erróneamente que quien habitó una vez una zona determinada no tenía prácticamente cultura y por lo tanto era "salvaje" o "primitivo"—como en efecto lo juzgaron muchos exploradores y antropólogos victorianos (y no pocos misioneros). De aquí la gran importancia de entender la cultura como algo más que los artefactos materiales o esqueletos.

2. *La Cultura Simbólica*

Esta se puede encontrar en cosas que significan o representan algo más que a sí mismas. Por ejemplo, un anglófono monolingüe puede ver el idioma escrito de China, Corea o Rusia (con diferentes sistemas de escritura), o Francia, Alemania o España (los cuales usan el mismo alfabeto que el inglés) sin entender un solo carácter o palabra. Los símbolos coreanos y las palabras francesas son signos y símbolos que representan algo que no entendemos, y apuntan más allá de ellos mismos. Las marcas en una página pueden ser aleatorias, pero cuando se unen como parte de un sistema, se hacen comprensibles *en un idioma particular*. Este es un ejemplo del componente simbólico de la cultura: los caracteres o palabras tienen un significado más allá de lo meramente decorativo o una configuración aleatoria de ranuras o jeroglíficos, glifos o grafemas. De una manera similar, podemos identificar, como parte de un sistema simbólico, la oralidad, el ritual, la danza, la música, la canción y la historia—y ampliar la lista para incluir chistes, proverbios, parábolas y otros estilos literarios y orales.

La oralidad no solo se refiere a la palabra hablada, sino que también caracteriza un medio de comunicación primario (hay otros: el tacto, el silencio, la proximidad, el estado de ánimo, la postura, etc.) en una cultura donde la escritura no existe o no se usa. La *oralidad primaria* se encuentra donde las personas simplemente no tienen escritura (y se desenvuelven perfectamente sin ella),[10] mientras que la *oralidad secundaria* opera junto a la alfabetización. Los hablantes son capaces de leer y quizás de escribir, pero pueden hacer un uso mínimo de esas habilidades porque su comunidad funciona en gran parte cara a cara y no depende de la alfabetización. Lo opuesto a la alfabetización es, en sentido estricto, la oralidad y no el analfabetismo, ya que este último significa la falta o ausencia, mientras que las personas en culturas primariamente orales no carecen de lo que no necesitan más que lo que un humano "carece" de hierba o madera para alimentarse.

La cultura de Jesús era en gran parte oral. La mayoría de sus contemporáneos no estaban ciertamente alfabetizados y su mensaje no requería que lo estuvieran. Debemos entender que en una cultura que no depende de la palabra escrita, las relaciones interpersonales son cara a cara, frecuentes y sociocéntricas, mientras en una cultura altamente alfabetizada, la vida de las personas puede ser más independiente, aislada y egocéntrica.[11] Por lo tanto, las expectativas de distintas personas en un ambiente intercultural pueden ser muy diferentes y será necesario hacerlas explícitamente si se quiere mantener la comunicación y la armonía. Otro ejemplo de la cultura simbólica es la interacción comunicativa. Edward T. Hall ofrece el útil concepto de culturas de "alto contexto" y "bajo contexto",[12] a las cuales volveremos.

El ritual, por supuesto, es típicamente un procedimiento sin palabras, establecido y formalizado (aunque pueden utilizarse palabras), a menudo, de naturaleza religiosa. Mediante una combinación de palabras, objetos ("símbolos condensados" como un crucifijo o cáliz, comparado con una sencilla cruz o copa), y gestos, el ritual pretende "decir lo indecible".[13] Puede regular el comportamiento social y tener un propósito más o menos establecido; pero no tiene necesariamente que ser así. Si lo hace, sería un comportamiento específicamente *instrumental* (o manipulador), pero si no, produciría un comportamiento mayormente *expresivo* como gratitud o tristeza. Gran parte del comportamiento humano, sin embargo, es una mezcla de lo instrumental y lo expresivo.

La danza, también, puede ser ritualizada o recreativa, pero siempre es un comportamiento simbólico, que apunta a otra cosa (desde lo sagrado, hasta la autoexpresión y la seducción). Y así con la música: puede ser creada o interpretada para crear o evocar respuestas emocionales particulares (otra vez, desde el plañidero *Dies Irae* hasta el *Bolero* bacanal). Pero también puede ser un transmisor efectivo de un significado específico, como cuando se usan los "tambores parlantes".

Finalmente, la historia o la narración en sus muchas formas es un comportamiento simbólico que sirve para una variedad de funciones, desde crear solidaridad en el grupo hasta ridiculizar a un malhechor y desde la contemplación religiosa hasta el comportamiento orgiástico. En un intento por referirse a algo más allá de sí mismo, y/o de decir lo indecible, el ritual es un comportamiento cultural universal y es tan variado como el juramento de lealtad americano, el saludo nazi, o la postración de un ordenando. En una comunidad intercultural, por lo tanto, su significado deberá discutirse.

3. *La Cultura Moral*

Esta se expresa e identifica en las virtudes y valores apreciados en una sociedad, mientras que su lado oscuro se revela en los vicios y la inmoralidad. Ninguna cultura es perfecta, pero ninguna carece de virtud. Siendo una creación hecha por el humano, la cultura siempre es portadora de vicios: el pecado y la gracia operan en cada persona y en el mundo social. Los valores o las virtudes—y los vicios o la inmoralidad—pueden ser conceptualizados, pero no necesariamente; pero la virtud y el vicio siempre están personificados, encarnados. Al pensamiento occidental le gusta identificar y jugar con las abstracciones y los conceptos: las personas, la belleza, el hambre, la verdad, el odio, etc. Pero tratar de identificar palabras vernáculas para las abstracciones puede resultar una tarea ingrata y frustrante. Buscar una sola palabra que "signifique" clima, hambre o paz puede ser una pérdida de tiempo. Pero tan pronto como le preguntamos a un interlocutor que identifique a un *niño* con hambre, a una *mujer* sin hogar, o a un *hombre* malvado, o por palabras para describir a *esta* persona celosa o *esa* tacaña, lo abstracto se encarna y contextualiza, y las personas no tienen ninguna dificultad con la virtud y el vicio cuando se concreta. Al filósofo Emmanuel Kant (1724–1804) le gustaba conceptualizar, pero Aristóteles (384–332 AC) insistía en que las virtudes y los vicios solo existen en las personas o en encarnadas de alguna manera.

Si nadie en el mundo odiara, no habría "odio"; y si nadie en el mundo amara, no habría "amor" en el mundo. Por lo tanto, es profundamente importante para cualquiera que negocie con significados y valores a través de las culturas buscar caminos apropiados para el descubrimiento. Qué fácil es generalizar y condenar o afirmar que "estas personas no saben el significado de honestidad" o "aquellas personas son pobres, pero siempre están felices". La cultura moral—e inmoral—no se encuentra principalmente en los libros sino en las personas; no en la filosofía sino en la conducta. Y las comunidades interculturales consisten precisamente de personas que se comportan bien o mal, no por casualidad sino culturalmente. Esto significa que las personas pueden entenderse, y pueden entender a los demás, con el esfuerzo y la comunicación apropiados. Parte de esa información puede ser un recordatorio de que, para la mayoría de las personas, el pensamiento es concreto en lugar de abstracto o conceptual, y que a veces el lenguaje de nuestra comunidad puede fluir en un mundo de formas platónicas o idealizaciones cuando la gente está buscando algo mucho más tangible. Gran parte del lenguaje teológico es académico y abstracto—extraño y sin significado para grandes segmentos de la comunidad en general.

4. La Cultura Institucional

Hay cuatros pilares o bloques esenciales en los que se apoya cada cultura: las instituciones sociales[14] de la política; el parentesco; la economía; y las creencias y el pensamiento o la religión. Estas pueden parecer muy diferentes de una sociedad a otra, así que, ¿qué significa o denota exactamente cada una de ellas? Me limitaré a esbozar las líneas más amplias de cada una de las instituciones sociales, porque la razón para examinarlas está más allá de ellas mismas y más allá de la teoría; necesitamos saber en términos generales tanto lo que son, como lo significativo que son en el contexto de nuestros propios esfuerzos por la vida intercultural.

La política se refiere a la organización y el (buen) funcionamiento de la vida diaria y se evalúa por la relación entre el poder y la autoridad.[15] La autoridad puede describirse como el uso legítimo del poder, y el poder es simplemente la capacidad de actuar con respecto a las personas y cosas, ya sea una acción legítima o ilegítima, moral o inmoral. Lo que constituye el poder "legítimo" depende del entendimiento común de las culturas individuales y es controlado (en teoría) por el uso apropiado de sanciones: recompensas y castigos. Un sistema político estable tendrá mecanismos para la transmisión pacífica de la autoridad de régimen a régimen o en intervalos regulares.

El control social o el uso de sanciones positivas o negativas se invoca cada vez que el orden público se ve comprometido.[16] Suelen seguir la desafección y la disensión, que pueden llevar potencialmente a la rebelión (la reacción contra los controles sociales predominantes) o la revolución (el intento intencional de derrocar a quienes tienen el control y reemplazar el sistema). La reacción de los que se aferran al poder, si no a la autoridad, puede ser responder con un uso incontrolado del poder (llamado a menudo autoritarismo). La cuestión del control social es de gran consecuencia en el contexto de la vida intercultural. Todos deben ser informados de cómo se media la autoridad legítima y bajo qué circunstancias se ejerce, y por quién. Además, los miembros deben entender los procedimientos para el "proceso debido", o para remitir las quejas por medio de canales establecidos. Cuando no se llega a un entendimiento común sobre la autoridad, o el abuso de ella, mediante el ejercicio del poder la fuerza o la amenaza no autorizados se debilitarán los esfuerzos para crear y mantener una comunidad saludable.

Toda sociedad tiene instituciones políticas y cultura política que pueden ser identificadas y juzgadas por diversos criterios de eficacia, moralidad o simplemente viabilidad. Las leyes codificadas y escritas no son siempre necesarias; donde la cultura es en gran medida oral, puede bastar la tradición viva y la transmisión oral (como suele ocurrir en las comunidades religiosas). Pero todos y cada uno de los sistemas jurídicos son también susceptibles a la crítica y la modificación.

La economía se refiere al flujo de bienes y servicios dentro de las comunidades y entre ellas. Toda sociedad (cultura)[17] debe estar organizada de manera predecible, con normas y convenciones. De lo contrario, el funcionamiento cotidiano de la comunidad se volvería imposible. Las sociedades difieren de acuerdo a quién recibe qué y quién no puede adquirir ciertos bienes o servicios. También difieren en sus métodos convencionales relativos a los aspectos económicos para mantener buenas relaciones interpersonales; algunas transacciones pueden ser "puramente comerciales" y ser gobernadas por normas contractuales o legales, pero otras tienen un sentido moral e interpersonal más claro. La institución social del trueque es un ejemplo de ellos, frecuentemente mal entendido por los de afuera, pero a menudo importante en situaciones transculturales.

El trueque es un sistema de intercambio, a menudo independiente del dinero o la divisa, respaldado por valores morales distintivos pero implícitos.

Detrás del sistema de trueque está una comunidad cuyos miembros tienen una relación simbiótica, por lo que el principio *quid pro quo* operará implícitamente: "si tú eres amable conmigo, yo seré amable contigo, pero si siento que eres injusto conmigo, yo puedo serlo contigo después". No obstante, la eficacia del sistema de trueque depende del mantenimiento de cierto nivel de confianza entre los participantes en el mismo. Una de las funciones sociales de los sistemas de trueque es separar la mecánica de la subsistencia básica de los que tienen la producción de la riqueza, facilitando así la circulación equitativa de los artículos de primera necesidad para vivir.

Sin embargo, muy a menudo, las personas ajenas o forasteras, que desconocen por completo los principios del trueque, abordan sus transacciones con una mentalidad totalmente diferente. Ellos no están buscando construir o mantener relaciones, sino aplicar principios económicos racionales (oferta y demanda, valor económico, satisfacción personal) para tener algo barato y no entienden por qué los precios no están marcados como en sus propios supermercados. Al tratar de "bajar" el precio de venta, puede que solo logren ser rudos y dar una mala impresión; pero el comerciante astuto normalmente "ganará". Él o ella identifica inmediatamente a los forasteros como personas que tienen "dinero en efectivo" para todo, y actúa entusiasmado o flemático, arrogante o respetuoso, combativo o amigable, y por consiguiente elaborará las estrategias correspondientes. Después de una compra, el comprador puede estar muy contento por haber "bajado" el precio de venta original, mientras el vendedor está feliz de haber ganado más dinero en efectivo del que habría generado un trueque ordinario. Pero, aunque el resultado puede hacer felices a ambas personas, no se han hecho amigos a través de la transacción. Este es un contrato mucho más racional (*do ut des*: doy para que tú des) que un intercambio relacional.

Además del trueque de bienes perecederos, una economía local puede o no usar divisas (denominada "moneda para todo uso"). Como el nombre lo indica, la moneda para todo uso puede usarse para comprar cualquier cosa, desde sal hasta cemento, desde productos agrícolas hasta adornos de oro. Pero, a pesar de su utilidad—como con las tarjetas de crédito, no es necesario llevar consigo cantidades de bienes para el intercambio—también tiene serias limitaciones y ha contribuido a debilitar a muchas economías en todo el mundo.[18]

La circulación de billetes y moneda en África y Asia, acuñados y financiados por los poderes coloniales, "racionalizó" y simplificó un sistema. El nuevo dinero para todo uso significó que el mercado estaba completamente abierto para los que tenían suficiente riqueza en bienes y servicios; pero también menoscabó un sistema que operaba con principios morales específicos. Cuando consideramos el parentesco, veremos como las instituciones del parentesco tradicional y del matrimonio se vieron comprometidas con la amplia circulación del dinero para todo uso.

Aplicada a la vida intercultural, tal información debería recordarnos que no todas las relaciones pueden reducirse a la economía racional, y que el valor y la valía se calculan de forma diferente en las diferentes sociedades. Esto puede suponer un reto para los miembros más obstinados de una comunidad de ser más flexibles y establecer relaciones en lugar de operar solo bajo los principios de la fría lógica y la igualdad absoluta. Algunas personas necesitan o merecen más o menos que otras. Un mundo—incluso el mundo de una comunidad religiosa gobernada por el voto de pobreza—en el que las personas buscan la igualdad económica absoluta es un mundo insostenible porque las personas son distintas. Así pues, para que una comunidad multicultural se convierta en intercultural, las necesidades inmediatas o a largo plazo de las personas deben entenderse y abordarse con simpatía. La pobreza religiosa es un tema que será más debatido y examinado en un entorno intercultural. En una comunidad donde los miembros comparten el voto de pobreza y donde se valora la virtud de la sencillez, es necesario compartir ampliamente la comprensión de las finanzas comunes, la distribución, la administración, y algunas de las muchas convenciones no escritas que gobiernan las necesidades de la vida diaria, no sea que el patrocinio o la parcialidad, la inequidad o la injusticia generen secretismo, celos, codicia o disensión dentro de la comunidad.

Ningún sistema económico puede asegurar el flujo continuo de bienes y servicios a todos por igual. Algunas personas pueden ser privilegiadas o capaces de adquirir más, mientras otras sufren privaciones. En otros sistemas (algunas veces denominados "socialistas") puede haber un mayor esfuerzo para asegurar que no se deje simplemente morir a las personas más necesitadas. Por consiguiente, se deben examinar los principios en los que se basa un sistema económico particular: utilitarismo, capitalismo, igualdad, privilegio o derecho, etc. Una regla general es que cualquier grupo social o cultura perdurable—incluyendo las comunidades interculturales—*debe* ser capaz de manejar el flujo de los bienes y servicios para su supervivencia.

El parentesco determina quién está relacionado con quién y cómo, quién puede o no puede, o debería o no debería casarse con quién, cómo se espera cierto comportamiento y qué prohibiciones aplican. El estudio del parentesco se enfoca en lo que los humanos hacen con estos hechos básicos de la vida—procreación, gestación, paternidad, socialización, hermandad, etc. Las reglas del parentesco incluyen el derecho y ejercicio de la autoridad, opciones (o restricciones) de matrimonio, residencia, y derecho a la tierra. Todas las culturas desarrollan reglas a lo largo del tiempo, y los miembros de sociedades sociocéntricas con un sentido del deber muy desarrollado no tienen la libertad de perseguir objetivos privados o personales, excepto a un costo social o personal muy significativo. Debido a que existe una enorme variedad de prescripciones y proscripciones y a los diferentes grados de gravedad moral que conllevan, es especialmente importante que un foráneo interesado aprenda las reglas, las convenciones y las sanciones de un grupo social particular. Una vez más, esto se vuelve muy pertinente cuando consideramos la vida intercultural misma, específicamente en relación con el celibato como valor cultural y religioso.

Las reglas de descendencia estipulan la forma en que uno se relaciona con ciertos antepasados o ancestros, y los sistemas de parentesco distinguidos generalmente como patrilineal o matrilineal, doble descendencia o cognático;[19] cada una de ellos sirve para localizar a cada individuo dentro de una red de deberes y derechos. Las reglas universales de parentesco, sin embargo, permiten un número a veces desconcertante de sistemas sofisticados, ninguno de los cuales puede ser simplemente comprendido por la intuición o la observación casual. Las reglas (virtualmente universales) son: las mujeres tienen los niños; los parientes directos no pueden unirse y la autoridad está bajo el control del hombre.

Una comunidad intercultural puede estar compuesta por personas con concepciones muy diferentes de lo que es una familia, y de las reglas que rigen, especialmente las reglas de hospitalidad y de piedad filial (deber con los padres). Anteriormente, los religiosos cortaban los lazos con sus familias de manera bastante dramática y en muchos casos no se les permitía estar presentes en la muerte o el entierro de los padres. Hoy en día, tradiciones como ésta están cada vez más en tela de juicio, cuando tantas cosas han cambiado: los viajes y las comunicaciones se han hecho mucho más fáciles, los religiosos apostólicos están mucho más comprometidos con el mundo exterior que aislados de él, y las personas de muchas culturas diferentes tienen una gran variedad de costumbres, cada una con su propio razonamiento persuasivo. El diálogo es uno de los sistemas de apoyo de la vida de las comunidades interculturales, y el cambio continuo es un imperativo. El presente y el futuro deben negociarse tanto con fidelidad al compromiso religioso de cada uno, como con respeto a los que están más allá de la comunidad, con quienes se deben respetar y afirmar adecuadamente los lazos de parentesco y afinidad.

La Creencia y Pensamiento (religión) aborda (a menudo de manera informal, ya que puede que no haya escrituras o proposiciones dogmáticas) las cuestiones fundamentales de la vida: ¿Por qué estamos aquí? ¿De dónde venimos? ¿Adónde vamos? ¿Por qué las cosas son como son? ¿Hay alguien responsable del mundo? Las personas pueden compartir una comprensión o visión del mundo básica, sin especular o filosofar indebidamente sobre los pequeños detalles. Pueden tener una interpretación común de la causalidad y la responsabilidad moral, sin poder detallar necesariamente "creencias" específicas. El pensamiento, como hemos señalado, tiende a ser concreto, y el mundo (hasta que se introduce la ciencia) es más o menos aceptado como un hecho; las cosas simplemente *son*, y hay una falta relativa de alternativas percibidas—algunas veces una falta objetiva, y a veces una simple falta de conciencia—de la forma en que las cosas funcionan.[20]

El propio cristianismo es bastante inusual al tener un sistema tan formalizado de creencias codificadas y exámenes objetivos de ortodoxia. Pero muchas personas que se ha hecho cristianas en recientes siglos encontrarían que preguntas como "¿Crees en Dios?" son bastante insignificantes—Es como preguntar "¿Crees en el martes o en los árboles?" Uno no "cree" en lo que simplemente es. Una vez más, las conversaciones entre miembros de diferentes culturas en comunidades interculturales corren el riesgo de fracasar por cuestiones de creencia. El cristianismo ha desarrollado enfoques especulativos y filosóficos a preguntas que en última instancia no tienen respuesta; los teólogos se han esforzado por dar respuestas, y el *magisterio* de la Iglesia ha hablado sobre lo que se debe creer y (a veces) precisamente cómo. Pero hay que tener cuidado cuando se entra en aguas teológicas profundas en una comunidad compuesta por personas de diferentes culturas, niveles de educación y perspectivas filosóficas.

Para la vida intercultural es importante el hecho de que las cuatro instituciones—política, económica, parentesco y religión—puedan estar *institucionalizadas* o *integradas*. En el primer caso, serían autónomas (algo independientes entre sí—como en "la separación de la iglesia y el estado"). Así, se podría identificar la política en las cámaras del Parlamento o en la Corte Suprema en Washington, DC; la economía podría entenderse en relación con Wall Street o la Bolsa de Valores; el parentesco en las bodas o funerales; y la religión en la mezquita, la sinagoga o la iglesia. Cuanto más institucionalizadas estén las instituciones sociales, más organizadas estarán de manera formal o prescriptiva: "así es como se hacen las cosas aquí". Por el contrario, las instituciones pueden estar integradas—y globalmente esto es mucho más común que la institucionalización. Aquí, las cuatro instituciones estarían entrelazadas, de modo que un matrimonio sería político y económico y relacionado con los parientes y religioso: no uno u otro, sino ambos. Esto da lugar a un sistema más integrado donde los roles son múltiples y en el que se puede hacer menos hincapié a la especialización.

Desafortunadamente, muchas personas (incluyendo los misioneros occidentales) que solo conocían una cultura en la cual las instituciones sociales estaban institucionalizadas tendían a menospreciar las culturas y a las personas en las que las instituciones estaban integradas. Uno puede escuchar las críticas: "esta gente compra mujeres por ganado; no tienen una ceremonia de matrimonio (religiosa); no tienen ninguna ley o políticas (de partido); y no tienen religión porque no hay lugares para el culto". Tales críticas no vieron que un sistema político particular puede emplear muchas formas para mantener el orden público, que los bienes y servicios circulan con bastante eficacia sin una bolsa de valores o bancos, que la gente sabe perfectamente bien quiénes son en relación con los demás, y que la religión y el ritual no necesitan clérigos ordenados o catedrales ni siquiera las Escrituras, sino que pueden ser practicados en el hogar, en la aldea, o bajo las estrellas, por personas que no tienen necesidad de los libros, la alfabetización o el dogma. Las cuatro instituciones sociales apoyan a todas las culturas sobre la tierra en una amplia variedad de formas e innumerables contextos. Pero, al igual que los diferentes idiomas, se debe aprender su particular articulación o expresión—intencional y cuidadosamente: esta clase de información no puede ser simplemente recogida informalmente—por cualquiera que quiera comunicarse con los practicantes. En una comunidad intercultural, se necesitan muchos aprendizajes—algunos informales obtenidos por el desarrollo de relaciones mutuas, pero algunos otros obtenidos más sistemáticamente.

Seguimiento Sugerido

1. La reflexión y discusión sobre la cultura de los miembros de su comunidad bajo los encabezados material, simbólico, moral, e institucional podría ser muy enriquecedor.

2. Hacer más concreto y accesible para todos el pensamiento abstracto, tratar de identificar algunas virtudes o cualidades morales (y vicios) de su propia cultura, como las que se encuentran en la gente real: para usted, ¿qué es "un hombre honesto", "una mujer hermosa", etc., en lugar de "honestidad" o "belleza" en abstracto?

3. Si vuelve a leer la sección sobre el trueque, ¿puede aplicarla de alguna manera a las relaciones interpersonales en una comunidad? ¿Puede ver cómo pueden surgir los malentendidos entre una persona con una mentalidad de "trueque para mantener relaciones" comparada con una con una actitud de "comprar barato y ahorrar dinero para después"?

4. Las instituciones sociales pueden estar institucionalizadas (más o menos autónomas) o integradas (cada una entrelazada a la otra). ¿Puede hablar sobre la importancia de las instituciones integradas en algunas de las culturas representadas en su comunidad, y ayudar a otros a comprender el poder de la integración en lugar de la separación?

Capítulo Cuatro

Cultura: Vida, Significado, Piel, Realidad

Introducción

Nuestra descripción inicial de cultura fue "la parte del medio ambiente hecha por el hombre"—o lo que la gente hace del mundo en el que vive. Sin embargo, para nosotros, las implicaciones son al menos tan importantes como la descripción. En un momento dado, cada persona está viviendo realmente en uno de los muchos "mundos" posibles, que van desde el nivel masivamente industrializado hasta el de subsistencia básica; desde el agresivamente secular hasta el religiosamente devoto; desde el altamente asertivo y competitivo, hasta el más dócil y colaborativo; y desde el tropical hasta el ártico o desde el escarpado mundo montañoso hasta el de las islas o llanuras de baja altitud.

Podemos imaginarnos bien lo que puede pasar si las personas que vienen de algunos de estos muchos "mundos" diferentes estuvieran juntos en un solo lugar por algún período de tiempo. Habría muchos desafíos y mucha demanda de todos, particularmente de aquellos menos familiarizados con el ritmo y los ciclos anuales, el idioma y la vida diaria convencional del lugar en el que se encuentran. Sus respuestas variarían enormemente y dependerían de muchos factores, incluyendo la experiencia previa de diferentes "mundos", el temperamento, la edad y la motivación personal. Todo esto puede ser motivo de reflexión. Pero a medida que avancemos, tendremos que ser más explícitos a medida que exploramos cómo una reunión hipotética podría convertirse en una comunidad real con miembros individuales comprometidos con la vida intercultural a largo plazo. En el capítulo 8, también consideraremos cómo la gente podría vivir en mundos "intermedios" o de otra manera subsistir en una relación molesta e incómoda en su entorno y en su comunidad.

En este punto pasamos a las otras cuatro definiciones descriptivas de la cultura como "la forma de vida social"; "un sistema que da sentido"; "una piel social"; y "una realidad social duradera". Esto nos proporcionará información específica útil para las personas en la comunidad a medida que se esfuerzan por construir un nuevo hogar.

La Cultura como "La Forma de Vida Social"

Como forma de vida social, la cultura comprende todo lo que ocurre rutinariamente en la vida diaria de un grupo, pero también se manifiesta en las respuestas generadas en tiempo de crisis o por acontecimientos inesperados. Más allá de una comprensión teórica de la cultura, necesitamos una "comprensión cultural" o sensibilidad a la experiencia transcultural real. Esto requiere que contextualicemos apropiadamente ciertos comportamientos que los de adentro juzgan como inusuales o anormales; no todo es normal, esperado o aprobado, y los de adentro saben, mucho mejor que los de afuera cómo juzgar eventos o comportamientos en una escala que va desde lo aceptable y aprobado hasta lo inaceptable y repudiado.

Antes de que podamos esperar crear una comunidad intercultural, las personas necesitan haber tenido al menos una experiencia transcultural significativa en la que hayan comprendido que son "los de afuera" en el mundo de otra persona.[1] La mayoría, si no todos los que intentan crear una comunidad intercultural son inicialmente "los de afuera" (al menos para la nueva comunidad), y su reto colectivo es construir una nueva cultura religiosa (identificada en el capítulo 2 como "cultura E") en la cual las personas de muchas etnias pueden vivir *in unum* como una comunidad. Por lo tanto, como "los de afuera", todos necesitan desarrollar al menos tres perspectivas y habilidades: primero, involucrarse en la vida social diaria por un período de *tiempo* significativo; segundo, ser capaces de distinguir entre diferentes *tipos* de comportamiento; y tercero, entender la relación, y la diferencia, entre lo *real* y lo *ideal*. En consecuencia, consideramos la importancia del paso del tiempo, los diferentes tipos de comportamiento, y la diferencia entre lo ideal y lo real.

1. El Paso del Tiempo[2]

En todas partes de la tierra hay estaciones y hay cambios. Las estaciones pueden variar de dos a media docena: seca/lluvia, caliente/fría, de siembra/ de cosecha, primavera/verano/otoño/ invierno, o de hecho nombradas en una interesante variedad de formas relacionadas con los cambios climáticos o las variaciones ocasionales. Cualquier cosa que sea particularmente significativa en el curso del ciclo anual será identificada y nombrada de alguna manera en diferentes culturas. El ciclo anual puede determinar no sólo la siembra y la cosecha, la pesca o la navegación, la caza o la recolección, o el trabajo y el descanso, sino también el casamiento, la construcción de casas, los viajes y otras actividades. Pero quien entienda e interprete la cultura como "la forma de vida social", ya sea uno de adentro o uno de afuera, debe haber estado presente el tiempo suficiente para experimentar el ciclo anual e identificar sus diversos estados de ánimo y actividades. Sólo entonces se puede interpretar el presente en términos del pasado y el futuro.

Para los de afuera, la paciencia es de suma importancia, ya que aprenden a esperar, a no emitir juicios y a manejar las frustraciones diarias con uno mismo y con los demás. Así, lenta y laboriosamente, y a veces dolorosamente, llegan a aprender e interpretar la forma de la vida cotidiana a medida que ésta emerge y cambia con el tiempo. Pero hacer preguntas también es crucial. Algunas personas tratan de resolver las cosas por sí mismas, creyendo que hacer preguntas es un signo de debilidad o sólo para los ignorantes. Pero todos somos forasteros e ignorantes y débiles hasta cierto punto: eso es en parte lo que nos define. Generalmente la gente está muy dispuesta a ayudarnos en nuestra debilidad e ignorancia—¡si preguntamos de manera apropiada!

Cuando empecé a escribir este libro en Chicago, mientras el invierno más severo del que se tiene récord se negaba a dar paso a la primavera, me resultó fácil sentir que toda la ciudad estaba cansada por el interminable invierno y anticipaba con entusiasmo las señales de que la primavera llegaría de verdad. Sin embargo, uno sabía bien que, dentro de unos pocos meses, la gente se quejaría del insoportable calor o notaría los primeros signos que son los presagios anuales de otro interminable invierno. Pero alguien que experimenta un invierno en Chicago por primera vez no tiene una idea real de su duración o severidad, de si es un invierno normal o extremo, o cuándo terminará. Tal persona, sin experiencia, sólo puede aguantar y buscar consuelo en la seguridad de otras personas. Así pues, "la forma de vida social" en Chicago, como en todas partes, depende en cierta medida de las condiciones externas (meteorológicas); y su comprensión depende de que el observador conozca el ciclo estacional y lo que constituye condiciones normales o anormales.

2. Tipos de Comportamiento

Todos tienden a interpretar y juzgar las cosas de manera más o menos subjetiva, por criterios que le son familiares, y a través de los lentes distorsionadores de los prejuicios personales. Nuestra segunda perspectiva interpretativa, entonces, es el comportamiento real de la gente. Pero necesitamos refinar esto si queremos ser capaces de distinguir lo normal de lo anormal, lo legal de lo ilegal, lo habitual de lo instintivo, y lo aprobado de lo desaprobado. El desafío no es sólo *observar* el comportamiento sino también *interpretarlo*. Es inadecuado y a menudo irrespetuoso juzgar el comportamiento de los demás como sin sentido o repugnante, sin tener ninguna idea de los criterios de "significado" o "repugnancia" (ambos codificados por la cultura); y de si simplemente imponemos nuestras propias categorías y juicios, estaremos actuando por ignorancia o arrogancia y ciertamente a causa del etnocentrismo.[3]

Hay una serie de cuestiones que tendríamos que abordar para entender la cultura como una forma de vida social que comprende el comportamiento real de las personas. Incluso para responder a la pregunta "¿Qué estaba pasando?" tenemos que hacer algunas distinciones. Primero, "¿Qué creo que vi que estaba pasando?" Preguntar esto es reconocer implícitamente una posible discrepancia entre la percepción y la comprensión del agente y del observador. Un observador ignorante de un pescador con mosca, un partido de cricket, un juego de ajedrez o un controlador de tráfico aéreo podría ser capaz de identificar el comportamiento ordinario de estos agentes sin comprender su significado o saber si era normal o anormal, generalmente aprobado o desaprobado, excepcional o rutinario. "¿Qué es lo que vi?" no es susceptible de una respuesta simple; y a ello hay que añadir varias más. "¿Qué creímos yo y la otra persona que *estaba* sucediendo realmente? ¿Qué pensaba cada uno respectivamente *sobre* lo que estaba sucediendo? ¿Qué pensábamos que *debería* estar sucediendo?" También podríamos añadir "¿Qué pensaba/sobre qué pensaba/esperaba la comunidad (ya sea mi comunidad religiosa local o la comunidad más amplia de la que formamos parte)"? Esto revelará cuán sutil y compleja es la cuestión de determinar y explicar "la forma de la vida social" en un día determinado y en una comunidad determinada.

3. Lo Ideal y lo Real

Existe el peligro de que el ingenuo forastero juzgue solo por lo externo. El comportamiento real solo puede ser comprendido adecuadamente cuando se le vincula con el sistema subyacente de creencias y pensamientos.

Siempre habrá una discrepancia potencial entre las acciones (visibles) y las motivaciones (invisibles). Las creencias pueden ser implícitas o explícitas, pero los comportamientos no siempre coinciden ni siquiera con las creencias expresadas por las personas. "¡No soy racista!" puede ser una convicción o creencia firmemente sostenida que podría quedar palpablemente desmentida por mi comportamiento real, lo admita o no. De la misma forma, las personas pueden afirmar que respetan a los demás, que se preocupan por los pobres o son hospitalarios con los forasteros, pero "las acciones dicen más que las palabras": es fácil profesar ciertos valores o principios morales, pero en realidad, en la práctica real, ninguna persona está a la altura de los estándares que uno dice vivir. La vida social tampoco es siempre armoniosa, virtuosa o genuina. Las personas pueden tener aspiraciones o buenas intenciones, pero surgen patologías, y los de adentro (y los de afuera con el conocimiento apropiado) pueden identificar comportamientos innobles o heróicos junto a lo que es normal o acceptable. La patología social y la virtud coexisten en cualquier sistema social, pero se requiere capacidad de reflexión para determinar quién pone la designación "patológica" o "virtuosa" en cualquier acción.[4] ¿Son los de afuera en general, la comunidad de adentro, o simplemente personas de adentro y de afuera? El estudiante de cualquier cultura es desafiado a identificar las aspiraciones propias de las personas, sus anhelos por una vida más armoniosa, y las expectativas que ponen sobre sí mismos y sobre los demás. El de afuera rara vez está en posición de juzgar—solo por acciones externas—las acciones y motivaciones de las otras personas.

Finalmente, es importante recordar que cuando hablamos de cultura, no simplemente identificamos los modos de las personas o su idiosincrasia: el comportamiento cultural constituye tanto lo que es "habitual"—el comportamiento estándar o normal y aceptable del grupo—como el comportamiento que se desvía (a veces habitual) de las normas esperadas. El comportamiento social es reforzado por sanciones positivas o negativas: recompensa o afirmación, o castigo o desprobación. Sin tales sanciones, las personas no crecerán para ser afirmadas o castigadas; y sin sanciones habrá confusión y anarquía generalizadas, lo que llevará a la corrosión e incluso al colapso de la cultura.

La Cultura como "Un Sistema que Da Significado"

Un sistema permea a un organismo o campo de pensamiento en un idioma y, dados ciertos estándares y la aplicación apropiada de reglas, el sistema (gramatical, fonético, fonológico y semántico) hace que la comunicación inteligible sea posible. Todos los sistemas de comunicación eficaces aseguran el flujo apropiado de informacion entre el(los) emisor(es) y el(los) receptor(es), pero esto puede funcionar en diferentes niveles, desde el superrrápido y superefectivo hasta el extremadamente lento y que apenas funciona. Si una cultura es vista como un sistema que da sentido, no tiene que ser técnicamente perfecta, pero solo puede funcionar cuando existen normas mínimas de inteligibilidad mutua. Lo mismo que ocurre con la comunicacion lingüística o no verbal, también ocurre con la cultura en general.

Una analogía de la teoría lingüística puede ilustrarnos sobre los idiomas como sistemas que dan sentido, pero tienen una mayor aplicacion como una forma de entender la forma en que funcionan las culturas. Distinguimos tres criterios para juzgar la comunicacion efectiva como transmisor de significado: *gramaticalidad, aceptabilidad* y el *significado* mismo.[5] A medida que identificamos estos rasgos lingüísticos, vemos su gran aplicabilidad a las relaciones sociales en general.

1. Tres Niveles de Significado

(a) *Gramaticalidad*. La *gramaticalidad perfecta* significa que el idioma de la persona que habla o escribe observa estrictamente todas las reglas gramaticales y sintácticas (el orden y la relación de las palabras) de un sistema lingüístico particular. Esto produce una correspondencia formal entre las reglas y su aplicación. Sin embargo, a veces produce un lenguaje pedante o antinatural (como una conformidad servil a la regla que distingue "quién/a quién," o las reglas sobre no separar los infinitivos o terminar una oración con una preposición en inglés).[6] Noam Chomsky, el gran innovador de la teoría lingüística en los años 50, creó una frase perfectamente gramatical para señalar un punto particular: se ajusta a todas las reglas relevantes de la gramática inglesa—¡y sin embargo no tiene ningún sentido! La frase es: "Las ideas verdes incoloras duermen furiosamente". La gramática por sí sola, por tanto, es claramente insuficiente para una comunicación efectiva. Pero para nuestros propósitos aquí, tambien nos recuerda que lo que es totalmente ortodoxo en teología o pedagogía (o para una persona en un contexto específico) le puede parecer al oyente o receptor una sandez: totalmente sin sentido. Algunas declaraciones teológicas o instrucciones religiosas son bastante incomprensibles para la mayoría de la gente. Si el orador no logra transmitir un mensaje significativo, o si el oyente no lo descifra adecuadamente, el sistema de comunicación es evidentemente inadecuado. Este principio se aplica de manera muy pertinente a la comunicación en un contexto intercultural.

(b) *Aceptabilidad* es otra medida apropiada para la transmisión exitosa de la información. Es una forma de determinar si el mensaje se recibe y se entiende como el transmisor quería. No se trata de normas absolutas sino de una correspondencia relativa: mientras la transmisión de la información sea adecuada o satisfactoria, aunque no siempre cumpla las normas absolutas de corrección formal, pasa la prueba de aceptabilidad. En la conversación real, la mayoría de las personas dudan, se repiten y se desvían del cumplimiento de las normas formales, pero su conversación es, sin embargo, perfectamente aceptable para ambos interlocutores. Sin embargo, hay momentos y lugares en los que lo que es aceptable en una situación no lo es en otra: para contestar una prueba escrita sobre el uso del inglés se requieren respuestas que son más aceptables de lo que sería en una conversación casual. Asimismo, para cumplir el criterio de aceptabilidad, el dirigirse apropiadamente a una persona de rango o dignidad particular exige un nivel de lenguaje mucho más alto que el que sería aceptable en una conversación casual o informal. Alguien que habla inglés como segundo idioma y no observa con precisión todas las reglas gramaticales podría ser considerado un hablante mucho más aceptable que un hablante nativo que hace lo mismo: la aceptabilidad depende en gran medida de las personas y las circunstancias. A veces la aceptabilidad es un asunto que se negocia mutuamente, en particular cuando se trata de la comunicación del lenguaje o el comportamiento, o cuando la comunicación se da entre miembros de diferentes comunidades culturales o lingüísticas.

(c) *Significado*. Una vez más, este criterio no es absoluto sino relativo a personas, lugares y tiempos. La semántica es el estudio del significado en sus inumerables formas, y la comunicación fracasa a menos que negocie exitosamente el significado entre los partes. Considere el poema sin sentido *Jabberwocky* de Lewis Carroll, autor de los clásicos *Alicia en el País de las Maravillas*, *A Través del Espejo* y otros. Su poema comienza:

> T'was brillig, and the slithy toves
> did gyre and gimble in the wabe
> all mimsy were the borogroves,
> and the mome raths outgrabe.

Hay muchas cosas interesantes que pueden decirse de estas líneas, pero dos son pertinentes para nosotros. El verso es estricta e intencionalmente *perfecto* en el sentido gramatical (obedece las reglas gramaticales del inglés), aunque sus sustantivos y verbos no se encuentran en ningún diccionario. Y aunque no es *aceptable* para los pedantes nativos de habla inglesa, es, de una manera extraña, *significativo*. Para los niños que no han aprendido suficiente vocabulario en inglés y, por lo tanto, no saben aún qué palabras son realmente inglesas y cuáles no, estos sustantivos y verbos *podrían ser* palabras inglesas, del mismo modo que muchos otros obviamente no lo son. (¡Los niños que aprenden inglés son bastante capaces de identificar muchas palabras o combinaciones de lexemas que definitivamente no son ingleses!)

El poema apela a la imaginación y conjura un mundo posible donde la imaginación llena lo que las palabras mismas solamente sugieren. Intuitivamente, el niño brillante o el aprendiz de lengua nativa será capaz de distinguir (aunque informalmente) un verbo (outgrabe) de un sustantivo (toves), un adjetivo (mome), o un posible adverbio (mimsy).

Entonces ¿cómo podemos caracterizar la significación? *Jabberwocky* es significativo porque, aunque muchas palabras del poema están vacías de significado real, están abiertas a muchos posibles significados. No es "no sentido" sino "sin sentido": cada combinación de letras *podría ser* una palabra inglesa, pero están vacías de sentido porque nunca han sido usadas en una comunidad de idioma para transmitir significados estándar. Los padres cuyos hijos están en proceso de aprender a hablar, a menudo escuchan a sus hijos producir sonidos que no aparecen en ningún diccionario; están vacíos de significado real. Pero los padres pueden entusiasmarse mucho porque significan algo *en el contexto*, y *para el niño y la madre*. Esta creatividad lingüística demuestra la capacidad emergente del niño para utilizar el sonido de forma significativa. Así identificamos los grados de significado entre los estudiantes de idiomas, los adultos y, por extensión, los miembros de una comunidad intercultural que luchan por hacerse entender.

Un ejercicio útil para la comunidad podría ser preguntarse qué es y qué no es "gramatical", "aceptable" y "significativo" en la vida cotidiana de la comunidad.

(d) *"Creatividad Regida por Reglas"* "La creatividad regida por reglas" es la capacidad generadora que se encuentra en todos los idiomas que permite generar y *entender* un número prácticamente infinito de expresiones a partir de la aplicación de un núcleo limitado de reglas gramaticales.[7] Algo natural para el hablante nativo, es una adquisición difícil para los que luchan por dominar un segundo idioma. Así como las reglas del ajedrez son pocas y las jugadas son ilimitadas, así pasarán años antes de que los miembros de las comunidades interculturales lleguen a ser tan competentes como los jugadores de ajedrez. Pero los miembros de las comunidades interculturales no tendrían que aprender la vida intercultural como si se tratara de dominar cientos de frases diferentes para cientos de ocasiones diferentes. Poco a poco, a medida que pasan a formar parte de una comunidad orgánica y en evolución, llegan a conocer la "gramática" de la vida intercultural. Llega un momento—como ocurre en el proceso de adquisición de un idioma extranjero—en el que se vuelven realmente creativos: ya no están aplicando de forma autoconsciente las normas de la comunidad de una manera convencional o con guiones. Llega el día en que se vuelven espontáneos y desaprensivos. Esto, que es un gran alivio, señala una nueva fase en la vida de la comunidad intercultural. Saber que dentro de "las reglas" de la vida diaria podemos seguir siendo creativos; hacer y decir cosas que nunca antes se han hecho o dicho de esa precisa manera; y ser comprendido por otros que comparten nuestras instituciones—todo esto abre la puerta a un nuevo nivel de vida intercultural que permitirá un futuro no totalmente dependiente del pasado, y a una nueva, aceptable y piadosa manera de vivir la vida consagrada.

La Cultura como "Piel Social"

Esta imagen requiere simplemente un poco de introspección y luego cualquiera puede jugar con ella. La piel es el órgano más grande del cuerpo humano; los injertos son difíciles e incluso imposibles; si se queman gravemente, la muerte es inevitable. Y aún así, la piel puede tolerar numerosas cicatrices, manchas, arrugas, y muchas condiciones dermatológicas. No podemos estar en "la piel de otro"; y si la nuestra fuera despojada o desollada, ciertamente moriríamos. Por analogía, las culturas, como la piel, no tienen que ser perfectas y pueden tolerar el desgaste y el trauma; pero la integridad de la piel es tan necesaria para la vida como lo es la integridad de una cultura; si se corta, se rompe o se deja sin reparar, una persona puede desangrarse y morir.

Así como la piel de ninguna persona—cuando se ha vivido en ella durante suficientes años—es impecable, ninguna cultura (que es moldeada y mantenida por los humanos) está libre de faltas, deficiencias y a veces de condiciones patológicas. El cuerpo humano puede sufrir la amputación de sus miembros, enfermedades que ponen en peligro la vida, o traumas de fuentes externas; asimismo, las culturas son vulnerables a fuerzas debilitantes o destructivas, desde el interior y el exterior. Con el tratamiento apropiado, el cuerpo humano puede ajustarse y sanar; también lo pueden hacer las culturas humanas. Pero al igual que los individuos humanos e incluso sociedades enteras, las culturas no tienen garantizada la supervivencia, y las arenas del tiempo están llenas de restos de culturas ahora desaparecidas que su gente había considerado inmortales.

Esta analogía ofrece lecciones para una comunidad intercultural. Las limitaciones personales son naturales e inevitables, y algunas disfunciones pueden ser superadas con el tiempo y con los cuidados adecuados. Pero algunas situaciones pueden estar más allá de la redención. Aplicando la "regla del cien" (conocida en las unidades de quemados de los hospitales): a medida que el porcentaje de quemaduras corporales graves más la edad del paciente supera el cien, la probabilidad de supervivencia se aproxima a cero. Si una comunidad está gravemente dañada en sus miembros, y su resistencia se ve disminuída en virtud de su elevada edad media, entonces la analogía sugiere que las posibilidades de continuar como una comunidad viable disminuyen hasta el punto cero. Donde la buena voluntad es insuficiente y deficiente, y no se han desarrollado las habilidades y virtudes apropiadas,[8] habrá pocos recursos a los que una comunidad pueda recurrir en tiempos de crisis graves. Los esfuerzos para la vida intercultural deben mantenerse durante muchos años. Algunos intentos han florecido por un tiempo, pero se han marchitado y muerto por causa de plagas externas o por un cáncer que crece, sin ser detectado en su interior. Aunque no hay garantía de supervivencia ni recetas mágicas para asegurar una vida intercultural sana, es posible que se pueda vivir, y—como la buena salud y la longevidad—vale la pena esforzarse por ello.

La Cultura como "Una Realidad Social Duradera"

Las culturas surgen y caen, florecen y se desvanecen, y mueren; aquí hay alimento para la vida intercultural. La cultura es transmitida a lo largo del tiempo, a través de generaciones, en un proceso continuo más que en un simple hecho social. Ninguna comunidad religiosa se desarrolla espontáneamente; se necesitan generaciones para desarrollar una identidad y "mitología"—es decir, un compendio de historias sobre sí misma, que contienen inspiración y heroísmo, aunque quizá no sean verdades literales. Desarrollar el *ethos*—el sentimiento y la forma que identifica y distingue a una comunidad particular—de una comunidad lleva tiempo. Las personas entran entonces en una entidad social establecida y se incorporan a ella de varias maneras. Una comunidad intercultural no se crea de la noche a la mañana—necesita tiempo para desarrollar su propio *ethos* o identidad. Parte de una realidad social preexistente que puede haber perdurado durante siglos, también está en proceso de un mayor desarrollo o transformación orgánica. Los miembros pueden apreciar cómo se han hecho las cosas, pero también están creando algo nuevo: una nueva forma de vida religiosa; una nueva cultura religiosa. Visualizar la cultura como "una realidad social duradera" puede ayudar en este proceso.

Aunque algunas culturas (denominadas tradicionales) pudieran parecer estar estáticas o en equilibrio, todas las culturas se encuentran en un proceso de cambio, ya sea relativamente lento o muy rápido. Algunas culturas se adaptan mejor al cambio que otras. La realidad (lo que las personas consideran que es real) se construye socialmente: las personas nacen en una comunidad preexistente que ya ha interpretado el mundo y determinado el significado de las cosas, acontecimientos y relaciones.[9] Ciertas cosas en cada cultura son aceptadas sin cuestionarlas: son "hechos sociales". "Esta es la forma en que hacemos las cosas aquí" sería un ejemplo en cada cultura y cada comunidad (religiosa). Habla de tradición y permanencia en lugar de caos o azar. Por supuesto, las culturas y comunidades cambian, pero cuanto más "tradicional" sea o establecida esté una cultura, será más evidente cierta resistencia al cambio. El proceso de socialización, por el cual una persona se inserta en un mundo de significados preexistente, se extiende más allá de los primeros años (vea a continuación). Pero una vez que se ha socializado adecuadamente, se hace cada vez más difícil que alguien piense que sus pensamientos o formas de actuar son erróneos: este es el desafío de la conversión para todos, y esta actitud se pone a prueba, particularmente cuando los mundos de significado chocan o interactúan, como en el caso de la formación de una comunidad intercultural.

La Necesidad de Aclarar la Terminología

Ya debería estar claro que la cultura es un tema complejo y abierto a grandes malentendidos, a la simplificación excesiva, y a la esencialización o cosificación (el hábito de decir cosas como "esta cultura cree que . . . " o "la cultura X trata a las personas como . . . ".). Pero como la cultura en sí misma no es un agente personal, no puede "creer", "pensar", o "actuar"; son las personas las que hacen esas cosas. Por lo que distinguimos entre atribuir cosas o acciones a "una cultura" e identificar a los agentes humanos; la cultura es una abstracción hasta que es animada por agentes. Afirmar que "mi cultura hace esto" o que "las culturas necesitan hablar unas con otras" es inexacto y poco útil, y muy a menudo un intento bastante ordinario para justificar nuestro propio comportamiento.

Aparte de no esencializar la cultura, tampoco deberíamos ser complacientes con otra terminología relacionada. Varias palabras (algunas ya mencionadas: monocultural, bicultural, transcultural [en francés, *transculturel*] y multicultural) son compuestos de "cultura", y otras (enculturación, aculturación, inculturación e intercultural) pueden causar confusión cuando se usan de manera inapropiada. Aquí se presenta como punto de referencia una glosa de estas cuatro palabras, que pertenecen a dos grupos.

La mayor parte de la terminología relacionada con la cultura pertenece a las ciencias sociales, en particular a la sociología y la antropología: cultura/enculturación/aculturación son palabras de carácter sociológico. Pero los teólogos, que en los últimos años se han hecho cada día más conscientes de la importancia de la cultura en relación con la fe y la religión, han adoptado el lenguaje sociológico, aunque no siempre de forma hábil o precisa. Pero "inculturación" e "intercultural" son neologismos teológicos que toman prestado el término sociológico "cultura" como parte de su significado. Como palabras específicamente teológicas, son en gran parte desconocidas dentro de la disciplina general de la sociología/antropología. Pero otra complicación es que "multicultural" ha sido usada de manera ambigua o multivocalizada por décadas, a veces sin un ápice de connotación teológica, y otras veces con tintes decididamente teológicos.

Para comprender las palabras sociológicas *enculturación* y *aculturación*, y las palabras teológicas *inculturación* e *intercultural* se requiere una comprensión práctica de la sociología de la cultura. Pero, como ya hemos señalado, algunos teólogos tienen una visión muy poco técnica de la cultura, y algunos usan las palabras inculturación y enculturación como sinónimos, confundiendo lo que identifican como inculturación con lo que realmente es (sociológicamente hablando) aculturación. La confusión masiva se agrava porque muchas personas no son conscientes del laberinto lingüístico en el que han entrado. Los términos necesitan ser clarificados.

Enculturación[10] (o socialización) es el proceso (cultural) por el cual un niño recién nacido aprende gradualmente su cultura y se convierte en un miembro adulto de un grupo social.[11] Proporciona a las personas sus raíces culturales, pero incluye invariablemente cierto grado de etnocentrismo y puede ser identificada en tres etapas.

La socialización primaria consiste en todos los procesos que moldean a un niño desde su nacimiento hasta la edad del uso de razón (universalmente, unos siete años más o menos). La capacidad de distinguir entre el bien y el mal es el principal logro de estos años y depende en gran medida de la estabilidad de la familia *y* de la cultura particular. En sentido moral forma parte del ser humano, pero puede verse distorsionado por una socialización deficiente debido a un hogar desintegrado o inestable, y se expresa de diferentes maneras en todas las culturas. Todo grupo social enseña la virtud, pero también encarna el vicio, y se enseñará a los niños cómo *deberían* comportarse; pero una niña en el Borneo tradicional tendrá un sentido de la moralidad bastante diferente al de un niño criado en la California moderna, aunque ambos casos comparten características comunes y cada niño debería ser responsable de sus actos.

La socialización secundaria se refiere a los procesos sociales que continúan dando forma a medida que él o ella se acerca a la madurez. Un niño maduro toma decisiones personales, se vuelve menos dependiente de sus padres y de la vida del hogar, y queda bajo la influencia del grupo de compañeros. La socialización secundaria completa deja al niño en crecimiento con la capacidad de rehacer su socialización inicial basándose en el aprendizaje, la experiencia y la atracción (a menudo contraria) del grupo de compañeros y de ser su propia persona, actuando con libertad y responsabilidad. El logro clave de estos años es el sentido de autonomía, interrelación y responsabilidad personal. No siempre sucede fácil o consistentemente, y muchas personas luchan por años en la edad adulta para llegar a ser adultos maduros y equilibrados. Por lo tanto, se requiere más tiempo, energía y enfoque, ya que la socialización secundaria no es el fin del desarrollo humano.

La socialización terciaria, entonces, es un complemento necesario y útil, porque las personas pueden cambiar y de hecho lo hacen después de llegar a la edad adulta. Llamada algunas veces "resocialización" por los miembros de las comunidades interculturales, la socialización terciaria puede glosarse como "formación continua", "conversión continua", o "transformación". Los miembros de la comunidad deben reconocer que el proceso de formación de una comunidad intercultural es en sí mismo parte de la socialización de cada persona. Todo el contenido de este libro puede entenderse como una introducción a la socialización terciaria (religiosa)—y en algunos casos, incluso la socialización secundaria remedial.

La enculturación exitosa, por lo tanto, requiere una comunidad estable con valores perdurables y un modelo y ejemplo consistentes de los padres o los "seres queridos" quienes tienen tanto la autoridad moral como la legal. Los elementos significativos de la vida diaria y las expectativas deben estandarizarse y ser moralmente obligatorios: de lo contrario, surgirá el caos. Precisamente esto sucede en las familias desintegradas donde las reglas y las expectativas varían mucho de una figura de autoridad a otra, o en las que una misma persona hace demandas muy inconsistentes. Por lo tanto, en el contexto de una comunidad intercultural, dado que varias personas pueden estar en el proceso de enculturación, es sumamente importante que se aclaren las reglas, expectativas y sanciones, para que no surjan la confusión, la frustración y el descontento masivos.

La aculturación es identificada como los efectos del encuentro entre dos culturas (o, más propiamente, los miembros de dos grupos culturales diferentes), aunque la misma palabra también se aplica a lo que llamamos "cambio de cultura". Cualquier contacto cultural afectará a cada cultura; pero si visualizamos que cada cultura tiene una consistencia o composición ligeramente diferente a las demás, podemos imaginar los resultados. Si un huevo fresco, recién puesto y un trozo de granito entran en contacto abrupto, los resultados serán muy diferentes para cada uno. El granito saldrá virtualmente ileso, pero el huevo puede quedar ¡destruido! Tales son los efectos de la aculturación, que varían enormemente de un caso a otro. En una comunidad intercultural, algunos miembros encontrarán el proceso de aculturación relativamente tolerable por la resiliencia de su propia cultura y su exposición previa a otras culturas. Pero otros pueden encontrarse más bien como el huevo recién puesto tras el encuentro con el bloque de granito: puede ser bastante traumatizante a menos que cada persona sea conscientemente sensible al ajuste que requieren otros miembros. La insensibilidad y preocupación por el bienestar personal pueden socavar las posibilidades de crear una comunidad antes de que algunos miembros hayan tenido la oportunidad de adaptarse.[12]

Virtualmente ninguna cultura existe hoy en día en completo aislamiento, por lo que el contacto entre las culturas es un hecho social universal, acelerado por el internet y las tecnologías asociadas. Al menos una parte siempre cambia en este proceso. Como una transfusión de sangre, puede ser para mejorar la vida—o causar la muerte. Cuando consideramos la vida intercultural, haríamos bien en recordar tanto el potencial como el peligro.

Un componente de la aculturación es el impacto de "la velocidad del cambio" en cada cultura. Una cultura puede ser altamente innovadora mientras que otra es mucho más conservadora. Mientras que los miembros de la primera se acostumbran y pueden esperar cambios frecuentes, los miembros de la otra pueden encontrar que se espera que ellos se comporten de cierta manera, pero tan pronto como se han adaptado a ello, las reglas y expectativas cambian, dejándolos desconcertados y emocionalmente desorientados. Las personas de diferentes culturas esperan o toleran la continuidad o el cambio a ritmos diferentes, y al tratar de formar una comunidad intercultural de paz y cooperación, el liderazgo especialmente debe aprender a tratar o negociar con hábitos culturales y normas que son muy diferentes de persona a persona.

Inculturación. Para entender eso debemos ubicarla firmemente en el campo de la teología: tiene que ver con Dios y la fe. Ya que, como señalamos y elaboraremos más adelante en el siguiente capítulo, solo podemos vivir nuestra fe a través de nuestra cultura, identificamos la inculturación como precisamente la manera en que la fe de cada persona se vive en el recorrido diario de la vida. Dada la distinción entre aculturación (contacto con la cultura) e inculturación (fe vivida), debemos señalar que la frase "inculturación litúrgica" es estrictamente incorrecta: la fe es el objeto de la inculturación, no la liturgia, el ritual, la traducción o la adaptación. Estrictamente, el término debería ser "aculturación litúrgica" o "adaptación litúrgica". Sin embargo, si las modificaciones litúrgicas generan una cosecha de renovación en la forma en que se vive realmente la fe, entonces esa cosecha—y no la liturgia misma—es una fe inculturada.

Pero como la inculturación como tal no es el objeto de este libro—aunque es de importancia crítica—solo podemos ofrecer algunas definiciones y discripciones importantes.

> Cuando hablamos de inculturación, nos estamos refiriendo a un fenómeno que transciende la mera aculturación. Es la etapa en la que una cultura humana es animada por el Evangelio desde dentro.[13]
>
> La fe cristiana no puede existir más que en una forma cultural.[14]
>
> [La inculturación es] la encarnación de la fe cristiana y del mensaje cristiano en un contexto cultural particular, de tal manera que esta experiencia no solo encuentra expresión a través de elementos propios de la cultura en cuestión (esto solo no sería más que una adaptación superficial) sino que se convierte en un principio que anima, dirige y unifica la cultura, transformándola y rehaciéndola de manera que produzca una "nueva creación".[15]

Y finalmente:

> La inculturación no se limita a la etapa inicial [de introducción del mensaje cristiano en una cultura]. Debe haber un diálogo continuo entre la fe y la cultura.[16]

Cultura: Vida, Significado, Piel, Realidad 61

Pero, sobre este último punto, ya que el diálogo solo puede ser entre personas reales, los miembros de una comunidad intercultural tienen la responsabilidad de desarrollar su fe—mediante la formación en la fe—en el contexto de la cultura emergente de la que forman parte.

Seguimiento Sugerido

1. Al reflexionar sobre la distinción entre lo que es "gramatical", "aceptable" y "significativo", ¿puede aplicarla a su experiencia de vida en comunidad? Note que habrá desacuerdo sobre lo que es o no aceptable.

2. El entrar en la vida intercultural requiere que las personas se sometan a una mayor enculturación o socialización en la nueva cultura que encuentran (y ayudan a conformar). Hable sobre algunas características de su propia enculturación con otros miembros de la comunidad. Compare y contraste su experiencia antes de unirse a la comunidad.

3. Todos los que se unen a una nueva comunidad o cultura están inculturados o afectados por lo que encuentran y a quien encuentran. A veces esto puede ser un proceso mutuamente satisfactorio, pero otras veces no tanto. Identifique algunos de los aspectos positivos de su propia enculturación en un ambiente intercultural y también algunas de las cosas que encuentra más desafiantes y difíciles.

4. Partiendo del material de este capítulo, converse en un ambiente de comunidad sobre algunas cosas de su propia vida que estaría dispuesto y sería capaz de cambiar por el bien de la comunidad y otras cosas que consideraría no negociables.

5. La forma en que la fe de cada miembro de la comunidad es inculturada se convierte en un asunto de primera importancia para la comunidad en su conjunto. Hable sobre la diferencia entre aculturación e inculturación y algunos desafíos que la comunidad debe enfrentar.

Capítulo Cinco

Cultura, Fe y Vida Intercultural

Espiritualidad Vivida

Los dos capítulos anteriores intentaron demostrar que la única forma de ser humano es vivir en un mundo estructurado culturalmente. La cultura describe cómo viven las personas, la forma de su vida diaria, sus mundos de significado, comunicación, símbolo, ritual y más; está "relacionada con el significado espiritual, ético e intelecual del mundo material. Por lo tanto, tiene un significado teológico fundamental".[1] Así como no podemos sobrevivir sin la cultura, es igualmente imposible separar la fe de la cultura: la fe florece o se atrofia en un contexto cultural, y la cultura proporciona la forma de expresar la fe.[2] No hay un "Evangelio desnudo". Como cada ser humano, la fe es específica, no genérica; no hay fe en lo abstracto; por lo tanto, la fe solo puede ser encarnada y vivida en personas reales: personas de cultura.

Ahora debemos explorar más de cerca cómo la fe y la cultura coexisten realmente. Este capítulo trata en gran medida sobre vivir la espiritualidad *cristiana*, la cual debe ser distinguida cuidadosamente de la "espiritualidad" ya que la palabra es actualmente usada por personas que no son ni cristianas ni creyentes en Dios. Muchos de nuestros contemporáneos están buscando honestamente "algo más" o buscando capturar una experiencia más allá de lo mundano o un estado de conciencia elevado. Tales esfuerzos han sido caracterizados como "espiritualidad de sentirse bien", "la espiritualidad de la Nueva Era", e incluso la espiritualidad de "Yo y Jesús", pero la mayoría (aparte de la última) están explícitamente separadas de cualquier tradición religiosa, y la última, a pesar de su título, no es (todavía) una espiritualidad *cristiana* auténtica.

La espiritualidad cristiana es sencillamente la vida (nueva) dada en el bautismo por el Espíritu Santo para guiar nuestro recorrido de fe a lo largo de la vida.[3] Podría describirse como *una forma de estar en el mundo con Dios*, cuando cada una de esas variables—forma, estar, mundo, Dios—está formada de acuerdo con la experiencia social y cultural de un individuo. A lo largo de una sola vida, una persona puede adoptar varias *formas* posibles (soltera, casada, célibe, divorciada, viuda, profesionista, comerciante o empleada de servicios, etc.), experimentar diferentes *estados de ser* (desde la juventud hasta la ancianidad y desde la salud hasta la enfermedad), vivir en varios *mundos* diferentes (desde el rural hasta el urbano, desde el tropical hasta el templado), y relacionarse de diferentes maneras con *Dios* (Jesús, Espíritu, Padre, Señor, Rey, Guerrero, Pastor, Creador, Redentor, Sabiduría, etc.).

La espiritualidad cristiana es mucho más que un simple conjunto de creencias, formales o informales. Da forma y está formada por nuestra actitud hacia el Creador y la creación entera, la forma en que oramos o expresamos nuestra identidad encarnada, la forma en que respondemos al sufrimiento, el desastre o la tragedia, y las elecciones de vida que hacemos. Es sumamente importante reconocer que hay muchas expresiones culturales y personales legítimas de la espiritualidad cristiana y darnos cuenta de que estas crearán desafíos cuando, como comunidad intercultural, nos reunamos para debatir sobre la liturgia, oración, ritual, música, danza, idioma, silencio, privacidad, conformidad, etc. Debemos descubrir nuevas formas de abordar nuestras diferencias si queremos forjar una vida comunitaria duradera. Algunas de las cuestiones más polémicas dentro de una comunidad también pueden, si se abordan comprensiva y creativamente, ser mutuamente enriquecedoras. Aquí solo podemos enumerar las siguientes cuatro como las que valen más la pena considerar seriamente. Cada una se presta bastante bien para compartir en comunidad como una manera de apreciar los muchos caminos que recorremos y las muchas formas en que vivimos.

Variables Culturales y la Formación de la Fe

1. *Ubicación Social y Geografía Social*

Todos vivimos dentro de un *microcosmos* o mundo cerrado, ya sea el propio cuerpo, un cuarto dentro de la casa, el vecindario dentro de una ciudad, o una nación dentro del mundo. Pero más allá de cada *microcosmos* hay un *macrocosmos*: un mundo más grande, una comunidad más allá de la individual, una escuela más allá de un aula, un país más allá de las fronteras o un universo más allá del mundo de uno. Toda creación puede ser vista como formada por mundos dentro de mundos y mundos afuera de esos mundos. En la creación de una comunidad, la *relación* entre el *microcosmos* y el *macrocosmos* es de vital importancia para identificar y negociar (fig. 7).

Un microcosmos, entonces, es el mundo "interior", ya sea el cuerpo físico o el "nido" que identificamos como hogar, mientras el macrocosmos es el mundo "exterior", que se extiende más allá de nuestro hogar hasta nuestro país o incluso el universo. Un microcosmos particular puede estar cerrado (fuerte) o abierto (débil) en relación con el macrocosmos de afuera: cuanto más cerrado esté, más resistente será al contacto o interferencia externa; mientras que cuanto más abierto esté, más complaciente o acogedor será a la comunicación de afuera (ver fig. 7). Las flechas pequeñas de una sola cabeza dentro del círculo grande (macrocosmos) a la izquierda indican las influencias externas a las que se resiste el microcosmos fuerte/cerrado. Las flechas pequeñas de doble cabeza dentro del círculo grande (macrocosmos) a la derecha indican el movimiento bidireccional entre el microcosmos y el macrocosmos (débil/abierto). El límite del macrocosmos a la izquierda es impermeable o cerrado, mientras que el de la derecha es permeable o poroso.

Tal vez incluso más interesante que la mayor o menor apertura de las personas a las fuerzas o relaciones externas sea el hecho social de que grupos enteros de personas (de culturas diferentes) pueden exhibir la misma dinámica: algunas personas y grupos acogen con agrado la "otredad" en forma de otras personas, tecnología, o formas de vivir, mientras que algunos parecen casi programados para sospechar o desconfiar de la "otredad" en otras personas, tecnología o formas de vivir. Pero cuando toda una cultura exhibe tales tendencias, los hechos sociales no pueden reducirse al capricho o prejuicio de las personas.

La construcción de una comunidad intercultural requiere que se considere seriamente la forma en que los miembros fueron moldeados por su ubicación social. Toda comunidad necesita aprender a acomodar las legítimas diferencias culturales que no pueden ser simplemente descartadas como expresiones del temperamento, elección o comodidad de una persona. La apertura no puede ser elaborada y manejada simplemente por un dictamen. La apertura a la "otredad" (o la falta de ella) es un rasgo cultural definitivo y formativo por derecho propio. La conversación sobre la geografía social, el lugar donde las personas nacieron, las circunstancias

Fig. 7

MICROCOSMOS Y MACROCOSMOS

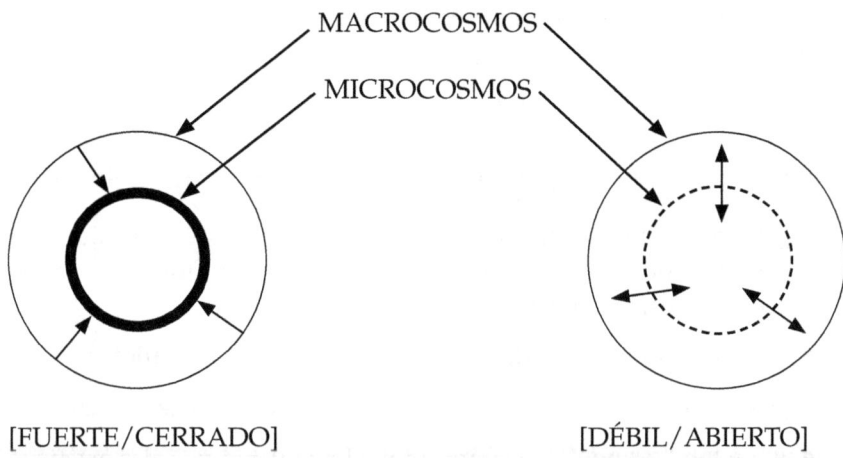

[FUERTE/CERRADO]　　　　　　　[DÉBIL/ABIERTO]

de su socialización, el clima, la cantidad de contactos con personas de afuera o el grado de movilidad social crearán una comunidad informada y deberían conducir a un mayor entendimiento y empatía mutuos. Los dos puntos de partida son entonces, primero, la persona, el yo, lo personal, y segundo, la cultura, la sociedad o el grupo étnico.

Como *individuo*, cada persona en una comunidad puede tratar de identificar cómo está su propio microcosmos personal, más o menos abierto (débil) o cerrado (fuerte). Un microcosmos personal abierto o débil se manifiesta estando a gusto en el propio cuerpo y las relaciones interpersonales, mientras que un microcosmos cerrado y fuerte es evidente en personas que son más privadas, retraídas o algo incómodas con sus relaciones interpersonales (ver la siguiente sección sobre "tolerancia corporal"). Del mismo modo, un microcosmos *culturalmente marcado* abierto o débil sería evidente en la forma en que las personas de una cultura particular son generalmente abiertas con los extraños o con las personas con diferencias culturales o religiosas importantes. Un microcosmos cerrado o fuerte culturalmente marcado sería evidente cuando la mayoría de las personas de una cultura particular es naturalmente (o culturalmente) desconfiada de los de afuera, los extraños o de las diferentes formas de vivir.

Para facilitar tal vez el proceso de la construcción de la comunidad en un grupo internacional y multicultural, aquí hay una serie de preguntas tanto para la reflexión personal como para la discusión en grupo. Aun cuando el grupo se percibe a sí mismo como homogéneo, las personas pueden sorprenderse bastante de lo que pueden revelar a los demás y de lo que pueden aprender de ellos mismos para beneficio mutuo.

Preguntas sobre la Ubicación Social y la Geografía Social[4]

- ¿Dónde nació: una aldea, pueblo, ciudad, campo? Identifique las características geográficas principales: colinas, montañas, lagos, océano, ríos, bosque, etc.
- ¿Qué importancia les daba a las características geográficas?
- ¿En qué circustancias fue criado: económicas, políticas, religiosas?
- ¿Qué tan "grande" era su mundo? ¿Tenía usted paisajes extensos, o viajaba lejos de su casa, o vivía dentro de un mundo local más o menos cerrado? ¿Qué tan libre era para explorar y viajar?
- ¿Cuál era su medio de transporte local normal: a pie, bicicleta, coche, tren, barco?
- ¿Con qué frecuencia viajaba más lejos de diez millas, y por qué medio, normalmente?
- ¿Podía ver claramente el cielo y las estrellas o el horizonte lejano?
- ¿Cómo era el clima: tropical, templado, extremo?
- ¿Cuántas estaciones del año? ¿Cuáles eran? ¿Cómo se llaman?
- ¿Qué tipo de fronteras había en su mundo: lingüísticas, nacionales, territoriales? ¿Cuáles eran sus imágenes de Dios, o cómo se relacionaban con su geografía social real?
- ¿Si el mundo fuera un libro de teología, cuánto habría leído?

Las personas no solo habitan el mundo—viven en un mundo particular, donde ciertas características como *esta* montaña, *este* lago, *este* océano o *este* bosque tienen una importancia particular en sus vidas. Como creación de Dios, el mundo es, de hecho, como un libro de teología que nos dice mucho de la creatividad de Dios y de las relaciones de la humanidad con ella. Los miembros de una comunidad intercultural provienen de muchos mundos diferentes y, lo que es familiar, desconocido, significativo o sin sentido varía enormemente entre ellos. La construcción de una comunidad intercultural implica intentar vivir en una nueva realidad. Requiere que cada miembro sea capaz de *exponer* los significados existentes tal como los entienden los habitantes actuales y también de *imponer* cierto orden y coherencia para poder hacer allí un nuevo hogar.

2. Encarnación/Personificación o "Tolerancia Corporal"

Tanto el temperamento individual como la cultura dan forma a las actitudes de los seres humanos hacia su propio cuerpo, y la mayoría de las personas deben estar conscientes de la importancia de las diferencias culturales cuando se encuentran con otros. "La tolerancia corporal" es una manera de identificar el nivel de comodidad de una persona en lo que respecta a mostrar o ser recatado con su cuerpo—algo que no se correlaciona directamente con la modestia o la falta de ella: mostrar el propio cuerpo no es un indicador absoluto de falta de modestia como tampoco cubrir el propio cuerpo es un indicador absoluto de modestia. Cada sociedad tiene sus propias normas de modestia. Pero hay una amplia gama de diferencias culturales: se requiere sensibilidad e indagación para que las personas aprendan a respetarse mutuamente.

Podemos visualizar el continuo, en un extremo del cual identificaríamos "baja tolerancia corporal" (Apolíneo) y en el otro, "alta tolerancia corporal" (Dionisíaco). "Apolíneo" (en honor del dios Apolo) designa un comportamiento y exhibición corporal serenos, ordenados, disciplinados y predecibles que son equilibrados y controlados (fig. 8). "Dionisíaco" (en honor del dios Dionisio)[5] se refiere a una persona o estilo más relajado, espontáneo, demonstrativo o desinhibido. Evidentemente existen diferencias individuales de temperamento, y también hay cierta correlación entre las regiones más frías o más templadas (Apolíneas) donde los cuerpos se envuelven en ropa pesada y uniforme y las regiones más cálidas y tropicales (Dionisíacas) donde la gente es menos limitada y más extravagante en su forma de vestir y en su comportamiento.

Fig. 8

"TOLERANCIA CORPORAL"

"APOLÍNEA"   *"DIONISÍACA"*

◄─────────────────────────────────────►

Controlada, Educada, Disciplinada, Predecible, Digna	Desinhibida, Libre, Ostentosa, Relajada, Espontánea

Pero generalmente, al encontrarnos con personas cuya tolerancia corporal es muy diferente una de otra, podemos correlacionar eso con diferencias culturales y climáticas en lugar de simplemente con el temperamento o el gusto personal.

Los documentos oficiales de la Iglesia mencionan la "noble simplicidad" del Rito Romano,[6] una descripción bastante acertada de su estilo apolíneo. Pero esto es adoptado—de hecho, impuesto—universalmente en nuestras liturgias, a pesar del hecho de que la gente de muchas culturas encuentra ese estilo bastante contrario a sus propias inclinaciones naturales y culturales. Recientemente algunas cosas han cambiado, pero el Rito Romano continúa—para las personas y comunidades en muchas partes del mundo—sobre-coreografiado y demasiado predecible y controlado.[7] En general, los afroamericanos y otros son más dionisíacos que los alemanes o los británicos, mientras que los Nunavut (esquimales o inuit) serían mucho más apolíneos que los pueblos del Pacífico central. El estilo de muchas culturas asiáticas tiende hacia el apolíneo, el cual se adapta bastante bien a la liturgia Romana. Muchas comunidades buscan la renovación litúrgica; sin embargo, a menudo encuentran que las reglas y rúbricas del Rito Romano van de lo incómodo a lo fastidioso y parecen inhibir, en lugar de facilitar, las liturgias integradas en la oración.

En las comunidades interculturales, los comportamientos culturales e individuales relacionados con la tolerancia corporal pueden ser muy difíciles de reconciliar, y los miembros de la comunidad pueden muy bien encontrar que la liturgia y la oración, diseñadas para reunir, unir y llevar a Dios, son ocasiones de mucha tensión, discordia y frustración en la comunidad. Se necesita una conversación abierta y un diálogo verdadero si los miembros de la comunidad han de apreciar que las diferencias significativas entre las personas no son simplemente una cuestión de capricho o preferencia, sino que están codificadas en su composición cultural.

De nuevo, aquí hay algunas preguntas que podrían ayudar a facilitar la reflexión personal y la discusión en grupo entre los miembros de una comunidad intercultural.

Preguntas sobre la Tolerancia Corporal Personal

- ¿Cuál era su modo de vestir habitual: formal o casual, holgado o ajustado, uniforme o variado?
- ¿Se vestía "bien" o "mal" de acuerdo a la ocasión?
- ¿Cuánto se ponía? ¿Mucho o poco; variado según la temporada o lo mismo todo el año?
- ¿Cómo presentaba su cuerpo: (mayormente) cubierto o descubierto?
- ¿Cuál era su actitud ante la desnudez personal y comunal?
- ¿Cómo describiría la modestia personal?
- ¿Cuando era niño, y en la formación inicial de la vida religiosa, las actitudes de la mayoría de las personas hacia cubrir o mostrar el cuerpo? ¿Eran similares o diferentes a las suyas?
- ¿Qué tan bien le sienta su estilo normal de oración y liturgia? ¿Qué le gustaría cambiar, para que sea más cómodo—o más natural—para usted?

3. Salud, Bienestar y Enfermedad

Las personas tienen actitudes, culturalmente moldeadas, muy diferentes hacia la enfermedad y la muerte. En una sociedad altamente medicalizada, la enfermedad grave a menudo se presenta como un irritante temporal que debe curarse con la máxima rapidez y el menor dolor, y se piensa que la muerte es algo que se puede posponer indefinidamente. Incluso durante el proceso de la muerte, la perspectiva de recuperación es anunciada rutinariamente por médicos profesionales, por lo que la muerte a menudo llega por sorpresa. Antes de la muerte, los enfermos teminales son llevados habitualmente de su casa a instituciones, minimizando así sus propios encuentros y los de su familia con la muerte.

En un grado significativo, la muerte sucede fuera de la rutina diaria y lejos de la esfera doméstica.

En cambio, en las sociedades donde generalmente no se dispone de conocimientos médicos caros y extremos, la enfermedad es mucho más frecuente para casi todos. A menudo, una persona que está evidentemente enferma es cuidada y rodeada por su familia hasta la muerte. Uno de los mayores desafíos en el momento más crítico de la crisis del ébola en el oeste de África fue precisamente ese: los miembros de la familia se negaban a menudo a admitir que un ser querido estaba enfermo, por temor a que lo llevaran a un hospital. Incluso cuando alguien estaba hospitalizado, muchos miembros de la familia seguían cocinando, atendiendo y apoyando a la persona moribunda; el aislamiento es casi impensable.

Cuando las personas tienen un acceso mínimo a la atención de la salud, pocas son las madres que no han experimentado la muerte de uno o más niños pequeños o lactantes, y pocos los niños que no han visto a varias personas muertas inmediatamente antes de su entierro. La muerte es parte de la vida, tanto que en muchas tradiciones se entierra a la persona difunta en el umbral de la casa o junto a la casa de la familia. La esperanza de vida oscila entre menos de cuarenta años en algunos lugares y más de ochenta en otros, un hecho social que tiene un efecto profundo en la vida individual y social.

Las actitudes culturales hacia la salud, la enfermedad, la muerte y el morir se manifestarán inevitablemente en el momento en que muera algún miembro de la comunidad intercultural o algún padre o hermano. Es muy recomendable hablar de tales actitudes para preparar mejor a los miembros de una comunidad intercultural, aunque puede ser un tema delicado de tratar de manera desapasionada.[8] A continuación se presentan nuevamente algunas preguntas que podrían estimular la reflexión personal y el debate comunitario y, de ese modo, ayudar a las personas a entender las grandes diferencias de la experiencia y la comprensión entre los miembros de la comunidad.

Preguntas sobre la Salud y la Enfermedad

- ¿Ha estado gravemente enfermo y hospitalizado? ¿Ha tenido una cirugía de importancia?
- ¿Cuál es la respuesta habitual a la enfermedad en su cultura? ¿Aislamiento o integración, separación o inclusión? ¿Retienen o comparten la información?

- ¿Conoce a personas que se crea que son víctimas de la brujería?
- ¿Está familiarizado personalmente con la muerte? ¿Se siente a tranquilo, o tiene miedo? ¿Cuántos cuerpos muertos ha visto, y en qué circunstancias?
- ¿A cuántos funerales ha asistido?
- ¿Piensa a menudo sobre su propia muerte? ¿Se está preparando para ello? ¿Cómo?
- Si usted o un ser querido muriera lejos de casa, ¿cuál sería el procedimiento esperado?

4. *Tiempo y Espacio*

Las actitudes culturales hacia el tiempo (cronémicas)[9] son notoriamente variadas, así como las actitudes hacia el espacio y la privacidad. *El tiempo lineal* o *cronológico* marca el paso regular del tiempo como lo mide un reloj—o el sol. Pero algunas personas raramente ven el sol, y otras raramente saben la hora por un reloj. No es casualidad que los "relojeros" hablen del tiempo usando verbos asociados con la economía: ellos "ahorran", "malgastan", "pierden", "usan", o "gastan" el tiempo. Tampoco es coincidencia que, en el pasado, cuando la gente trabajaba largas horas y años para una compañía o institución, si sobrevivían lo suficiente para llegar a la edad de la jubilación recibían—¡un reloj de oro! Durante años su tiempo no había sido propio, sino que estaba gobernado en gran medida por sus empleadores. Después de la jubilación, su tiempo es finalmente suyo de nuevo, simbolizado por el reloj de oro que devuelve el tiempo a sus manos. A los reclusos en la prisión también se les habla de "cumplir un tiempo" y después de salir como de haber "cumplido su tiempo". Algunas frases comunes incluyen "el tiempo es dinero" o "tu tiempo no es tuyo".

En una sociedad menos industrializada, el sol, más que el reloj, es el principal indicador del tiempo. Las personas se levantan y duermen con la salida del sol o la puesta del sol. Si la electricidad es cara, intermitente o no existe, y se desconoce el "tiempo de ocio", pueden parecer menos manejados y más libres para hacer lo que quieran, dependiendo del tiempo y la temporada. El tiempo no es un bien que se deba ahorrar o malgastar sino el trasfondo de la vida. Si los "vigilantes de los relojes" se quejan de tener muy poco tiempo, las personas en otros lugares generalmente descubren que pueden establecer sus propias prioridades y lograr lo que se necesita: tienen tiempo. Su actitud está determinada tanto por la cultura como por el capricho personal.

El tiempo litúrgico no está gobernado por los relojes; tampoco es lineal o cronológico, sino que es más abierto. A veces se habla de "tiempo fuera del tiempo": el domingo o el *Sabbath*, la gente se baja de la caminadora diaria y ahora tiene todo el tiempo que necesita para celebrar litúrgica o lúdicamente porque los días sagrados no están gobernados por el reloj. Cuando celebran la liturgia o tienen un día libre, son libres de tomarse todo el tiempo que quieran para adorar o relajarse. Sin embargo, muchas personas, particularmente en las naciones industrializadas del oeste, simplemente ¡no tienen tiempo para el tiempo litúrgico! Hasta durante un ritual o liturgia solemne (o una homilía), están mirando constantemente su reloj y se agitan si piensan que les está quitando mucho de su "precioso" tiempo.

El tiempo de kairos es otro tipo especial de tiempo, así como una manera de percibir el tiempo; es el "tiempo de Dios", similar al tiempo litúrgico, pero no está sujeto a ningún ritual especial. Contrasta con el tiempo cronológico (reloj), y, como el tiempo litúrgico, a veces se le llama "tiempo fuera del tiempo". Es tiempo de sorpresas y epifanías, y todo puede suceder. Es también "calidad" de tiempo más que cantidad (la palabra griega *kairos* se refiere al momento correcto, apto o supremo). Para los cristianos, es el "tiempo de Dios": un tiempo para la acción, ya sea por o para Dios. *Cronos* aparece cincuenta y cuatro veces en el Nuevo Testamento, pero *kairos* aparece más de ochenta. Una comunidad intercultural querrá buscar, y usar, el tiempo de *kairos* como una oportunidad para el heroísmo, la audacia y la sumisión a los movimientos del Espíritu de Dios.

El tiempo mitológico (o mítico) es también diferente, pero tiene algo en común con el tiempo de *kairos*: es el tiempo de acontecimientos espectaculares—más grandes que la vida o fuera de este mundo—o el tiempo de los dioses. "Érase una vez" señala que la historia que sigue tiene lugar en el tiempo mitológico donde los animales hablan, los niños vuelan, y la gente vive cientos de años sin envejecer. Hay fuertes elementos de mito y el tiempo de la mitología en los relatos del Génesis sobre la creación: la historia comienza antes de que lo haga el tiempo "cronológico"; una serpiente habla; todos los animales comen hierba; Dios habla directamente a los humanos; un ser humano es creado de la costilla de otro.

Las actitudes hacia el espacio en general (proxémicas)[10] también están significativamente determinadas por la cultura. En lo que respecta al espacio, el temperamento individual y los contextos particulares también entran en juego; a algunas personas les gusta acercarse físicamente a sus interlocutores, mientras que otras mantienen una distancia mayor (en parte relacionada con la disposición apolínea/ dionisíaca). Pero más allá de las preferencias personales, la cultura determina la distancia y la cercanía apropiadas entre personas específicas. La "distancia normal" entre dos mujeres es menor que la que existe entre dos hombres; los esposos pueden estar más cerca que los amigos o los extraños; y un hombre y una mujer negociarán subconscientemente una distancia cómoda entre ellos, basándose en muchos factores, incluyendo el nivel de su amistad, intimidad o consideraciones profesionales. Pero cuando dos personas de culturas diferentes se encuentran en una conversación, la proximidad o distancia que cada una encuentra culturalmente apropiada "en casa" se verá desafiada. Las personas de culturas diferentes deben ajustar mutuamente sus expectativas o suposiciones, lo que puede ser delicado e incluso embarazoso.

Muchas personas recuerdan una época en la que, convencionalmente, el clero y las mujeres de la vida consagrada no eran manifiestamente afectuosos y mantenían una distancia estricta. Más recientemente se han vuelto menos inhibidos a medida que los hábitos religiosos dieron paso a la vestimenta secular y las normas para las demostraciones públicas de afecto apropiado cambiaron. Pero todavía se encuentran situaciones donde las expectativas convencionales de relación entre, por ejemplo, un clérigo y una monja crean momentos de tensión, vergüenza, o tal vez risa. Si uno se apresura demasiado y se excede, el otro puede retroceder; mientras que, si uno espera una fracción demasiado larga, el otro puede haber ya hecho un movimiento. Si un apretón de manos o un abrazo es más apropiado es algo que cada parte trata de decidir en una fracción de segundo leyendo el lenguaje corporal del otro, pero no siempre bien. Y si a veces es un desafío para las personas de la misma cultura, puede ser bastante confuso para personas de culturas diferentes.

Como adjetivo, *"privato"* [privado] en italiano tiene fuertes connotaciones de "privación", mientras que, para muchas personas, la privacidad es considerada una necesidad básica e incluso un derecho. Pero la privacidad de una persona es un comportamiento antisocial de otra, y el sentido de privación de una es la sensación de una relajación cómoda de otra. Los espacios públicos y privados en una comunidad deben ser entendidos y respetados mutuamente, pero no se debe esperar que las personas adivinen cuál es cuál, o saber qué es exactamente lo que constitutye un comportamiento apropiado. Las preguntas surgen y pueden discutirse provechosamente en un entorno comunitario, primero en relación con el espacio y luego con el tiempo.

Preguntas sobre el Tiempo y el Espacio

- ¿Trata el tiempo como un bien escaso? ¿("Ahorra", "malgasta", "gasta", "guarda" o "pierde" el tiempo)?
- ¿Qué frases comunes relacionadas con el tiempo puede recordar?
- ¿Qué le irrita de las actitudes de otras personas hacia el tiempo?
- ¿Tiene—y hace—tiempo para el *tiempo kairós* y el tiempo *litúrgico*?
- ¿Alguna vez ha deseado estar en otro lugar o hacer otra cosa?
- ¿Está consciente de intentar "hacer retroceder el tiempo"?
- ¿Preferiría ser más joven?
- ¿Qué es la "privacidad" para usted? ¿Qué tanto la valora? ¿Cómo la protege?
- ¿Prefiere que la oración y la liturgia sean controladas, tranquilas, interiorizadas y privadas—o creativas, vivas, sociales y públicas?
- ¿Puede vivir solo, como una persona satisfecha y contemplativa?
- ¿Es claustrofóbico (temor a los espacios cerrados) o agorafóbico (temor a los espacios abiertos)?
- ¿Se siente a gusto con su espacio para vivir y el espacio entre las personas?

Identificamos solo cuatro variables, pero hay muchas más. Una reflexión y discusión sobre la comida y la etiqueta a la hora de comer sería particularmente significativa para la vida intercultural. Otra estaría relacionada con los niveles de comodidad de la comunidad: no todos están familiarizados con, o disfrutan, el aire acondicionado en el verano o la calefacción alta en invierno. Los miembros de la comunidad, que son mutuamente sensibles, deberían buscar tales variables.

Comprensión Cultural del Pasado, el Presente y el Futuro

Importante, pero no relacionado inmediatamente con el "tiempo ordinario", es el significado cultural del propio tiempo como la relación entre pasado, presente y futuro. A menudo nos referimos a las sociedades como "tradicionales", "modernas" y "postmodernas", y una manera de distinguirlas es precisamente observando su comprensión del significado o la importancia del tiempo.

Una *sociedad tradicional* identifica el *tiempo pasado* como el depositario de la tradición, cuando los valores de la comunidad fueron determinados y desarrollados. También fue la "edad de oro". El *tiempo presente* es el tiempo para aprender del pasado y asimilar la tradición de los antepasados o ancestros (aquellos que "se han ido antes que nosotros, marcados con el signo de la fe"), para transmitirla a la siguiente generación. Entonces el *tiempo futuro* debe ser usado tratando de recapitular y recrear la "edad de oro" pasada. Este tipo de sociedad ("tradicional") no valora, y se resiste, al cambio o a la innovación.

Una sociedad *moderna* tiende a ver el pasado como anticuado, pasado de moda, y como algo de lo que hay que liberarse. El presente no es una recapitulación sino una reinvención del pasado: una corrección de los errores y una mejora de la calidad y la eficiencia. Si existe una "edad de oro", es en el futuro y algo a lo que hay que aspirar. Mientras tanto, abraza el cambio, vive para el cambio y ama la innovación y la obsolescencia inherente.

Una sociedad *posmoderna* tiende a expresar desilusión por el fracaso en la realización de los sueños y esperanzas de la sociedad *moderna*. Ha abandonado en gran medida la noción de que alguna vez hubo—o de hecho alguna vez habrá—una "edad de oro". La experiencia parece mostrar que las cosas en general no mejoran, y no hay una inevitabilidad evolutiva sobre el progreso. La guerra, la hambruna, las inundaciones y las epidemias no están bajo el control humano. La ruptura de la "metanarrativa"—un esquema explicativo global o mito—deja a las personas luchando para encontrar o dar sentido, y muchas son persuadidas de que la única forma de avanzar es cuidarse a sí mismo. Después de la Segunda Guerra Mundial y por el resto de su vida, Viktor Frankl identificó la gran enfermedad de la época como "la falta de sentido".[11]

Los miembros de comunidades internacionales e interculturales necesitan identificar la fe y metanarrativa comunes (la Escritura y la encarnación) por las que viven, estar convencidos de que la vida tiene sentido, aprender de la experiencia de los demás, y, mientras viven firmemente en el presente, estar enfocados en el *tiempo escatológico* y el futuro como el cumplimiento de la promesa de Dios.

Viviendo Nuestra Fe y Espiritualidad Interculturalmente

Lejos de limitarse a la vida interior de la oración y la contemplación, la espiritualidad cristiana debe manifestarse en las interacciones diarias y, particularmente para los religiosos, en el ministerio. Pero dentro de nuestros hogares y comunidades, nuestra "forma de estar en el mundo con Dios"[12] se verá desafiada por las interacciones con otros miembros de la comunidad. Más aún, la vida intercultural plantea algunas exigencias estrictas a nuestra disponibilidad y voluntad de esforzarnos por ser auténticos discípulos, ya sea que nos dediquemos o no a actos religiosos formales de oración o de culto. Y lejos de satisfacer simplemente nuestras necesidades personales, la espiritualidad cristiana tiene una dimensión centrífuga, una dimensión misionera de salida que todo el mundo debe encarnar.[13]

Entonces, algunos rasgos principales de la espiritualidad cristiana son los siguientes. Primero, es una participación intencional en la eterna obra creadora de Dios bajada a la tierra por Jesús, enseñada a sus discípulos, y continuada por ellos hasta los confines de la tierra. Segundo, es siempre una comprometida búsqueda de Dios, que solo puede tener lugar en la vida de cada persona. Tercero, cada individuo es una persona de una cultura particular; tiene un componente cultural intrínseco. Cada uno de nosotros busca a Dios en las circunstancias existenciales de nuestra propia vida. La cultura no es solo un factor, sino algo necesario (e históricamente, no ha sido suficientemente reconocido, respetado y no se ha trabajado con él y a través de él). Cuarto, el propósito de la espiritualidad cristiana, para citar a Inagrace Dietterich, es "empoderamiento para la misión: para ser testigo de los actos poderosos de Dios".[14] Pero si esto es cierto, debe forzosamente poner a cada persona en contacto con el "otro"; y tal encuentro no será simplemente un encuentro de personas sino un encuentro de *personas de la cultura*, personas culturales, con todas las implicaciones de ese hecho. Quinto, y siguiendo con la reflexión previa, las personas que se esfuerzan por una auténtica espiritualidad cristiana no deben invertirse, volcarse o preocuparse por ellas mismas sino "evertirse", volcarse hacia afuera, abrirse, y preocuparse por el bienestar del "otro".

Los encuentros con otras personas son encuentros con el otro, rostros de Dios, no reconocidos previamente, cuyo propósito es glorificar a Dios precisamente continuando la misión de Jesús. La auténtica espiritualidad crisitiana—espiritualidad del Espíritu Santo—se convierte en la buena nueva para las personas de los márgenes canalizando la preocupación compasiva de Dios por ellos a través de nuestro medio u organismo. Dietterich le expresa muy bien: "Una espiritualidad del Espíritu Santo se mueve más allá del interior de los individuos privados, para hablar del poder y el amor que todo lo abarca del Dios creador, redentor y santificador que actúa en medio de la vida e historia personal. Sin el culto fiel y el testimonio de las comunidades misioneras, el concepto de Dios se vuelve vacío e irrelevante".[15]

En un libro muy pertinente, Michael Paul Gallagher identifica varios componentes, inquietudes e implicaciones de una espiritualidad cristiana genuina.[16] Sus componentes incluyen el estar enraizado en las experiencias de fe propias (ortopraxia) en lugar de en principios doctrinales codificados (ortodoxia). Tiene carácter evolutivo: la espiritualidad madura a lo largo de toda la vida. Y tiene la capacidad, a través de la contemplación, de fomentar una relación personal continua con Dios. Cada componente está enraizado en la vida cultural e intercultural diaria de una persona.

Las preocupaciones básicas de la espiritualidad cristiana genuina son, primero, hacer y reforzar conexiones entre el don y la fe que nos sostiene y los encuentros cotidianos de la vida, que desafían y profundizan esa fe; segundo, ayudarnos a ser cada vez más conscientes del vínculo esencial entre la fe y la cultura en cada vida y animar a la gente a vivir su fe a través de su cultura (esta es la verdadera inculturación de la fe); y, tercero, identificar en uno mismo y animar en los demás a escuchar la inspiración del Espíritu precisamente en el rutinario recorrido cultural diario para que nuestras vidas puedan ser moldeadas por el desarrollo de los acontecimientos culturales a medida que el Espíritu insufla vida a través de cada uno de nosotros.

Finalmente, algunas implicaciones de una espiritualidad verdadera son que estemos siendo convertidos del egoísmo, etnocentrismo, y otras formas de ceguera cultural a la apertura hacia los demás, hacia el mundo, y hacia Dios, aquí y ahora; que descubramos cómo *recibir* con gracia, como un contrapeso necesario a la tendencia de *dar*, que nos pone en una posición de superioridad y poder; y que aprendamos a discernir, en medio de las limitaciones de cada cultura, que se nos ofrece la libertad en Cristo: dondequiera que nuestra libertad personal se vea comprometida por el pecado que toca cada cultura, cultivar una espiritualidad verdadera puede ser la manera de sobrevivir y prosperar por medio de la gracia de Dios.

Dos Ejemplos: Óscar Romero y Jesús

Escribiendo sobre la visión de Romero, Jon Sobrino[17] expresa cómo sintetizó su fe y su cultura. Es raro encontrar una convergencia tan bien articulada, y la cito con cierta extensión, aunque el texto completo es más largo.

> La esperanza de Romero era evangelizar la estructura de la sociedad. Quería cambiar la infraestructura económica y política, así como las instituciones jurídicas y los medios de comunicación. También quería evangelizar la infraestructura eclesial, con su curia, parroquias [y] congregaciones religiosas. . . . Quería evangelizar el país en su totalidad—todos: personas, grupos sociales e infraestructuras—y evangelizar un país en el que había una terrible opresión y violencia patrocinada por el estado, secuestros, desapariciones y asesinatos; donde había pobreza e injusticia, pero también esperanza, solidaridad, fuerza, fidelidad, y martirio. "Evangelizar" significaba "llevar la salvación a un pueblo".

He aquí una espléndida expresión de la fe en acción de Romero, en las circunstancias muy concretas de su vida. Pero para haber sido capaz de visualizar y mucho menos emprender tales acciones, tuvo que ocurrir primero su conversión desde los centros eclesiales a los márgenes donde vive la gente real. Así con nosotros: el propósito esencial y la justificación para la vida intercultural es la misión de Dios y nuestra participación gozoza y sincera en ella. Para responder apropiadamente, necesitamos una fe misionera cimentada en nuestro contexto y vivida culturalmente.

Finalmente, Francis Moloney escribe:

> La intervención salvadora de Dios en la persona de Jesús se convirtió en parte de una práctica religiosa, una cultura y una historia, pero esa cultura, historia y religión fueron asumidas y transformadas por su vida, enseñanza, muerte y resurrección. Esa "historia de vida" rompió las expectativas y limitaciones que su religión, cultura e historia hubieran preferido imponerle. Lo que Jesucristo es . . . no puede ser "controlado" o "contenido" por *ninguna* religión, *ninguna* cultura ni *ninguna* historia. La vida, enseñanza, muerte y resurrección de Jesús constituyen un desafío a la absolutización de cualquier cultura, religión o historia particular.[18]

Jesús nos llama a *transformar* nuestras culturas particulares desafiando el pecado y buscando la gracia como él se esforzó para transformar la suya. Y cuesta no menos que todo: esta es la medida de nuestra fe, vivida culturalmente.

Seguimiento Sugerido

1. "Una forma de estar en el mundo con Dios" podría servir como una definición práctica de la espiritualidad cristiana. Pondere, o discuta, cada una de estas variables en su vida.

2. El microcosmos fuerte/cerrado y el microcosmos débil/abierto representan dos extremos de un espectro. ¿Puede aplicarse esta noción a usted mismo como persona e identificar los factores culturales que la conforman en su vida?

3. Discuta las cuestiones relacionadas con la geografía social, tolerancia corporal, salud y enfermedad, y tiempo y espacio.

4. ¿Cómo evalúa su cultura el pasado, el presente y el futuro?

5. Dado que la fe solo puede expresarse culturalmente, reflexione sobre lo que le libera y lo que le asfixia en el contexto de la comunidad.

Capítulo Seis

Perfiles Sociales e Interacción Social

Una Advertencia y una Palabra de Aliento

Incluso con las mejores intenciones, las personas—no solo las de culturas o fe diferentes—a veces encuentran que el entendimiento mutuo es muy difícil de lograr. Las heridas, o las heridas percibidas, pueden enconarse y socavar nuestros mejores esfuerzos, y la frustración puede paralizar nuestra voluntad de perseverar. De hecho, la frustración es particularmente potente, ya que con su aparición podemos ser persuadidos no solo de que nuestros mejores esfuerzos son en vano, sino también de que simplemente no sabemos cómo proceder sin aumentar la frustación. La frustración se autoperpetúa; crea un círculo vicioso: cuanto más frustrados estemos, más frustrados podemos llegar a estar. El hecho de que compartamos una fe común con quienes nos esforzamos por vivir armoniosamente puede realmente aumentar la frustración en una comunidad. Por lo tanto, si queremos ir más allá de las comunidades monoculturales y gestionar nuestras diferencias culturales de manera sana en un contexto intercultural, necesitamos creer primero que eso es reamente posible y no solo un sueño piadoso.

Un hilo que recorre estas páginas es que la cultura no puede ser simplemente "captada" o absorbida con el paso del tiempo; debe ser aprendida cuidadosamente, y no debe permitirse que las frustraciones, que son una parte inevitable de toda interacción social, nos abrumen y desmoralicen. El antídoto para la frustración reside en descubrir los medios y maneras disponibles para aprender las habilidades apropiadas y avanzar en sabiduría y conocimiento, es decir, virtud. Así, como nuestra reflexión sobre las actitudes culturales sobre el tiempo, espacio y tolerancia corporal podría haber demostrado, podríamos descubrir otra clave tanto para el autoentendimiento como para el entendimiento mutuo, sin el que nunca construiremos juntos un nuevo hogar intercultural.

Dondequiera que las personas de culturas diferentes intenten hacer algo más que simplemente coexistir o gestionar sus vidas de acuerdo con una filosofía de "vivir y dejar vivir"—es decir, primero reconocer, luego apreciar y, quizás con el tiempo, respetar las diferencias de cada uno y acomodarlas como componente intrínseco de sus vidas—deben generar y emplear una variedad de formas específicas para negociar las inevitables frustraciones y malentendidos. No es suficiente morderse la lengua y no decir nada, y tampoco serán adecuadas la agresividad pasiva o un "complejo de mártir" para mantener una vida comunitaria sana por mucho tiempo. Sin algunas válvulas de seguridad diseñadas para hacer frente a las inevitables tensiones que la vida común genera, los miembros se encontrarán perpetuamente en el límite—si las confrontaciones emocionales no producen primero la recriminación mutua y una enemistad enconada.

El propósito de este libro es doble. Primero, comparamos y contrastamos "perfiles sociales" como una forma de identificar algunos rasgos culturales destacados que distinguen a los seres humanos y que también revelan algunas características sociales compartidas.[1] Una vez hecho esto, examinaremos las "válvulas de seguridad" sugeridas para las comunidades a fin de que las confrontaciones y sus resultados negativos sean minimizados.

Caracterización de los Tipos Sociales

El siguiente diagrama (fig. 9) puede leerse de dos formas. Primero, ofrece un conjunto de ejes y líneas horizontales. Cada una de ellas representa un continuo, en que los polos marcan un contraste extremo entre dos tipos. Cualquiera que se tome el tiempo de ponderar las implicaciones de este diagrama debería ser capaz de encontrar un lugar *en algún lugar de la línea* (en lugar de en un extremo) para representar su propia ubicación social actual.

Las designaciones de cada extremo de las líneas representan tipos ideales: ninguna persona real podría vivir en sociedad si fueran totalmente egocéntricas o completamente sociocéntricas. En cada línea distinguimos, caracterizamos y contrastamos dos perfiles (culturales) opuestos de personas. Por supuesto, la cultura no es el único factor que determina la actitud de una persona; el temperamento o las diferencias

Fig. 9

PERFILES SOCIALES

1. Egocéntrico . . . . Sociocéntrico

2. Basado en el Derecho . . . . Basado en el Deber

3. Personal . . . . Posicional

4. Código Elaborado . . . . Código Restringido

5. Estatus Logrado . . . . Estatus Atribuido

6. Innovación . . . . Tradición

7. Competencia . . . . Colaboración

8. "Bien Limitado" . . . . "Bien Común"

de personalidad ("naturaleza") también juegan un papel en el diseño de todos. Algunas veces, como cuando una persona mantiene "¡es mi cultura!", los factores culturales pueden ser realmente insignificantes: el temperamento personal puede ser el verdadero problema. Pero ni el temperamento ni los hábitos culturales son inmutables o están por encima de la crítica. Aquí, nos enfocamos en las tendencias o tipificaciones: generalizaciones sobre los rasgos culturalmente marcados. Aunque no hay dos personas idénticas, pueden compartir tendencias culturales que las sitúen bastante más cerca una de la otra en cada una de las líneas horizontales y bastante más lejos del grupo típico que marca las respuestas de las personas de culturas diferentes, pero dentro de la misma comunidad religiosa.

Al describir los componentes, cada persona puede marcar un lugar en cada línea horizontal, ubicándose desde una o dos perspectivas específicas. Primero, como resultado de nuestra propia enculturación o socialización: las influencias culturales que nos han dado forma (ver fig. 10 y las marcas "X"); segundo, según nuestra comprensión actual de los imperativos de Jesús y la vida religiosa (ver fig. 10 y las marcas "Y"). El ejercicio también podría hacerse permitiendo que cada persona intente

Fig. 10

PERFILES SOCIALES

```
1. Egocéntrico .............X...Y.......... Sociocéntrico
2. Basado en el Derecho ..X..!...Y...... Basado en el Deber
3. Personal ...............!X Y.............. Posicional
4. Código Elaborado ..Y.....!.X.......... Código Restringido
5. Estatus Logrado .....X...!...Y....... Estatus Atribuido
6. Innovación .............X...Y............. Tradición
7. Competencia ..........X.!.....Y.......... Colaboración
8. "Bien Limitado" .........!X........Y.... "Bien Común"
```

poner a *otra* persona en cada eje horizontal. Pero eso exige confianza y respeto mutuos porque la forma en que uno se ve a sí mismo y la forma en que los demás nos ven pueden ser bastante diferentes. (Pero al menos, el ejercicio proporcionaría un tema de conversación.) A medida que todos trabajen en el diagrama, el lugar donde marquen cada línea horizontal puede variar, de modo que el diagrama terminado podría verse como las marcas "X" de la fig. 10. Así es fácil comparar y contrastar el perfil de cada uno con el de otros miembros de la comunidad y discutir las implicaciones para la vida intercultural de la comunidad.

También observe si cada punto marcado en el diagrama cae en el mismo lado de la línea vertical. Lo más probable es que la mayoría de ellos lo hagan; si no, ¿puede identificar por qué hay una o más excepciones? Así podría reexaminar su propio compromiso como persona de fe, preguntándose si su comprensión actual del llamado de Jesús—específicamente en relación con la vida intercultural—lo invita a acercarse más a la línea vertical central. Nuevamente, esto podría ser una conversación útil para la comunidad.

Sin embargo, el diagrama puede leerse igualmente como un conjunto de dos columnas verticales contrastantes, cada una de las cuales identifica un grupo o conjunto de características. La columna de la izquierda muestra un conjunto de ocho características que tienden a concurrir en una persona o sociedad *egocéntrica*. Del mismo modo, la columna de la derecha muestra características que tienden a concurrir en una persona o comunidad *sociocéntrica*. Comenzamos con una explicación de los términos usados en el diagrama.

1. *Egocéntrico y Sociocéntrico*: estos términos se refieren a la orientación básica de un individuo, grupo o sociedad. Egocéntrico significa simplemente que el *individuo* (ego) es el agente primario, el punto focal para la toma de decisiones y elecciones, mientras que sociocéntrico identifica al *grupo* mismo (sociedad) como el determinante primario de las elecciones y decisiones. Las distinciones siguientes en cada línea harán que este punto sea cada vez más claro. Es muy importante recordar que incluso en una sociedad altamente egocéntrica, los individuos siguen teniendo la libertad de elegir y por lo tanto de responder con "la llamada del deber" en lugar del coro "tengo derecho"; aun en las sociedades egocéntricas, el altruismo encuentra su lugar. Asimismo, en una sociedad fuertemente sociocéntrica, los individuos siguen siendo capaces de tomar decisiones personales y incluso egoístas; una sociedad sociocéntrica puede, sin embargo, albergar mucho comportamiento egoísta. No obstante, la persona egocéntrica está típicamente alentada y respaldada por la sociedad en general para tomar decisiones personales, mientras que en sociedades más sociocéntricas, las personas son más conscientes de que su responsabilidad es primordial. Y las sanciones, positivas y negativas (recompensas y castigos), respaldan el comportamiento social tanto en las sociedades egocéntricas como en las sociocéntricas.

2. *Basado en el Derecho y Basado en el Deber*: Debajo de *egocéntrico* están las palabras *basadas en el derecho*, mientras que las palabras correspondientes a la derecha están *basadas en el deber*. No es de sorprender que las personas que operan en un mundo egocéntrico pongan mucho énfasis en la demanda de derechos personales en diversas circunstancias: "*Yo* tengo el *derecho* a votar, a fumar, a elegir lo que me plazca" (siempre dentro de los límites estipulados por alguna ley o norma religiosa o civil). Esa persona tiene un sentido fuertemente desarrollado de los derechos personales, reflejado o respaldado por la sociedad en general. En el otro extremo encontramos a una persona situada en un mundo basado en el deber en el que la responsabilidad personal y social están fuertemente enfatizados y se exigen más que, o incluso sin, tener mucho en cuenta la preferencia personal. Los derechos de esa persona pueden ser relativamente pocos

y no necesariamente codificados o explícitos—ya que se entiende que el deber social es de importancia primordial—y las elecciones personales no solo están limitadas, sino también francamente inimaginables. Las personas que crecen en una sociedad basada en el derecho no tendrán ninguna duda sobre sus obligaciones principales. Pero de nuevo, siempre debemos tener en cuenta que hablar de circunstancias ideales es muy diferente a encontrar un comportamiento real. Todos y cada uno pueden, en principio, ser más o menos egoístas, más o menos altruistas. La cultura (o la crianza), aunque es un importante factor que contribuye, no es de ninguna manera el único que debe considerarse. La naturaleza (o las diferencias individuales), el temperamento y la formación, todos juegan un papel en la generación del comportamiento.

3. *Personal y Posicional*: Estos términos se refieren a la ubicación social existencial de uno y su efecto en la toma de decisiones o el ejercicio de la elección. Dado que toda persona humana existe en relación con los demás—somos *animales sociales*—la forma en que operamos afecta y es afectada por aquellos entre los que vivimos: los demás miembros de nuestra sociedad. Y esta manera de interactuar es a menudo—y en su mayoría inconscientemente—invocada cuando estamos en situaciones sociales no familiares. Por lo tanto, se manifestará en contextos interculturales, en los que interactúan personas con normas y suposiciones culturales muy diferentes. En una sociedad fuertemente egocéntrica en la que las personas valoran su autonomía, se deduce que las personas quieren ejercer su autonomía *personal* y no estar indebidamente limitadas o motivadas solo por las opiniones o expectativas de los demás. En contraste con una sociedad o comunidad en la cual la autoridad moral del grupo ejerce una fuerte influencia sobre las elecciones de las personas, es fácil ver que la posición de uno en relación con el grupo puede ser un determinante más importante de la toma de decisiones que lo que es la preferencia o el capricho personal. De ahí que hablemos de una restricción *posicional* en el comportamiento, o de una persona como "posicionada" en relación con un grupo más grande en lugar de independiente de él. Cuanto más fuerte sea la naturaleza sociocéntrica de un grupo, más fuertemente *posicionados* estarán sus miembros.

4. *Elaborado y Restringido*: Esta terminología se utiliza para referirse específicamente a un código del habla:[2] la forma en que la comunicación se posibilita, generalmente verbal (lingüística) pero también no verbal (gestual, actitudinal o simbólica). A las personas socializadas en comunidades egocéntricas se les animará activamente a tener y expresar o articular verbalmente, sus opiniones, sentimientos y convicciones. En contraste,

cuanto más sociocéntrico sea el enfoque de la propia comunidad, más se identificará a las personas de manera *posicional*; su posición social en la comunidad dicta las normas para la comunicación social. Un código elaborado identifica a una persona con un alto grado de articulación verbal: la redundancia, los detalles excesivos y la verborrea o la palabrería son buscados, tolerados y aceptados socialmente tanto como un derecho personal, a la vez que como indicadores de fluidez y sofisticación. En el otro polo de la escala, encontramos a las personas que fueron criadas para "hablar cuando se les habla, y no antes", a ser "vistas, pero no oídas", y no son invitadas a expresar opiniones personales o incluso a hablar libremente. Su discurso real se vuelve *restringido* a las respuestas mínimas y a pocas iniciativas verbales: "sí", "no", "por favor" y "gracias". Contraste entonces una comunicación típica de la clase media americana (elaborada) entre madre e hijo sobre qué cenar con la comunicación típica en un comedor de beneficiencia donde se les da a los indigentes una comida preparada y se espera que "se alimenten, sean agradecidos y se vayan". Su gratitud, cualquiera que sea, es expresada en un código restringido (un breve "gracias" verbal o gestos corporales restringidos), y nunca se les invitaría a crear un menú de su propia elección o a entrar en una discusión sobre la calidad, preparación o presentación de la comida.

Asimismo, en cualquier comunidad multicultural, y *un fortiori* en una comunidad religiosa o de fe, donde algunos miembros han sido educados para expresarse de manera elaborada mientras que otros utilizan un código de habla altamente restringido gobernado por la convención, surgirán grandes problemas si el grupo dominante supone que cualquiera puede hablar y decir lo que quiere como parte de una conversación "democrática" entre iguales. Aunque esto favorece a los hablantes de "código elaborado", estos tenderán a percibir a los hablantes de "código restringido" como ariscos, inarticulados, no comunicativos—o simplemente como si no tuvieran nada que decir. Mientras tanto, los hablantes "restringidos" perciben a los demás como dominantes y egocéntricos debido a su fluidez de lenguaje sin restricciones, y a sus interminables opiniones personales (no solicitadas).[3] La situación está en su punto para la confusión, el malentendido y en última instancia el resentimiento de quienes utilizan un código restringido—o la percepción de que quienes utilizan un código elaborado son tanto dominantes como insensibles.

5. *Logrado y Atribuido*: Este contraste se aplica a los estatus sociales y su adquisición en diferentes culturas y comunidades. El estatus en sí mismo es el título legítimo de un rol social, o la autoridad moral para ejercerlo. Por ejemplo, un príncipe puede elegir desempeñar el *rol* de un sirviente, aunque

su *estatus* legítimo es muy superior: príncipe. De hecho, alguien con el estatus de sirviente o esclavo puede "desempeñar el rol" de príncipe, pero claramente no tiene el estatus de un príncipe. Hay numerosos ejemplos en todas las culturas o en las fuerzas armadas, donde la "inversión de roles" está institucionalizada. En un día determinado, aquellos que tienen el estatus legítimo de oficiales servirán a los que tienen el estatus de reclutas; los oficiales simplemente asumen el rol, pero no el estatus, de un recluta—por un día, después del cual todos asumen su verdadero estatus como antes. Pero si un recluta fuera a jugar el rol de una persona con el estatus de oficial, su estatus real seguiría siendo el de recluta. Similarmente, un jefe o incluso un rey puede actuar como un sirviente y servir a algunos de su pueblo como una demostración que permite a las personas humildes actuar como si fueran "rey por un día". Así, mientras una persona con estatus de neurocirujano o un obispo pueden elegir tomar el rol de sirviente, un sirviente real que asume el rol de profesor o director de una compañía será un "actor de roles" o un embaucador, a menos que también tenga las credenciales apropiadas (estatus) de la persona en cuestión.

En sociedades fuertemente egocéntricas la mayoría de los estatus son alcanzables virtualmente por cualquiera; en sociedades fuertemente sociocéntricas, la mayoría de las personas están excluidas de estatus significativos. Los Estados Unidos proclama orgullosamente que cualquiera puede llegar a ser presidente—si él o ella *logra* ese fin y es ciudadano americano. Barak Obama demostró que esto es efectivamente correcto (como lo sería una mujer presidente); el estatus de presidente lo puede alcanzar en principio virtualmente cualquiera, independientemente del género, credo u origen étnico. Pero en muchas partes del mundo, la competencia, inclusive por un cargo u otras posiciones de estatus, es simplemente imposible. Actualmente en la Iglesia católica, las mujeres no pueden obtener el estatus de diácono o presbítero, (y cuando han sido ordenadas *mujeres sacerdotes*, la posición ortodoxa es que ellas mismas se han excluído así de la Iglesia y que sus ordenaciones son inválidas y ciertamente ilícitas). Mientras tanto, en otras iglesias cristianas, las mujeres son ordenadas rutinariamente mujeres sacerdotes u obispos, sirviendo así un papel vital para la supervivencia de muchas congregaciones.

Entonces, ¿qué caracteriza a las sociedades fuertemente sociocéntricas en ese aspecto? Ellas asignan—o atribuyen—muchos estatus de acuerdo al orden de nacimiento, género, ascendencia, etc.; esos estatus no están abiertos a nadie, en principio o en la práctica. Por ejemplo, no puede permitirse que una hermana menor se case (recibir el estatus de esposa) antes de que lo haga su hermana mayor. A una niña, ya sea mayor o menor que sus hermanos, no se le puede permitir ir a la escuela; el estatus "académico" solo se le puede atribuir a los varones. Y una línea de descendencia, que solo reconoce la descendencia a través del padre y continúa solo a través de los hijos, puede determinar quien será el siguiente jefe, independientemente del hecho de que pueda haber otras personas competentes e incluso miembros de la familia, incluyendo las hijas. Si el estatus de jefe es atribuido en lugar de logrado, no habrá lugar para la competencia ni consideraciones de meritocracia entre la descendencia; la elección e identidad del siguiente jefe está determinada y no es negociable.

6. *Innovación y Tradición*: en las sociedades moderna y postmoderna, la innovación y el cambio son apreciados. Pero las llamadas sociedades tradicionales dan gran importancia a la costumbre y—como la designación implica—a la tradición; tienden a resistirse a la innovación y al cambio rápido por razones perfectamente justificadas. Pero en un mundo globalizado, tal resistencia está resultando cada vez más ineficaz, aunque las consecuencias del cambio rápido y de la innovación son a menudo destructivas, divisorias y traumáticas. Las sociedades fuertemente egocéntricas tienden no solo a valorar la innovación y el cambio, sino también a buscarlo y estimularlo activamente, en contraste con las sociedades más sociocéntricas y tradicionales.

A fin de comprender las motivaciones que subyacen tras esos enfoques contrastantes de los valores que pueden encontrarse tanto en la novedad como en la tradición, puede ser útil identificar algunos rasgos característicos de una sociedad "tradicional", pero teniendo en cuenta que no se refiere únicamente a las llamadas sociedades tribales, sencillas o primitivas (términos que tienden a usarse peyorativamente en el mejor de los casos). Estos deben usarse con mucha precaución porque a menudo conllevan una actitud de superioridad o de juicio por parte de quienes los usan y una comprensión bastante inadecuada de las personas a quienes designa con esos términos. Pero "tradicional" tal como se usa aquí, puede muy bien aplicarse a muchas comunidades religiosas contemporáneas, comunidades rurales o agrícolas de todo el mundo, y a muchos grupos de personas cuyos valores no son siempre los de la cultura dominante en la que se encuentran.

"Tradicional" aplica a aquellos que dan gran valor a la "tradición" como "la forma en que las cosas nos fueron transmitidas". También puede entenderse en términos de las actitudes hacia el tiempo y la historia y la forma en que se ve la innovación, como lo vimos previamente.[4] Aunque aquí serían más pertinentes algunas observaciones sobre la innovación en sí misma. El mundo contemporáneo, postmoderno y de alta tecnología—dondequiera que se encuentre, desde el *Silicon Valley* hasta algunos de los lugares más aislados de la tierra—está impulsado por la innovación.

Como todos los que tengan una computadora o un celular-móvil saben, lo que asombró hace solo un año o dos, ahora se considera obsoleto, anticuado y lento para las necesidades actuales—y no por casualidad. La "obsolescencia incorporada"—los dispositivos electrónicos diseñados intencionalmente para ser reemplazados por tecnología nueva en cuestión de meses o años—asegura tanto que el usuario tendrá muchos más modelos para elegir en un corto período de tiempo, como que el modelo mismo seguirá sirviendo, pero las piezas de repuesto no estarán disponibles cuando se necesiten. Una cultura consumista se nutre de la insaciable demanda de dispositivos nuevos, mejores y más rápidos que ahorran trabajo; y no son solo los jóvenes los seducidos por los medios de comunicación y por sus contemporáneos para buscar la innovación por sí misma como un índice de la moda, así como por su utilidad y durabilidad. De este modo se crea y se alimenta la adicción.

Por el contrario, una comunidad más sociocéntrica educará (al menos en teoría) a sus miembros para compartir, redistribuir y minimizar el desperdicio: esto es la antítesis de una cultura impulsada por la innovación. Aquí se concederá gran valor social a la persona cuidadosa y prudente que cuida las cosas, las repara cuando es necesario, y así se asegura de que sigan funcionando el mayor tiempo posible. El desperdicio y el descuido serán fuertemente sancionados, y las personas serán educadas con un sentido de respeto por la propiedad y por sacar provecho de todo aquello que siga funcionando adecuadamente, independientemente de su antigüedad.

En una comunidad intercultural, cuyos miembros, o al menos algunos, pueden haber sido criados en una sociedad fuertemente sociocéntrica o "tradicional", puede haber un importante choque de valores y de personas. Donde una persona ve valor en el conservadurismo, el reciclaje y la simplicidad, no está motivada por una mayor rapidez y eficiencia y juzga que los últimos modelos están bastante justificados por esas cualidades y por sus propiedades de ahorro de tiempo y trabajo. Para una persona, el hecho de que aparatos o máquinas perfectamente usables estén sin usar en armarios está ampliamente justificado por razones de eficiencia; para la mentalidad consumista, eso es suficiente. Pero una ética de compartir en comunidad y un espíritu de "no desperdiciar, no querer" se encuentra que no está en sintonía con este ambiente, y las personas pueden incluso ser objeto de bromas o burlas por su actitud "anticuada". El voto, la virtud y el espíritu de pobreza religiosa estarán entonces bajo gran escrutinio e incluso amenaza.

7. *Competencia y Colaboración*: Nuestro perfil social nos ofrece un contraste entre los valores respectivos de competencia y colaboración. En una sociedad donde el trabajo duro puede traer éxito, donde virtualmente cualquiera

tiene el potencial de alcanzarlo, donde se fomentan las metas personales, y donde se educa a las personas para que hablen por sí mismas y sean asertivas y articuladas—en otras palabras, donde se encuentran muchos de los rasgos de una sociedad egocéntrica—la competencia es un rasgo estándar de la vida social, desde preescolar hasta las salas de juntas de las empresas. Este tipo de sociedad promueve la noción de que las personas prosperan gracias a la competencia y de que es una característica esencial de una sociedad moderna el valorar el progreso y la mejora. Pero mientras la competencia puede de hecho estimular a las personas, sacar lo mejor de ellas, y contribuir a los logros nacionales y sociales, debe reconocerse su lado más oscuro. En un mundo competitivo, no todos tienen éxito, ni siquiera todos sobreviven. Esta es la naturaleza de tal sociedad o mundo; algunas personas prosperan en la competencia mientras otras se ven amenazadas e incluso pueden ser destruidas por ella. "La supervivencia del más fuerte" puede ser una fría realidad.

En el mundo multicultural y globalizado de hoy, e incluso en una sociedad predominantemente competitiva, puede haber todavía personas cuyos valores se basan directamente en la colaboración. Pero la interacción entre "competidores" y "colaboradores" puede llevar a una gran confusión y distopía. Por lo tanto, hay que tener cuidado. En una comunidad religiosa multicultural, el choque entre las personas de los extremos opuestos del espectro (competencia-colaboración) puede producir rápidamente una comunidad disfuncional a menos que se aborde con rapidez y comprensión.

Cuanto más sociocéntrica sea una sociedad o comunidad (religiosa u otra), y cuanto más enfatice el deber sobre los derechos personales y la posición social en lugar de la ambición personal, más valorada será la colaboración. Se fomentará el trabajo en equipo en lugar del individualismo, con el corolario de que el individualista se verá como anómalo, quizás peligroso, y ciertamente una influencia desestabilizadora en el grupo. En las sociedades de menor escala y cara a cara en las que las personas no solo conocen a sus vecinos inmediatos y lejanos, sino que también están relacionados con muchos de ellos por sangre y matrimonio, o como miembros de cohortes o compañeros que han sido educados o se han iniciado juntos (a través de ritos culturales de paso específicos o en un programa común de noviciado, teologado o de educación superior), la colaboración es una virtud cultivada durante muchos años y un signo de solidaridad y apoyo moral. Pero cuando las personas con tal experiencia se separan de su comunidad de homólogos y se encuentran en una comunidad multicultural de personas exitosas y naturalmente competitivas, la tarea de construir una comunidad intercultural se vuelve ardua y requiere tanto de una gran clarificación de las normas y convenciones sociales como de un esfuerzo concertado y centrado en el compromiso y la colaboración.

8. *El Bien Limitado y el Bien Común*: Todavía queda una fuerza motriz o motivación social más. Bastante consistente con una sociedad egocéntrica en la que las personas compiten por logros y estatus es la noción de que tal competencia no deja a todos igualmente recompensados; esa es la naturaleza de la competencia en sí misma: "Al triunfador, el premio". Las personas saben perectamente bien que este es un mundo de "bienes limitados". Solo puede haber un ganador (persona o equipo), y por lo tanto también debe haber un perdedor. Si se dice que el ganador gana un punto, y el perdedor pierde un punto, entonces el cociente es siempre cero (por lo tanto, hablamos de un juego de "suma cero"). Una sociedad competitiva prospera con ganadores y perdedores.

Pero hay otras formas de trabajar. En marcado contraste con la noción del bien limitado está la noción del bien común. Donde esta se apoya, el "bien" se logra sin polarizar a los ganadores contra los perdedores. Algunas sociedades operan bastante eficientemente (de acuerdo con criterios claros) con el principio de bien limitado, mientras otras encuentran que el énfasis en el bien común y la colaboración de todos hace que la sociedad sea más armoniosa, si no siempre la más eficiente.

El deporte ofrece una buena ilustración del contraste entre estos dos enfoques. Todos los deportes son, hasta cierto punto, agonísticos: una lucha o competencia entre personas o grupos. Pero no todo trabajo humano es agonístico; los trabajadores que construyen un puente o una carretera deben aprender a cooperar. La competitividad no es apropiada. De la misma manera, una aldea invadida por el fuego puede movilizar a todas las personas capacitadas para combatir el fuego como comunidad. Pero cuando las casas se encuentran muy separadas y las comunidades no están bien integradas, los vecinos pueden simplemente mirar mientras los propietarios ven sus casas quemarse. Y curiosamente, no todos los deportes son agonísticos. No toda ocasión deportiva tiene que ser un juego de suma cero, en el que hay un ganador y un perdedor. El balónpie o fútbol tiene un largo pedigrí, y muchos juegos de fútbol terminan en empate: ninguno de los equipos "gana". El cricket también es legendario como un juego que puede durar cinco días y *aun así* no produce "ganadores" y "perdedores". La participación en sí misma o la mera "diversión del juego" o "el espíritu de tal cosa" cuenta más, y si los miembros de los diferentes equipos no generan animosidad mutua, un juego que es disfrutado por todos es más importante que uno en el que un equipo se sienta, y se le haga sentir, derrotado o incluso humillado.

Por el contrario, en los Estados Unidos, una sociedad altamente Antagonista y competitiva, todos los deportes están diseñados para que haya un ganador y un perdedor: tanto es así que, el fútbol—el deporte más jugado en la tierra—tardó mucho en popularizarse. Y cuando finalmente lo hizo, se debió en parte al hecho de que los Estados Unidos lograron cambiar las reglas a nivel internacional—de modo que no hubiera sorteos o empates, sino que cada juego tuviera un ganador y un perdedor. De ahí los penaltis que tan a menudo concluyen los juegos, para gran disgusto de los conservadores, puristas y tradicionalistas, quienes afirman que está destruyendo el "juego noble" como se le llama, ¡al convertirlo por siempre y para siempre un juego de suma cero!

Estilos de Comunicación de "Alto-Contexto" (Sociocéntrico) y "Bajo-Contexto" (Egocéntrico)

En el capítulo 3 mencionamos los estilos de comunicación de alto y bajo contexto (AC/BC), identificados por Edward T. Hall.[5] Este tema debe describirse con más claridad en el presente contexto. La cuestión aquí es cómo se mantiene y transmite la información entre dos personas. Imagina otro continuo en el que el "alto contexto" (AC) y el "bajo contexto" (BC) se encuentran en los polos opuestos. En una comunicación de AC, la mayor parte de la información que se comparte reside en las personas mismas y en el contexto específico. El mensaje real puede ser breve y contener relativamente poco del total de la comunicación. Es la persona, la postura, la emoción y el contexto compartido (no solo físico sino también "actual", o relacionado con el tema de la comunicación) el que lleva el peso del mensaje. Sin embargo, en la comunicación BC, se necesitan precisión y claridad para transmitir adecuadamente el mensaje, ya que los interlocutores tienen muy poco en común con respecto al conocimiento implícito o el contexto.

Las familias que comparten conocimiento implícito (pueden interpretar o "llenar los espacios en blanco" de la conversación real) son comunicadores de AC. Entienden no solo lo que realmente se dice, sino también lo que realmente significa, como en "¿Estás enojado conmigo?" "¡No!"—cuando "no" significa claramente "sí" aquí. Pero en una corte, donde cada detalle debe ser explicado y nada se deja a la imaginación, la comunicación es de BC: aquí, los hechos son todo. Hay una fuerte correlación entre la comunicación de AC (informal) y las relaciones sociocéntricas, y también entre la comunicación de BC (más formal) y las relaciones egocéntricas en la que vale la pena reflexionar sobre el contexto de la vida intercultural. Los amigos cercanos son AC; un superior entrevistando a un candidato es mucho más BC (ver la fig. 11).

Fig. 11

COMUNICACIÓN DE ALTO CONTEXTO Y BAJO CONTEXTO

BAJO CONTEXTO	*ALTO CONTEXTO*
Las partes comparten muy poca información común y necesitan ser explícitas y precisas, a veces de manera fastidiosa.	Las partes tienen mucha información en común y no hay necesidad de ser extensos o de tratar al otro como a un niño.
Un director de novicios sería muy explícito y extenso al hablar con un nuevo miembro que no esté familiarizado con la comunidad.	Los compañeros que llevan mucho tiempo separados pueden retomar fácilmente lo aprendido en años anteriores y construir sobre las experiencias compartidas sin demasiada palabrería.
Algunas personas hablan como si estuvieran dando instrucciones a una persona de poca inteligencia en lugar de tener una conversación. Esto puede ser inapropiado y ofensivo.	Algunas personas asumen que están hablando con alguien familiarizado con la comunidad, pero la otra persona no sabe lo que está pasando.
Las personas fuertemente "egocéntricas" tienden a operar con un estilo de comunicación de BC: profesional en lugar de cálido.	Las personas fuertemente "sociocéntricas" tienen un estilo de comunicación AC: sensible a los sentimientos y al estado de ánimo del otro.
La asertividad y la confrontación pueden terminar en un conflicto abierto.	La deferencia y la sutileza minimizan el conflicto, pero puede resultar una agresión pasiva.
Las personas de BC son directas, nada sutiles, a veces insensibles e hirientes.	Las personas de AC evitan el desacuerdo abierto, pero a veces son indecisos o ambiguos.
El énfasis está en la resolución racional de problemas.	El énfasis está en mantener la relación.

Interpretando, Aplicando y Viviendo con Estilos de Comunicación

En una comunidad intercultural, se esperaría que, como familia, las personas compartieran una gran cantidad de información común—sobre sus aspiraciones comunes, fe común, y membresía común—sin necesidad de hacerla explícita cada vez que hablan. Esto implica que una comunidad representa una situación de mucho contexto (AC). Las características incluyen compartir información "interna" no compartida con los de afuera; familiaridad con la personalidad y temperamento de cada uno y la capacidad de ajustarse a las diferentes personalidades y adaptar la conversación como corresponde; un grado de intimidad consistente con una relación de largo plazo dentro de la comunidad; y la suposición de que los otros entienden y son sensibles a los sentimientos de uno sin ser demasiado sentimentales. Se espera una genuina preocupación e interés mutuos sobre el bienestar de cada uno, y los miembros de la comunidad evitarían un estilo de confrontación con los demás. Sin embargo, la falta de comunicación puede ocurrir con demasiada facilidad entre dos personas, una de las cuales está operando con un enfoque BC, mientras que la otra se acerca con una actitud de AC. Entonces, una persona puede sonar condescendiente con la otra. Evidentemente, se requiere de todos sensibilidad hacia cada persona en una comunidad, si la comunidad quiere estar unida en la fe, la amistad y el propósito común. Una situación de poco contexto es mucho más apropiada entre un viajero y el encargado de una gasolinera o dos miembros de una parroquia que solo se saludan, pero no se conocen. En la comunicación de BC, cada persona necesita ser explícita y no asumir que el otro sabe lo que uno está pensando.

Entonces, una comunidad intercultural no se hace sin esfuerzo, y su composición cambia con relativa frecuencia; se debe prestar cuidadosa atención para facilitar un espíritu de inclusión y bienvenida. A menos que esto se haga, los recién llegados pueden sentirse aislados y desinformados, y grupitos o núcleos de dos o tres miembros pueden volverse exclusivos. Si, después de un período inicial de familiarización, un miembro de la comunidad siente que él o ella está viviendo en una comunidad de poco contexto, sería extremadamente difícil florecer. Esto puede ocurrir cuando las personas están demasiado enfocadas en el ego, o cuando hay un latente racismo o simplemente una falta de atención adecuada a otros miembros de la comunidad. Cuando esto ocurre, el espíritu de una comunidad intercultural se evaporará. Y las personas encontrarán que, aunque vivan bajo el mismo techo, están lejos de compartir un espíritu fraterno común. Muchos religiosos reconocen que, aun después de décadas tienen pocos amigos cercanos, y menos confidentes dentro de la comunidad; las personas se tratan amigable y respetuosamente, pero falta algo intangible. Una comunidad intercultural debe construirse lentamente; no puede ocurrir automáticamente. Como hemos señalado en ciertas ocasiones, la buena voluntad simplemente no basta; tiene que haber mecanismos que faciliten la construcción de la comunidad, desde compartir la fe hasta la planeación estratégica, y desde compartir las actividades de ocio hasta la socialización.

Los hilos de este capítulo se pueden unir con un resumen y una sugerencia para toda persona y comunidad comprometida a pasar de la simple pertenencia a una comunidad internacional a ser una comunidad real que vive en un contexto intercultural. La cultura, como lo hemos visto, es un componente intrínseco de la personalidad social de cada uno y, de hecho (para los religiosos) un factor importante en la formación de nuestra fe. Por lo tanto, como miembros de comunidades de fe internacionales, debemos descubrir, respetar y honrar las demandas legítimas de nuestras respectivas culturas y comprometernos a acercarnos a las personas de otras culturas con aprecio y apertura al aprendizaje. Teniendo en mente que, en cada cultura, como en cada persona, hay elementos tanto de gracia como de pecado, tenemos que tener cuidado de no percibir solo la gracia en nosotros mismos y nuestra propia cultura y de no ver en los otros y sus culturas poco más que el pecado que a nuestro juicio los infecta. Eso es un etnocentrismo pecaminoso y habla de una perspectiva estrecha y prejuiciosa; no es en lo absoluto una base sobre la cual construir comunidades interculturales.

Jugar a la "carta cultural" puede ser solo un ejemplo de perversidad, inflexibilidad o prejuicio que impide a alguien tratar de cambiar o adaptarse. Si una persona piensa que nadie más en la comunidad está en posición de hacer un juicio sobre su cultura, uno puede sentirse tentado a jugar en exceso esa "carta cultural". Todos deben autocontrolarse y entender que el comportamiento disruptivo en la comunidad debe ser desafiado. Viendo entonces el diagrama con sus perfiles sociales contrastantes (fig. 9), debemos tener claro que hay valor y virtud en cada lado de la línea media vertical. Sin embargo, hay dos cosas que necesitarán atención cuidadosa. Primero, las convenciones de todas y cada una de las culturas no están por encima del reproche o de la crítica apropiada, y ninguna cultura modela los imperativos del Evangelio y el llamado al discipulado de forma totalmente adecuada, ni mucho menos de forma perfecta. Por lo tanto, toda cultura y los miembros que la constituyen deben primero doblar la rodilla ante la revelación de Jesucristo, y todo discípulo cristiano debe convertirse en contracultural en algunos puntos, para conformarse al Evangelio y al llamado particular de la vida religiosa. Segundo, para que las personas de diferentes culturas vivan juntas y en armonía, todos deben hacer un esfuerzo concertado para comprender mejor lo que "mueve" a otras personas, tanto cultural como espiritualmente. En última instancia esto solo puede hacerse mediante el desarrollo de la confianza mutua, y la voluntad de explorar juntos, en fe, los perfiles de diferentes propuestas culturales ante los desafíos comunes de la vida.

Las personas son muy diferentes y están conformadas por muchos factores. Así, las comunidades interculturales están formadas por personas de muchos estilos diferentes—abiertas, reservadas, dominantes, sumisas, extrovertidas, introvertidas, obstinadas, receptivas, competitivas, colaboradoras, insensibles o sensibles. La consideración cuidadosa de cómo se pueden manejar apropiadamente seguirá siendo un imperativo para toda comunidad y toda persona. San Pablo lo sabía muy bien: " . . . llénenme de alegría teniendo unos mismos sentimientos, compartiendo un mismo amor, viviendo en armonía y sintiendo lo mismo . . . que no busque cada uno su propio interés, sino el de los demás". (Flp 2,2-4).

Seguimiento Sugerido

1. Trate de pasar tiempo con el diagrama (fig. 9), poniendo una X en cada línea horizontal, de acuerdo con los principales factores sociales/culturales que le formaron.

2. Identifique—poniendo otro par de X—donde Jesús le está desafiando a moverse, como religioso comprometido con el Reino de Dios. Luego considere las implicaciones y cualquier diferencia entre las dos marcas de X.

3. Deje que la comunidad más amplia (local o regional) encuentre tiempo—y no solo una vez—para un diálogo real en el que se anime a los miembros individuales a identificar su propio perfil cultural, explicar sus valores, y articular lo que encuentran: (a) los aspectos más desafiantes y difíciles de la vida intercultural; (b) lo que encuentran más gratificante y (c) lo que les gustaría modificar de sus propias expectativas sobre los demás para el bien mayor de la comunidad.

4. Vea si puede darles sentido a las comparaciones de Alto Contexto/Bajo Contexto. Comente esto como una reflexión sobre las relaciones comunitarias, especialmente si algunas personas sienten que no son tratadas como adultas y miembros de la familia.

Capítulo Siete

Desarrollando la Competencia Intercultural

"Modelos de" y "Modelos para"[1]

Podemos identificar dos tipos de modelos. Un modelo a escala de un barco o de un rascacielos es un modelo físico o material que muestra muchos detalles, y una perspectiva general de la realidad mayor que se reduce a una escala: es un "modelo de" lo que representa. Como tal, puede ser muy útil para proporcionar un contexto más amplio del que tendría una persona confinada a la cabina de un barco o al elevador de un rascacielos, aunque estuvieran realmente dentro de la nave o el edificio. Un "modelo de" proporciona una simplificación y sistematización de una realidad compleja, a la vez que ofrece una atención satisfactoria a los detalles. Pero no todo "modelo de" es simplemente un modelo a escala de una realidad física: tales modelos también pueden construirse para ayudarnos a volver sobre nuestros pasos, para ver dónde hemos estado o qué nos trajo a la situación actual (fig. 12). Así, podemos hablar legítimamente de modelos de misión o ministerio pastoral, o modelos de vida comunitaria, que intentan esquematizar lo que ya está, o estaba teniendo lugar. Estos serían modelos "normativos".

Pero también podemos identificar un "modelo para" o modelo "descriptivo" como una proyección o estímulo para proyectos futuros. Aquí consideraremos un "modelo para" la vida intercultural, basado en uno ya en uso, pero para circunstancias diferentes a las nuestras, por lo que necesita ser modificado adecuadamente, aunque haya sido muy útil desde hace varios años. Obviamente no es un modelo de lo que está en proceso, ni

Fig. 12

UN "MODELO DE" Y UN "MODELO PARA"

MODELO DE	*MODELO PARA*
Ayuda a mostrar cómo llegamos a donde estamos.	Ayuda a indicar cómo podemos avanzar.
"Domestica" o resume la realidad.	Genera o imagina creativamente la realidad.
Demuestra el funcionamiento de un sistema.	Indica cómo un sistema podría funcionar.
Es deductivo: parte de premisas dadas.	Es inductivo: parte de las circunstancias reales.
Se origina en circunstancias concretas.	Su objetivo o resultado es algo nuevo.
Proporciona información y claridad.	Proporciona inspiración e ideales.
Describe lo que ya existe.	Describe lo que podría existir.
Se basa en la realidad.	Se basa en necesidades o imperativos.
Es claro y completo.	Es provisional e inconcluso.
Se basa en logros previos o pasados.	Surgirá de las aspiraciones presentes.

tampoco es un modelo físico, ya que la vida intercultural es una experiencia existencial. Pero puede verse como una especie de guía o presentación práctica de "cómo", que ofrece consejos e instrucciones específicas para negociar diversas circunstancias y evitar algunas cuestiones o situaciones embarazosas evitables. Como cualquier otro "modelo para", también puede proporcionar un indicador o una prueba autoadministrada para un individuo o una comunidad entera—particularmente si es asistido por una persona adecuadamente competente—para evaluar el progreso en el proceso de convertirse en una persona más madura, dedicada y verdaderamente intercultural. También puede ayudar a las personas a entender sus propias reacciones y motivaciones, fortalezas y debilidades, así como las de los demás. La comprensión de otras personas no se da automáticamente, como tampoco la comprensión de un idioma extranjero.

Alguien que ha contribuido mucho a la comprensión teórica de los desafíos de la vida intercultural y ha proporcionado mucha sabiduría práctica y orientación para las personas que se esfuerzan por hacer frente a los desafíos que ésta presenta es Milton J. Bennett. Habiendo dado sus primeros pasos en el camino transcultural a través de sus años en el Cuerpo de Paz, aprendió—como de hecho todos deberíamos—de sus errores, ajustando gradualmente un modelo para la "competencia intercultural" que ha sido usado y aplicado ampliamente. Es un "modelo para" la vida intercultural y, utilizado por toda una comunidad, puede ser de considerable ayuda práctica. También puede ayudar a persuadir a quienes todavía no están convencidos de la posibilidad real de lograr una forma de vida intercultural sana.

A partir de la década de 1980 y con los ajustes subsiguientes, Bennet elaboró lo que ahora se denomina el *Modelo de Desarrollo de la Vida Intercultural*.[2] Uno de sus antiguos colegas ha realizado nuevos ajustes y desarrollos, a los que se hará referencia más adelante.[3] Pero primero identificaré cada una de las seis etapas de Bennett, añadiendo algunas palabras de crítica y posible aplicación, específicamente para aquellos comprometidos con una vida intercultural que está implícitamente conformada por la fe y el compromiso religioso.

Del Etnocentrismo al Etnorelativismo

Algunas personas parecen arreglárselas en situaciones transculturales mucho mejor que otras. Algunos parecen aprender rápida o acumulativamente, mientras que otros luchan, se rinden o son felizmente ignorantes de su propia actitud arrogante o francamente irrespetuosa hacia quienes viven con ellos, y entre ellos. Si los primeros están fuertemente motivados y quieren mejorar sus habilidades y relaciones, los otros se sienten intimidados, autoconscientes o ignoran los desafíos que se les presentan no solo a ellos mismos, sino también a los que los rodean. El modelo de Bennett sigue un movimiento de seis etapas o una progresión del *etnocentrismo* a lo que él llama *etnorelativismo*.[4] Las primeras tres etapas ejemplifican varios grados de etnocentrismo,[5] mientras que de la cuarta a la sexta etapa se describe a una persona que ha ido más allá del etnocentrismo y que se dirige cada vez más hacia el objetivo del etnorelativismo. No todos comienzan desde la primera etapa; así como no todos progresan hasta la sexta, y no hay necesariamente un progreso constante a través de cada etapa; puede haber algún retroceso antes de que se alcance de nuevo el momento de avance. Puede ser bueno tener esto en mente, por nuestro propio beneficio y porque puede ayudarnos a entender mejor a otras personas.

Las Etapas Etnocéntricas del Desarrollo

En su significado más básico, etnocentrismo es la propensión a ver e interpretar el mundo desde una perspectiva subjetiva, vinculada al contexto: Veo, juzgo, interpreto y actúo en el mundo visto a través de mis propios ojos y, por lo tanto, desde una perspectiva estrecha y personal. Esta tendencia es en sí misma perfectamente natural y no debería ser motivo de consternación inmediata, ya que el propósito de todo nuestro proceso de socialización o inculturación es precisamente ayudarnos a arraigarnos en un contexto cultural específico y proporcionarnos una perspectiva basada en el contexto y una capacidad de juicio moral. Pero el etnocentrismo se vuelve problemático e incluso pecaminoso cuando actúo como si mi perspectiva fuera la única posible o aceptable; cuando espero que otras personas adopten mi perspectiva como absolutamente normativa; y cuando incluso imagino que mi perspectiva es en realidad la de Dios. La definición de Bennett de etnocentrismo es "la experiencia de nuestra propia cultura *como central a la realidad*" (incluso diría que *como la realidad misma*). Esto significa que nuestras propias creencias y conductas, acumuladas durante la socialización temprana (hasta la edad de la razón) y más allá permanecen sin cuestionar a partir de entonces y son aceptadas como "así son las cosas". Bennett dice que el "etnorelativismo" es su propia invención y pretende ser opuesto al etnocentrismo: es "la experiencia de nuestros propias creencias y conductas como solo una organización de la realidad entre muchas posibilidades viables". Por el momento, observemos simplemente estos dos polos opuestos, etnocentrismo y etno relativismo, y después identifiquemos la serie de las seis etapas de Bennett que los atraviesan. Comenzamos con el etnocentrismo y sus efectos.

Evidentemente nadie puede ver a través de mis ojos o ver exactamente lo que yo veo, como tampoco yo puedo ver a través de los ojos de alguien más o ver exactamente lo que el otro ve. Pero la mínima dignidad y respeto humanos requieren que estemos conscientes de las diferencias y perspectivas individuales además de las nuestras, ya sean de naturaleza estrictamente personal, o lingüística, religiosa o cultural en general. Nunca debemos intentar forzar a otros o imponerles nuestra perspectiva; el argumento racional y el diálogo genuino son aceptables, pero más allá de eso, entramos en aguas turbias y peligrosas. Bennett identifica tres etapas o grados de etnocentrismo, desde el más crudo hasta el más sutil: la negación, la defensa y la minimización. Estas etiquetas identifican diferentes tipos de experiencia subjetiva.

1. *La Negación*

Esta es la forma más prejuiciada y burda del etnocentrismo. La negación se refiere a un claro intento de ignorar por completo las diferencias culturales. A veces se muestra como un tipo de ceguera cultural o indiferencia, un rotundo fracaso incluso para notar las diferencias culturales. Otras veces, la conciencia inicial de tales diferencias es seguida por tácticas de evasión bastante obvias o por esfuerzos más intolerantes o de confrontación para eliminarlas de modo que la vida continúe como antes. Bennett hace la importante observación de que la negación no solo la experimentan las personas de la cultura dominante en un lugar determinado; los grupos minoritarios también pueden operar con lo que él llama "una visión del mundo de negación" o la propensión a evitar traer las diferencias culturales a plena consciencia, a reconocerlas o negociarlas. También se manifiesta en personas que, por ejemplo, piensan o hablan de "África" como una identidad vaga en algún lugar "allá abajo" o como si fuera una sola nación o etnia, y todos sus habitantes fueran iguales (usualmente identificados de manera peyorativa). Las caracterizaciones crudas de las etnias—la palabra "n", o términos despectivos como *"polacks", "spics", "fuzzy-wuzzies"*, [términos peyorativos para referirse a los polacos, hispanos y afroamericanos; en América Latina también se puede hablar de sudacas, bananas y monos] etc.—sirven para distanciar al hablante de grandes segmentos de la humanidad y ponerles etiquetas genéricas, y, por lo tanto, deshumanizarlos.

La negación es una forma de evadir las realidades culturales que distinguen a "ellos" de "nosotros".[6] Las personas en la negación no son completamente inconscientes de las diferencias en sí mismas, ya sean culturales, étnicas, etc.; simplemente no reflexionan sobre su significado. Por lo tanto, esa negación elimina toda posibilidad de establecer cualquier *relación* con alguien catalogado como "otro". Revela una incapacidad o falta de voluntad para negociar los hechos y para discutir las diferencias personales y culturales. "Ignorancia agresiva" es una de las frases elocuentes de Bennett: describe muy bien a la persona en negación.

Reflexión Pastoral: Las personas firmemente monoculturales pueden tratar de negar las diferencias culturales evitando las situaciones transculturales donde tales diferencias surgen o son evidentes. Si están en posiciones de liderazgo, pueden volverse autoritarias en un esfuerzo por eliminar ciertas prácticas y conductas por medio de la imposición, como en "No cocinar [comidas extranjeras] en la cocina porque eso deja mal olor durante días". O, con mano aún más dura, pueden dejar instrucciones o crear reglas arbitrarias como: "X está prohibido y no se tolerará". Esto revela una perspectiva monocultural absurda. Es difícil decir si un comportamiento tan notablemente insensible es peor que la evasión o el comportamiento agresivo pasivo, como cuando una persona lanza un fuerte y deliberado suspiro antes de salir de una habitación para expresar su evidente desaprobación. La negación se encuentra dondequiera que las personas evitan notar o negociar las diferencias culturales o cuando las interpretan simplemente como malos hábitos de las otras personas. Es una expresión de ignorancia cultural.

2. La Defensa

No tan cuestionable como el crudo etnocentrismo etiquetado como la negación, la defensa es "el estado en el que la cultura de uno mismo (o la cultura adoptada) se experimenta como la única viable—la forma de civilización más 'evolucionada', o al menos la única forma buena de vivir".[7] Una persona que opera desde el modo de defensa está ciertamente *consciente* de muchas diferencias culturales, que alguien en la negación puede simplemente no notar, pero la mentalidad de defensa ve *solo* las diferencias de lo que uno considera que es la norma, juzgándolas automáticamente de manera negativa y sin la debida reflexión o introspección. Aquí, la línea de separación entre "nosotros" y "ellos" está aún más marcada, y domina una actitud de aprobación sin crítica de lo que se obtiene en la propia cultura. Tal patriotería o excesivo patriotismo es altamente sensible a cualquier forma de crítica de "ellos". La persona en el modo de defensa estereotipará al otro y puede hacer bromas desagradables—aparentemente ligeras, pero en realidad con un profundo sentimiento—de otras nacionalidades, modos de hablar o vestir, o costumbres. Llevada al exceso, la defensa se muestra en la afiliación a grupos exclusivos (racista, sexista, homofóbico, etc.) cuyas políticas están explícitamente dirigidas contra "el otro".

Pero la defensa también puede caracterizar la actitud de las personas de culturas o grupos minoritarios. Esta es una forma comprensible de autoprotección contra un comportamiento desconocido o dominante y, virtualmente todos los que se sienten superados en número o que se dan por sentados en un grupo más grande crearán algunos mecanismos de defensa. Sin embargo, éstos deberían disminuir gradualmente a medida que una persona se siente más integrada y aceptada en un grupo más grande o más heterogéneo. Esto está lejos de producirse automáticamente; la actitud de algunas personas puede en realidad endurecerse de manera que se vuelve cada vez más incisiva en su crítica hacia la cultura dominante y en defensa de la propia. Pero Bennett también llama la atención a lo que él llama "reversión" como una respuesta bastante diferente de algunas personas de los grupos minoritarios. Esto significa que uno se obsesiona con la cultura dominante, hasta el punto de absorber o aprobar sin ninguna crítica todo lo que ella representa. En ocasiones lo llamado "adoptar las costumbres del lugar" o "hacer lo que otros hacen sin cuestionarlo", puede ser extremadamente ingenuo, o un esfuerzo no tan sutil para congraciarse con el grupo anfitrión. Más adelante examinaremos esto detenidamente.[8] Pero como Bennett dice acertadamente, esto es realmente ir de un extremo (rechazo total) al otro (aceptación total), y "al cambiar los polos de la visión polarizada del mundo, esta persona no ha cambiado [una] experiencia esencialmente poco sofisticada de la diferencia cultural".[9]

Reflexión Pastoral: Tomemos la definición de Bennett—"el estado en el que la propia cultura (o la cultura adoptada) se experimenta como la única viable"—y simplemente sustituya "religión" por "cultura". Los peligros de la defensa se hacen inmediatamente evidentes. Cualquier persona intolerante a cualquier religión o denominación adoptada por "el otro", que sea instintivamente hostil o defensiva ante cualquiera que lleve una etiqueta religiosa diferente, y que no tenga ningún deseo de dialogar o de una relación de simpatía, está en el modo de defensa. Algunos intentos burdos de proselitismo (usando la fuerza o el miedo como instrumentos) y cualquier cosa que se parezca al celo de una "cruzada" ejemplifican la posición de la defensa extrema. Por lo tanto, en una comunidad intercultural, el liderazgo que es didáctico y sin diálogo, o preferente e inflexible en la toma de decisiones, puede estar operando en modo de defensa. Así mismo, ciertas personas con autoridad (incluso algunos clérigos o directores de formación) que proclaman de forma bastante ostentosa, "No puedes decirme nada de estas personas; llevo veinticinco años haciendo esto", están manifestando claramente aspectos de una respuesta de defensa a diferencias culturales o religiosas. Llevado al extremo, esto produciría una actitud de "haz lo que te digo o vete", popularmente conocida como "o lo haces a mi manera, o a la calle".

Una vez más, siempre es útil recordar el pecado y la gracia en toda cultura; ninguna cultura sobrevive indefinidamente sin elementos distintivos de virtud, y ninguna está libre de debilidades o deficiencias. Así que se debe resistir la tendencia a comparar la gracia de la propia cultura con el pecado percibido de la otra: vemos la astilla en los demás, pero no identificamos la viga en nosotros mismos. Si afirmamos alguna virtud personal o cultural, deberíamos al menos buscar el equivalente en otra cultura o persona. Y si identificamos inmediatamente alguna falta o pecado en la otra, deberíamos ser lo suficientemente honestos como para mirar en nuestro interior antes de atacar en respuesta. Otra forma de enfocar positivamente las diferencias culturales o religiosas es recordar la gran paradoja: los seres humanos son a la vez todos iguales (humanos) *y* todos diferentes (individuales); debemos ver ambos aspectos si queremos vivir armoniosamente con los demás. La actitud llamada de defensa es una expresión de la supuesta superioridad cultural y de una crítica cruda.

3. La Minimización

Todavía marcada por una cantidad inaceptable de etnocentrismo, pero mostrando signos de un enfoque más maduro y tolerante hacia las diferencias culturales y religiosas, está lo que Bennett identifica como una tercera respuesta posible. "La minimización de la diferencia cultural es el estado en el que los elementos de la propia visión cultural del mundo se experimentan como universales".[10] El matiz del etnocentrismo que sigue marcando un enfoque de minimización es que uno interpreta al otro usando las categorías que nos son inmediatamente familiares. En lugar de identificar las diferencias culturales como amenazantes y condenarlas (defensa), uno "engloba las diferencias en categorías familiares".[11] Pero esto es correr el riesgo de cerrarse a la posibilidad de significados auténticos o racionales intrínsecos de las otras culturas o religiones. "Esta no es la forma de sostener tu cuchillo/atar tus zapatos/hacer tus oraciones" traiciona a una persona que emplea el enfoque de la minimización: la suposición de que hay un único camino universal, y de que es el mío propio. También corre el riesgo de llegar a una conclusión errónea sobre lo que la otra persona está haciendo realmente; lo que interpreto como "rezar" puede ser en realidad otra cosa. De forma reveladora, Bennett observa que "las personas en la minimización no son capaces de apreciar otras culturas [o acciones religiosas] porque no pueden ver claramente su propia cultura".[12] Esto se debe a nuestra habituación o socialización, por lo que simplemente damos muchas cosas por sentado. Asumimos que la forma en que actuamos es la correcta e incluso normativa.

Las personas de la minoría pueden ajustarse inicialmente a las expectativas o demandas del grupo dominante, el cual puede insistir en el conformismo para minimizar lo que considera variaciones sin importancia o por razones de disciplina necesaria o estandarización racional. En ambos casos, la minimización es operativa si las personas de ambos lados de una división cultural asumen que las variaciones son simplemente innecesarias e impiden el buen funcionamiento de una operación. Pero si la conformidad resulta ser más que una simple irritación para las personas de la minoría, la resistencia a ella podría provocar serios problemas.

Reflexión Pastoral: En las comunidades religiosas, los miembros nuevos son agregados a una comunidad preexistente con muchas formas de proceder establecidas o estandarizadas. Se espera que el recién llegado aprenda, se adapte y se ajuste. En una comunidad monocultural, las diferencias individuales pueden minimizarse apropiadamente para lograr un espíritu de equipo y respuestas comunes. Pero en una comunidad multicultural, la persona a cargo (o de la cultura dominante) y el recién llegado (de un grupo minoritario) pueden no ser conscientes de que el procedimiento estándar en la comunidad ha sido configurado en gran medida por las suposiciones culturales de la cultura dominante o "la comunidad". A menos que el liderazgo se sensibilice a la expresión puramente cultural (y por lo tanto potencialmente adaptable) de diversos comportamientos—posturas para la oración, la vestimenta, la privacidad, etc.—puede desarrollarse una tensión seria a medida que los miembros de la comunidad nueva o minoritarios se sientan asfixiados e injustamente presionados. Sin embargo, aquellos que inicialmente pueden sentirse constreñidos también necesitan aprender cómo tolerar formas y expectativas poco familiares. Este es, después de todo, uno de los desafíos necesarios de la vida intercultural. Pero si en una comunidad ocurre una polarización "nosotros"/"ellos", el grupo dominante tendrá la mayoría de las cartas y se adaptará lo menos posible, mientras que la minoría se sentirá impotente y manipulada. Al igual que el liderazgo (o grupo dominante) es desafiado a aprender cómo ser culturalmente sensible, así las personas de la minoría deben aprender a no "¡quejarse!" tan pronto como se les pide que hagan algo desconocido o desafiante. Invocar instintivamente la carta de la "cultura" como una razón para no cambiar las propias costumbres es indigno de cualquier persona comprometida con la vida intercultural. Pero igualmente, no tener nunca la oportunidad de expresar la esencia de la identidad cultural propia en cuestiones importantes es un fracaso de los que tienen la autoridad, y pronto resultará desastroso.

Desarrollando la Competencia Intercultural 107

La minimización es típica de cualquier primer intento de dar sentido y adaptarse a la cultura del otro, ya que es perfectamente natural tratar de interpretar los eventos y conductas con la "gramática" familiar para nosotros: nuestro propio inventario cultural. Lleva un tiempo darse cuenta de que esto no es de mucha ayuda, más de lo que sería tratar de entender ruso con la gramática del inglés. Y hay otro peligro en la minimización: asumir que lo que funciona en una cultura—el indicador Myers-Briggs, el Eneagrama e incluso las pruebas de IQ—es universalmente aplicable. Muchas pruebas están vinculadas, o son sensibles a la cultura (o al género, la edad, o a otros factores), y tratar de forzar a una persona en una camisa de fuerza culturalmente inapropiada puede ser devastador. El personal de formación debe tener cuidado de no minimizar las diferencias culturales; pero al mismo tiempo, debe recordar que no solo las personas son culturalmente diferentes (en mayor o menor medida) sino también que cada uno de nosotros es un miembro de la raza humana y por lo tanto, capaz de comunicarse y cooperar, de empatizar—o de tiranizar.

Así, encontramos tres etapas del etnocentrismo, desde la más flagrante (negación), pasando por la etapa intermedia (defensa), a la más moderada (minimización). Una persona va más allá de la simple *negación* al tomar conciencia de que *existen* efectivamente diferencias culturales significativas; más allá de la *defensa*, al darse cuenta de que las diferencias culturales no son siempre intolerables o incompatibles y de que hay similitudes significativas; y más allá de la *minimización*, al percibir que las diferencias interculturales son intrínsecamente válidas y efectivamente significativas. Ahora nos estamos moviendo firmemente hacia lo que Bennett llama etnorelativismo: una forma aceptable y creativa de encontrar a los "otros" culturales. También puede verse en tres manifestaciones o etapas, como se ilustra en el diagrama sencillo de Bennett[13] (fig. 13):

Fig. 13

ETAPAS DEL DESARROLLO INTERCULTURAL

Negación → Defensa → Minimización	Aceptación → Adaptación → Integración
ETNOCENTRISMO →	*ETNORELATIVISMO*

Las Etapas Etnorelativas del Desarrollo

El "etnorelativismo", dice Bennett, significa simplemente "que la cultura de uno se experimenta en el contexto de otras culturas".[14] Los etnorelativistas están conscientes tanto de otras culturas como de la suya propia y, en consecuencia, adaptan su enfoque y monitorean sus reacciones instintivas hacia "el otro". El término "etnorelativistas" es poco atractivo y quizás podría ser sustituido en la conversación ordinaria con un término como "respetuoso" o "sensible a la cultura", pero ahora está plasmado en la literatura. Sin embargo, es inevitable llegar a una transición sin complicaciones del etnocentrismo crudo al etnocentrismo empático: las personas que son crudamente etnocéntricas desde el principio ya han formado hábitos que pueden ser insuperables. Las etapas que identifican el etnorelativismo son la aceptación, la adaptación y la integración.

1. *Aceptación*

El simple hecho de aceptar a otra persona parece ser el requisito mínimo para cualquiera que desee enfrentar el reto de una situación multicultural y, sin embargo, para algunas personas eso ya es demasiado esperar. Cualquiera que siga arraigado en una visión etnocéntrica del mundo seguirá simplemente reaccionando de una forma etnocéntrica a menos que se le anime, motive y ayude a ser más abierto. Y las personas con prejuicios arraigados, una *idea fija* fuerte o una obsesión, y con un espíritu de autojustificación se verán amenazadas y serán intolerantes frente a comportamientos e ideas diferentes a las suyas. Así que la aceptación no es algo que podamos dar por sentado, a menos que uno esté en principio abierto a formas alternativas de actuar o pensar, de manera que sea al menos tolerable y no sea irracional ni impía. La aceptación es posible solo si puedo reconocer libremente que mis formas de actuar no son las únicas posibles. Pero los prejuicios religiosos personales y el dogmatismo deben ser identificados primero, porque algunas personas son simplemente incapaces de ir más allá de la noción de que sus propias ideas y convicciones son absolutas y no negociables.

La aceptación de las diferencias culturales requiere que podamos distinguir nuestras propias prácticas culturales de las de los demás y al mismo tiempo aceptar que los demás son tan humanos como nosotros. Podemos entonces aceptar la idea de que puede haber muchas maneras de resolver un solo problema y muchas maneras de interpretar la realidad externa. Pero la aceptación no se mide solo por el conocimiento de uno; requiere empatía y comprensión por los esfuerzos de otras personas para negociar las circunstancias de sus vidas. Es precisamente aquí donde es necesario algún conocimiento antropológico integrado (que es lo que alguna terminología, reflexiones y ejercicios a lo largo de este libro intentan presentar). Sería casi tan malo para una persona enfrentarse a diferencias culturales armada con algunos conocimientos antropológicos teóricos o prácticos, pero sin un "sentimiento"—una actitud de respeto y apertura reales—hacia las personas involucradas, como lo sería para esa persona llegar ciegamente a un contexto multicultural sin ninguna preparación. Así pues, si bien la buena voluntad por sí sola no es suficiente, igualmente lo es el conocimiento sin empatía y flexibilidad.

La aceptación no significa dejar de pensar o juzgar; tampoco significa acuerdo ni capitulación. De hecho, el juicio *sin crítica*, como nos recuerda Bennett, huele a etnocentrismo. El verdadero desafío es tener una mente abierta y ser tolerante a las diferencias, sin perder por ello todo el sentido de los principios y valores fundamentales. El "relativismo" es positivo cuando reconoce áreas aceptables de libre albedrío (en el vestido, la comida, la forma de orar, la postura, etc.); eso sería "relativismo relativo". Pero se vuelve peligroso (y aún peor) si la gente decide que *nada* o *todo* es aceptable (como el canibalismo, la tortura, el infanticidio, el tráfico humano, etc.); esto sería "relativismo absoluto". El relativismo absoluto produciría pronto la anarquía y la destrucción de la cultura misma. Evidentemente, hay grados de relativismo, y la tolerancia de uno hacia diferencias culturales específicas se edificará sobre la socialización de uno, así como en los principios teológicos y filosóficos que dan forma al carácter moral de uno. Por lo tanto, la aceptación está siempre sujeta a la reflexión cuidadosa, al diálogo real continuo y a la apreciación mutua, de modo que las personas puedan llegar a un consenso o *modus vivendi* en relación con lo que es y no es aceptable en determinadas circunstancias—como la vida intercultural.

Reflexión Pastoral: La aceptación está siempre relacionada con otras cuestiones, como lo que es o no es negociable, cambiante o provisional. En una comunidad intercultural, esto requiere mucha paciencia y respeto mutuo, ya que todos nosotros nos comportamos de ciertas maneras (culturales) que tendemos a considerar normativas—hasta que nos encontramos a otras personas que se comportan de manera diferente. Esto no es un problema cuando las vidas de esos otros apenas nos afectan; podemos "vivir y dejar vivir" más fácilmente. Pero cuando en realidad se vive con y entre personas con diferentes costumbres, hábitos, e incluso convicciones, pero con quienes debemos crear una comunidad de fe y vida en común, muchas cuestiones delicadas o neurálgicas saldrán pronto a la superficie. El simple hecho de tratar de aceptar sin calcular las implicaciones de tal aceptación puede producir rápidamente irritación y luego resentimiento, una ruptura en la comunicación o una súbita erupción de ira verdadera. Uno de los resultados de la aceptación exitosa es la capacidad de reconocer la plena humanidad y buena voluntad de otras personas sin tratar de hacerlas adaptarse precisamente a la propia comprensión de esas cosas y ser capaz de poder hacer juicios provisionales sobre las acciones de otras personas sin condenar sus supuestos motivos. En consecuencia, cada persona es desafiada a distinguir lo que sería personalmente inaceptable de lo que podría desaprobar en otros, pero no tiene por qué juzgar o condenar.

El desarmante "¿Quién soy yo para juzgar?" del papa Francisco, sorprendió a muchas personas que pensaban que tenían el derecho a juzgar—y condenar. La responsabilidad del liderazgo es costosa pero también delicada. Los líderes deben liderar, y eso requiere de ellos que encuentren una línea entre lo que es totalmente inaceptable y lo que es tolerable, pero al mismo tiempo lidiar con el hecho de que la estructura futura de la vida religiosa, particularmente en su diversidad cultural, será muy diferente de lo que hasta ahora se ha considerado como incuestionable, exportable y de aplicación universal.

La buena voluntad por sí sola es evidentemente insuficiente y puede producir una gran frustración y una sensación de impotencia. El conocimiento también es importante, y las personas que se esfuerzan por una vida intercultural saludable deben aprender directamente sobre y de cada uno de los demás de una manera mucho más que casual. Podríamos observar a las personas jugando ajedrez por cien años, pero a menos que sepamos las reglas concretas, nunca lo entenderemos lo suficientemente bien como para jugar. Del mismo modo, vivir bajo el mismo techo que los demás (ya sea el cónyuge, los hijos o los religiosos) no es una medida adecuada de la vida intercultural. El trabajo duro, el constante cuestionamiento de uno mismo y de los demás, pero, sobre todo, la verdadera compasión, la preocupación, el amor por el otro son una condición *sine qua non* para el entendimiento mutuo—y especialmente intercultural.

2. *Adaptación*

La cuestión de la relatividad—la capacidad de reconocer y respetar una variedad de enfoques de las tareas comunes (bueno) o la total falta de cualquier estándar y principios absolutos que conduzcan a la aceptación acrítica de lo que cualquiera decida hacer (malo)—debe resolverse antes de que una persona pueda pasar de la aceptación a la adaptación. Las personas maduras deben tener un fuerte sentido intuitivo de lo bueno y lo malo y la capacidad de seguir su conciencia sin imponer, sin embargo, sus puntos de vista o convicciones a los demás. Tras la debida consideración y con la información apropiada, una persona puede aprender a comportarse de nuevas maneras en el contexto de otra cultura. Ver el punto de vista del otro y respetarlo, e incluso adoptarlo es la esencia de la adaptación. Pero esto requiere un enfoque crítico constructivo. "Cuando estés en Roma, haz lo que hacen los romanos" es una regla útil; pero "cuando no estés en Roma no hay necesidad de actuar como si fueras uno" podría ser un corolario útil. La adaptación se basa en el respeto y la flexibilidad mutuos, pero no significa que las personas abandonen sus principios o que se absorban o asimilen, perdiendo así su propia identidad. El éxito de la adaptación aumentaría en realidad la gama de respuestas posibles de una persona; y como estamos pensando en un contexto multicultural, también daría lugar a la transformación de todos en la comunidad y a la erosión gradual de la mentalidad de cultura dominante o a la manipulación deliberada.

Reflexión Pastoral: La adaptación toma tiempo y se muestra en diferentes formas de valor desigual. Copiar el comportamiento de otra persona porque parece "exótico" o "diferente" suena a actuación o a una modificación superficial del comportamiento. La verdadera adaptación debería ser respetuosa tanto de las demás personas como de sus culturas; no debería ser un simple cambio de comportamiento que no toque las convicciones y creencias más profundas. Un ejemplo de África podría ayudar aquí.

Viví por muchos años en una sociedad en la que la amenaza, el miedo, y la realidad de la brujería dominaban la vida de las personas. Cuando llegué, llevaba conmigo un conocimiento puramente académico de la brujería, pero sin ninguna experiencia verdadera de su realidad social. Al llegar a entenderla gradualmente como un intento real, existencial y cultural de explicar y abordar varios tipos de maldad *comunes para las personas de todas las culturas* (mala suerte o muerte súbita injustificada, "accidente" trágico, pérdida de cosechas, y cosas similares), pude verla como una respuesta cultural específica a las preguntas universales: "¿por qué el mal?" y "¿por qué yo?" Así, la brujería está haciendo la misma pregunta que todas las religiones hacen; pero la brujería es *una explicación personalizada del mal* (el "¿qué?" como en "¿cuál es la causa de esto?" se convierte en un "¿quién causó esto?"). Como tal, la lógica de la brujería demanda que una persona real en la comunidad sea acusada y declarada culpable, ya sea conscientemente o no. Mientras estaba rodeado de la "mentalidad de la brujería", necesitaba poner entre paréntesis mi propia comprensión occidental de la *causalidad impersonal* o *"accidental"* y aceptar la brujería como la realidad vivida, la (única) explicación disponible en esas circunstancias.[15] Pocos de mis hermanos de congregación "occidentales" podían apreciar esto, y algunos sospechaban que yo había perdido la razón. Pero al aceptar la realidad social palpable en lugar de ridiculizar a las personas, me volví más empático y pastoralmente relevante. Cuando regresé a mi propio contexto cultural, regresé a mi propia visión del mundo, de la que la brujería simplemente ya no formaba parte. Ser mutuamente inteligible mientras se mantiene la propia identidad—la autenticidad de uno—es el desafío de todos.

Este es un sencillo ejemplo de una situación que requiere que una persona repiense, reexamine las suposiciones, y esté preparada para una modificación o transformación de ideas establecidas, y a veces arraigadas, sobre el mundo y la realidad social. A menos que establezcamos una base común, un lenguaje común para abordar lo que es realmente verdadero, nos resultará imposible vivir juntos como miembros de una sola comunidad.

3. *Integración*

Esta no es realmente una etapa separada, sino más bien, como la palabra sugiere, la integración de ambas experiencias propias: las externas o interpersonales y la identidad interna o personal. La característica básica de la integración es la capacidad de generalizar a partir de un conjunto de experiencias y aplicar los propios aprendizajes y adaptación a situaciones posteriores. Vivir en una comunidad donde la mentalidad de la brujería es predominante sería un ejemplo tanto de adaptación como de integración si facilitara una mayor sensibilidad a futuras experiencias transculturales. Una de las palabras que Bennett usa en relación con la integración es "marginalidad cultural", la cual abordaré a continuación.[16]

Es importante reconocer que la adaptación e integración no se logran a costa de la propia identidad: No puedo convertirme en ti, pero puedo continuar mejorando maneras en las que puedo ser yo mismo con mayor integridad. No soy absorbido, ni estoy plenamente incorporado en otra comunidad si eso significa que me voy a perder en una organización o entidad más grande. Sin embargo, en el caso de los esfuerzos por crear una comunidad intercultural intencional, hay tanto pérdidas como ganancias para cada persona, de tal manera que la nueva comunidad no es idéntica a la anterior o, de hecho, a ninguna otra. En la medida en que se trate efectivamente de una nueva creación, uno podría argumentar que hay incorporación sin pérdida de identidad, porque cada persona es cambiada por la experiencia de la vida intercultural, y porque esa misma experiencia crea un nuevo organismo. Aquí es donde sería valioso volver a considerar las diversas formas de marginalidad.

Para resumir las tres etapas del etnorelativismo: Una persona ha pasado de la aceptación a la adaptación cuando existe un compromiso real y hay signos palpables de llevar a cabo la tarea de aprender una cultura a través del estudio, la investigación y el encuentro. Y el paso de ahí a la integración se ha producido efectivamente cuando una persona desarrolla respeto por la cultura de otra, lo que se muestra en relaciones interpersonales auténticas, así como en el reconocimiento del genio cultural en sí.

Reflexión Pastoral: Esta descripción bastante resumida de un movimiento potencial del craso etnocentrismo de una persona a la integración exitosa de varias personas en una comunidad intercultural, tiene por objeto identificar algunos escollos y quizás algunas competencias necesarias y cambios de actitud que se requieren de todos. Pero la experiencia real en sí misma, de vivir con otros y dar forma a esa comunidad sigue siendo un gran desafío. Antes de que se pueda hacer frente a este reto, primero hay que reconocerlo; y para que se pueda afrontar con éxito, se requiere un gran y constante compromiso de parte de todos. En otros capítulos de este libro se tratan otros aspectos de la llamada y el desafío, pero este tiene como objetivo principal esbozar un enfoque y afirmar que es posible pasar del etnocentrismo a una manera de vida más inclusiva y respetuosa. Pero, por supuesto muchas variables pueden afectar el resultado esperado, y en un capítulo posterior consideraremos la tensión entre nuestra identidad cultural ya bien formada y nuestras actitudes ante la perspectiva y el desafío de la transformación o conversión personal.[17]

Coda

En los últimos años, y en gran medida como resultado de la labor pionera de Bennett, se han diseñado varios modelos e inventarios para evaluar la idoneidad del personal en el mundo corporativo de las empresas multiculturales. Asimismo, en el mundo de las comunidades religiosas y misioneras, hay una gran cantidad de experiencia y ayuda disponible. A nivel corporativo, el *Inventario* de *Desarrollo Intercultural* de Mitchell Hammer puede consultarse en www.idiinventory.com. Pero para las comunidades religiosas internacionales y multiculturales, el mejor recurso es *Intercultural Consultation Services* (actualmente bajo la dirección de la Hermana Katie Pierce, IHM, en ktpierce@interculturalconsultation.com)]. Su dirección de internet es www.interculturalconsultation.com.

Seguimiento Sugerido

1. Un ejercicio útil para la comunidad podría ser intentar elaborar un "perfil" de algunas de las conductas y actitudes que se encuentran en cada una de las etapas desde el etnocentrismo hasta el etnorelativismo.

2. Es importante que la comunidad identifique en alguna etapa tareas o requisitos específicos que se espera que cada miembro de la comunidad cumpla, si se espera que una comunidad internacional y multicultural avance intencionalmente hacia la verdadera vida intercultural (e.j., cursos, lecturas, "experiencias de inmersión", etc.).

3. M. Scott Peck identifica seis características de una auténtica comunidad: inclusividad, compromiso, consenso, contemplación, vulnerabilidad y "una lucha cortés".[18] ¿Cómo se encuentra su comunidad?

Capítulo Ocho

Misión, Márgenes y Vida Intercultural

Revisión y Presentación

Hasta ahora hemos mirado *dentro* de una comunidad intercultural, pero la misión es también un llamado que nos lleva *más allá* de nuestro pequeño mundo. Antes de explorar esto, sería bueno revisitar algunos temas clave ya identificados para enfatizar sus relaciones intrínsecas. Entonces podemos enfocarnos en los márgenes, la marginalidad y el desafío misionero de los miembros de comunidades interculturales. Después de todo, el propósito mismo de la vida intercultural es permitirnos salir de la relativa seguridad de nuestra comunidad o zona de confort para llegar y encontrarnos con las personas. Nuestro mayor deseo no es la supervivencia sino un mayor compromiso con la misión de Dios—la *missio Dei*.

Sin embargo, la vida intercultural impone ciertas exigencias a todos, aun antes de aventurarnos. Primero, y fundamentalmente, tenemos que reconocer y aprender a respetar las diferencias culturales. Para ello, hablamos de cultura como "la parte del ambiente hecha por el ser humano" y después la describimos de diferentes formas, como "la forma de la vida social", un "sistema que da significado", una "realidad social duradera", e incluso como "piel social". Cada una de estas imágenes descriptivas (podrían haberse añadido fácilmente algunas más) puede facilitar la comprensión de la cultura, algo que la mayoría de las personas da por sentado o cree que ya comprende. Pero la cultura, como lo vimos, es más compleja, delicada y sutil de lo que mucha gente piensa. A menos que tengamos un dominio razonablemente firme de las partes que la componen, será imposible crear una auténtica comunidad intercultural. Los capítulos 3 y 4 tenían el objeto de profundizar nuestra comprensión de cultura y apreciar que tal comprensión es crucialmene importante para nuestro compromiso con la misión de Dios dentro y fuera de cualquier comunidad local.

En el capítulo 5, unimos la cultura, fe y espiritualidad cristiana, tratando de mostrar que la fe *siempre* requiere un contexto cultural, y que *solo* puede ser expresada en una forma cultural. Intentar destruir la cultura de las personas es un ataque frontal a su fe y a la espiritualidad misma. Sin embargo, toda cultura está llamada a "doblar la rodilla" ante Dios, lo que implicará la identificación y transformación de sus elementos pecaminosos. Pero como la espiritualidad es "una forma de estar en el mundo con Dios", el mundo en el que las personas realmente viven proporciona el contexto inmediato para su encuentro con la creación de Dios y el Dios de la creación. Para invitar a una reflexión personal y comunitaria sobre la relación entre la fe, la cultura y la espiritualidad, consideramos una serie de factores antropológicos y teológicos importantes: ubicación social y geografía; encarnación/personificación y tolerancia corporal; salud y enfermedad; tiempo y espacio; y finalmente una reflexión teológica más profunda.

Pasando al capítulo 6, consideramos dos formas de vida, contrastando a las personas y sociedades centradas en el ego (fuerte a moderadamente) y las centradas en la sociedad (fuerte a moderadamente). Se contrastaron varias características de cada una, y se invitó a los lectores a ubicarse ellos mismo en un continuo. La intención ahí fue ofrecer a cada persona dos ayudas posibles. Primero, sería posible identificar nuestros propios énfasis *culturales* y contrastarlos con la influencia que nuestra *teología* o *espiritualidad* ha ejercido en la formación de nuestra identidad cultural. Debería ser bastante fácil ver cómo ambas, la cultura y la fe, se han combinado para dar forma a nuestra propia (y, por lo tanto, al reflexionar, cómo hacen lo mismo en la vida de todos los demás). La segunda forma en que el diagrama de "perfiles sociales" podría ayudar en un contexto intercultural es como un iniciador de conversación que puede ser usado por personas de diferentes antecedentes culturales y fe, o como un instrumento que la comunidad de fe podría utilizar para comprender mejor los estados de ánimo y las motivaciones de sus miembros. Luego, el capítulo 7, sobre la competencia intercultural, ofreció otra manera en la que las personas pueden identificar y evaluar su situación actual. Las seis etapas de Milton Bennett, desde el etnocentrismo extremo hasta la mutualidad real pueden ayudar a aclarar los impedimentos para la vida intercultural e indicar un camino a seguir de una forma menos informada a una más informada de vivir en comunidad.

Cada uno de los primeros seis capítulos pueden ser leídos independientemente o en secuencia. Proporcionan algunos antecedentes (pero solo parciales), vocabulario, y enfoques necesarios para la vida intercultural. El capítulo 7 forma un puente entre esos capítulos algo teóricos y el resto del libro, ofreciendo una especie de lista de control o indicador para determinar dónde estamos en el camino hacia una auténtica vida intercultural. Incluye teoría, pero también ofrece algunos consejos prácticos. Ahora, sin descuidar completamente la teoría, el resto de este libro pondrá énfasis en las implicaciones y aplicaciones prácticas de la vida intercultural, que, debemos recordar siempre, no es un fin en sí misma sino un medio cuyo propósito está más allá de sí mismo: la misión de Dios, de la iglesia, y de cada uno de los bautizados. Así que ahora podemos abordar la cuestión de los márgenes y la misión.

Márgenes y Marginalidad

El autor de la Carta a los hebreos recuerda a los lectores que "no tenemos aquí una ciudad permanente" (Hb 13,14). Teniendo eso en cuenta, el presente capítulo busca signos de que hemos asimiliado este decreto teológico; también exploramos algunas de sus profundas implicaciones para los miembros de las comunidades interculturales comprometidas con la promoción en el discipulado misionero.

Las palabras semejantes "márgenes" y "marginalidad" son a la vez ambiguas y polisémicas: a veces su significado puede ser vago, y a veces tienen significados y connotaciones bastante diversos: pueden ser elusivas y cambiar sutilmente de forma. Tampoco son palabras fáciles de usar para un gran número de personas. Incluso, lo que es problemático u ofensivo para algunos puede ser vital o saludable, incluso atractivo para otros. El mismo Jesús, nuestro maestro y modelo, adoptó un estilo de vida marginal y visión para aquellos que subsistían en los márgenes, aceptando la incomodidad que eso conlleva. Consecuentemente, la frase "cómodamente marginal" sería casi un oxímoron; así que empezaremos con aclaraciones de terminología, uso y nuestras propias expectativas.

Aunque nuestro tema es más teológico que etimológico o semántico, un poco de esto último puede ayudar a afinar nuestro enfoque. Si pensamos misiológicamente o sobre la misión, recordamos primero que un *límite* es un indicador o línea divisoria que sirve principalmente no solo para separar sino también, y significativamente, para conectar espacios o personas. Como observamos en el capítulo 5 cuando hablamos de *microcosmos* y *macrocosmos* algunos límites son porosos y no están defendidos, mientras que otros son cerrados y están fuertemente defendidos, algunos apenas perceptibles y otros patrullados y virtualmente impenetrables. Segundo, una *definición* es, en sí misma, una forma de crear límites. Identifica límites, limitaciones y contornos que excluyen claramente qué, o quién, no está claramente incluido. Y, tercero, un *margen* es una orilla, pero también atrae la atención inmediata hacia el centro, con el que se polariza y por referencia con el que se define.[1] La palabra *marginal*—implícitamente "hegemónica" porque se basa en la perspectiva de la persona que está en el centro—se refiere a algo o alguien que se considera sin importancia, de mínima significación, y no incluido en la parte principal de otra cosa: por lo tanto—y de importancia crítica para los que se dedican a la misión—las personas marginales están, por definición, asimiladas de manera incompleta en la corriente principal, en los límites inferiores de los estándares de aceptabilidad de otra persona, y son *liminales*. La forma en que se vuelven o permanecen marginales es también muy significativa para nuestro tema. Y como la palabra *marginalizar* en su forma verbal o adjetival puede tener muy diferentes connotaciones y denotaciones, debemos distinguir la marginalidad impuesta de la elegida, luego la marginalidad activa de la pasiva, y luego hacer una breve referencia a la *liminalidad* misma.

Todo esto podría servir como una invitación para que consideremos la naturaleza y el propósito de nuestras comunidades interculturales. ¿Excluyen, incluyen o ambas cosas? ¿Buscamos realmente movernos del centro (nuestra comunidad intercultural) al borde, al margen, y más allá? ¿Nuestra comunidad intercultural facilita nuestro movimiento hacia y más allá de sus márgenes, explícitamente con el fin de encontrar a los que viven allí, las personas marginales y marginadas? Dado que hay varios tipos de marginalidad con diferentes efectos, necesitamos identificarlos.

Marginalidad Impuesta y Elegida

Socialmente hablando, la marginalidad, como una condición en la que se está lejos del centro—del poder, la influencia, la ortodoxia o el estilo de vida—es a menudo una etiqueta o condición impuesta a las personas. Tales personas son forzadas a una situación por cualquier agencia social o religiosa en la que son percibidas—por los que están en los centros y a veces incluso por ellas mismas—como irrelevantes, inferiores y a menudo culpables. La mayoría de las personas no buscan el apelativo de "marginal". Pero hay algunos que lo hacen: las personas que por diversas razones en realidad eligen dejar los centros del poder y buscar un estatus "excéntrico" o marginal. Tales son las personas dedicadas que dejan su hogar o centro para buscar los márgenes donde otras personas—que están "en casa", de cualquier manera que sea—viven.

En la medida en que aquellos que optan por la marginalidad se dedican "al otro", son inicialmente de afuera en el nuevo mundo social al que entran, y sin embargo pueden, con el desarrollo gradual de la mutualidad apropiada y la ayuda de los de adentro, convertirse en participantes de afuera[2] en lugar de no-participantes de afuera, como es al caso de los turistas o forasteros: personas con derechos mínimos (*nokri* en hebreo). El participante de afuera, en cambio, sería el extraño sociológico: una persona con ciertos derechos específicos en la comunidad (*gēr* en hebreo). Esto describe al mismo Jesús y su ministerio elegido como un "judío marginal" (en la impactante frase del erudito biblista John Meier). Más adelante explicaré lo que implica ser un "judío marginal".[3] Pero cualquiera que intente seguir el ejemplo de Jesús como discípulo y tome intencionalmente la cruz diaria para seguir al Maestro está comprometido a elegir la marginalidad. No obstante, relativamente pocos parecen tomar en serio esta identidad sociológica como la principal fuerza impulsora de su vida ministerial y misionera. Sin embargo, es de vital importancia que marquemos y apreciemos la distinción entre la marginalidad impuesta y la elegida.

Por lo tanto, podemos identificar la marginalidad elegida como de dos tipos. Primero, una persona que se une a una comunidad intercultural establecida es inicialmente marginal para la comunidad y sus miembros actuales, pero busca convertirse en un participante activo. Pero se trata de algo más que la elección de la marginalidad inicial del nuevo miembro; puesto que la comunidad existía antes que al recién llegado, él o ella es *de facto* marginal para ella (independientemente de cualquier intención declarada de serlo) y por lo tanto debe negociar cualquier resistencia o prueba que pueda suponer. Esto colocará al nuevo miembro en un estado de transición o *liminalidad*, que puede ser sumamente doloroso. El segundo tipo de marginalidad elegida se encuentra en el compromiso del miembro de una comunidad con aquellos que viven fuera o más allá de ella, en o a través de los márgenes o límites de género, etnia, poder, religión, etc. Cada uno de estos dos tipos de marginalidad debe ser negociado por separado. En el primer caso, uno busca unirse a una comunidad; pero como los miembros ya han abrazado una visión y un propósito compartidos y han establecido su propia identidad y solidaridad corporativas, habrá que hacer ajustes, y sobre todo por parte del que ingresa. En el segundo caso, las personas que se encuentran más allá de los márgenes (marginadas, no por elección sino por las circunstancias) pueden ser distintas, extrañas y naturalmente sospechosas de los motivos de uno. De nuevo, la persona que elige la marginalidad tendrá que hacer serios ajustes, ya que las otras partes, dentro o fuera de la comunidad, de hecho, impondrán un grado adicional de marginalidad a la persona que la eligió inicialmente. Las consecuencias de nuestras elecciones de buena fe no siempre están bajo nuestro control.

Marginalidad Activa y Pasiva

También debemos distinguir la marginalidad activa y pasiva. La marginalidad activa puede tomar la forma de una iniciativa o una respuesta. Como iniciativa, es esencialmente lo mismo que la marginalidad elegida. Pero hay algunas personas, inicialmente marginadas en contra de su voluntad, que logran convertir esta imposición en una marca o símbolo de nuevo significado. Uno piensa en las personas que son gays o lesbianas, bisexuales o transexuales. Al afirmar su identidad legítima, ganaron amplia aceptación en los círculos de servicios sociales y más allá, por la designación "LGBT", eliminando así algunos estigmas sociales. Más ampliamente, la marginalidad activa describe lo que cualquier cristiano contracultural se compromete como un camino al discipulado. Sin embargo, no hay ninguna correlación absoluta entre la marginación activa y la elegida o entre la marginación impuesta o pasiva: quienes la eligen pueden ser de hecho muy activos, al igual que aquellos a los que se les impone la marginalidad pueden responder con pasividad. Pero es posible experimentar la marginación impuesta y responder a ella ya sea activamente (como lo hicieron muchas personas en Auschwitz) o pasivamente (como lo hicieron muchas otras personas en circunstancias idénticas). En lo que respecta a la marginación elegida, uno puede asumir inicialmente un rol muy activo en el trabajo en los márgenes y con personas marginadas, pero, debido al agotamiento o a la desilusión, se vuelve pasivo y no responde a los desafíos previamente buscados.

El economista y teórico de la justicia social Amartya Sen habla de "exclusión social" activa y pasiva.[4] La primera ocurre cuando a los inmigrantes o refugiados "no se le da un estatus político auténtico", mientras la exclusión pasiva ocurre "cuando no hay un intento deliberado de excluir",[5] pero la pobreza y el desempleo crean condiciones que dan como resultado tal exclusión. Esto puede ser tan perjudicial, como cuando el gobierno o la Iglesia tiene la responsabilidad de examinar los efectos—

directos e indirectos—de sus políticas y procedimientos, pero no lo hace. Pero el hecho de que creamos o perpetuemos la marginación de las personas, activa o pasivamente, es menos importante que el hecho de que contribuir a cualquier forma de marginación es inmoral, reprensible y completamente contrario al espíritu de la misión de Jesús. En resumen, la exclusión social describe todo proceso que hace que las personas sean relegadas a los márgenes sociales al privarlas—individual o colectivamente—de sus derechos humanos básicos mediante la discriminación por cualquier motivo. Por lo tanto, los límites o márgenes de nuestras comunidades interculturales deben permanecer porosos si no queremos traicionar la misión. El hecho de que hayamos hecho una elección inicial a favor de la marginación o nos hayamos encontrado marginados debido a las circunstancias de un nombramiento o asignación particular es menos importante que la forma en que respondimos a la situación: activa o pasivamente, de todo corazón o sin entusiasmo. Y cada miembro de la comunidad debe sensibilizarse para darse cuenta de cuando otra persona está sufriendo la marginación dentro de la misma comunidad: la alienación y la soledad pueden ocurrir dentro de cualquier comunidad.

Marginalidad como Carga u Oportunidad

Clásicamente, a través de Georg Simmel hace un siglo[6] y Everett Stonequist treinta años después, las ciencias sociales describieron a la persona marginal como una que vive en dos sociedades, pero no es miembro de ninguna de ellas, "sumido en la incertidumbre psicológica" en las palabras de Stonequist.[7] Pero hay mucho, mucho más en la marginalidad que esto. En su influyente libro de 1995 sobre la marginalidad, el coreanoamericano Jung Young Lee habla de sus aspectos positivos y negativos y ofrece un esquema o escala útil. Él distingue la marginalidad pasiva o incluso patológica de otras y más productivas formas. Porque, como él dice, "estar entre dos mundos significa no estar completamente en ninguno".[8] Por lo tanto, uno debe esforzarse por algo más que convertirse en un "no ser" viviendo en "la nada existencial"[9] o ser definido negativamente por los demás. La marginación no es solo ser forzado a vivir "en medio" sino también elegir activamente vivir "en ambos"; entonces sus elementos positivos se vuelven visibles. Pero esto solo puede suceder cuando las personas afirman tanto sus raíces como sus ramas: su hogar original y su domicilio o estancia actual. Identificando a Jesús como la "nueva persona marginal *par excellence*," señala que "si Dios estaba en Jesucristo, el pueblo de Dios debe también ser marginal. . . . La fraternidad de las personas marginales de Dios se conoce como la iglesia, [la cual] se vuelve auténtica cuando se sitúa en los márgenes del mundo. La forma de superar la marginación [negativa] es a través de la transformación creativa por la cual las personas marginales y dominantes crean una nueva marginalidad. . . . El cambio y la transformación tienen lugar en el margen porque la creatividad florece allí".[10]

Pero Lee no ha terminado. A continuación, él procede a hacer algunas observaciones teológicas específicas diciendo que también es posible vivir "en el más allá" lo cual describe la perspectiva de la Carta a los hebreos ya citada: "Pues no tenemos aquí ciudad permanente, sino que buscamos la ciudad futura" (13,14), manteniendo nuestro enfoque en nuestro destino y aspiración final. Lee dice que estar "entre" y "en ambos" "encarna un estado de ser en ambos [de estos] sin que ninguno se mezcle". Esto produce una nueva *persona marginal* con "la habilidad de ser continuamente creativa".[11] Por lo tanto, vivir "en el más allá" no significa estar libre de los dos mundos diferentes en los cuales las personas existen, pero sí significa que no estamos atados a ninguno de ellos porque estamos liberados por el ejemplo y la promesa de Jesús. He aquí una idea que las personas en las comunidades interculturales y que trabajan como personas marginales, en situaciones marginales podrían ponderar provechosamente.

Marginalidad Positiva y Negativa (Liminalidad)

Una forma de marginalidad que nos es familiar a todos es la *liminalidad*. De la palabra latina que significa umbral o límite, describe una situación de "estar entre dos lugares" en un rito de paso o iniciación al pasar de un estatus social anterior a uno nuevo. La etapa media o *liminal* coloca a los iniciados en transición, identificados tanto con el peligro como con la gran promesa. El resultado esperado de la etapa *liminal* es la reincorporación de las personas como grupo en la sociedad, pero con una identidad social nueva y mejorada. Como una etapa de transición en un ritual, la *liminalidad* es positiva si conduce a los iniciados al resultado esperado; pero se vuelve negativa si no lo hace, dejando a la persona en un estado continuo de confusión de estatus, angustia, y a menudo miedo real y duradero. Las teorías de Arnold van Gennep y Victor Turner,[12] que se basan en la etnografía de la *liminalidad*, no van más allá de una animada crítica, pero nos han proporcionado un lenguaje y unos conceptos muy útiles, particularmente para identificar una serie de etapas que, si se negocian con éxito, servirán para conferir una identidad nueva a una persona, pero, si no, pueden llevar al desastre.

Liminalidad como un "Rito de Paso"

Como término sociológico, la liminalidad tiene un propósito específico: mantener a una persona en un estado "entre" durante todo el tiempo que les tome a los de adentro o anfitriones examinar y probar a esa persona para determinar si la aceptarán o rechazarán. Tradicionalmente, se han identificado tres etapas en un "rito de paso", ya sea un rito de iniciación como tal o una transición a una comunidad, que es lo que nos concierne aquí.[13] Para que una persona sea aceptada o bienvenida, será necesario negociar las dos primeras con éxito. Si eso no se hace, la segunda etapa (la verdadera liminalidad) servirá para abortar el proceso y rechazar al recién llegado. Las etapas se identifican (fig. 14) como preliminal (o preliminaria), liminal (a veces marginal, transicional o entre y en medio) y postliminal (o incorporación).[14] Marginalidad y *liminalidad* tienen connotaciones similares de la transición, o experiencia de algo entre la vida y la muerte: ambigua, incómoda, indefinida—y aparentemente sin sentido a veces. Positivamente, el movimiento tiene que ser hacia la vida: trabajando a través de una lucha semejante a la muerte hacia una transformación de estatus y el comienzo de una vida nueva—como la experimentada en el *Rito de Iniciación Cristiana para Adultos (RICA)*.

Fig. 14

PRELIMINAL, LIMINAL Y POSTLIMINAL

PRELIMINAL	Es de corta duración (días, no semanas). Representa el deber de hospitalidad formal de los anfitriones. Es muy indulgente con el huésped, quien es tratado con preferencia y sin obligaciones.
LIMINAL	Es de duración indefinida, pero terminará; puede ser fastidiosa; un tiempo de prueba y escrutinio; se espera que la persona liminal asuma alguna responsabilidad e iniciativa. Es un tiempo previsiblemente impredecible, diseñado para llevar a la aceptación o al rechazo de la persona liminal.
POSTLIMINAL	Es una inclusión y aceptación demostrables; duradera y moralmente obligatoria para ambos. No es una incorporación o asimilación plena, sino un reconocimiento auténtico y respetuoso de la diferencia.

Estos ritos sirven para llevar a una persona a una nueva identidad en la comunidad (y en el caso de RICA, mediante la sumersión y muerte simbólica por ahogamiento, para emerger a una nueva vida en Cristo). Los ritos de iniciación tradicionales, el enfoque original de los estudios de Víctor Turner, ponen especial énfasis en la vida nueva a través de la adscripción a un estatus completamente nuevo y la incorporación a un nuevo grupo. Pero si la *liminalidad* es el término técnico que suele hacer hincapié en lo positivo (o el movimiento hacia esa dirección), la palabra *marginalización* es más comúnmente usada con connotaciones negativas, significando una caída gradual o dramática de la gracia, un paso de la vida a la muerte social. Sin embargo, si bien se reconocen los terribles efectos de una marginación impuesta, es particularmente importante desde el punto de vista misiológico identificar los beneficios potenciales de la marginación positiva, no solo en la persona que la elige, sino también en los beneficiarios de esa elección.

Márgenes: Problemas y Posibilidades

Una exploración de los márgenes y límites revela que, de hecho, cumplen una función triple ya que cada una de esas funciones tiene un propósito esencial: mantener dentro, mantener fuera, y de manera crítica para nosotros mismos, servir como puntos de contacto, puentes o lugares de encuentro.[15] Por lo tanto, para considerar no solo los problemas asociados, sino también las posibilidades pastorales reales, podemos empezar por señalar que cada persona está situada en un lugar o centro que está a su vez definido en relación con la orilla, frontera o margen. Cada uno de nosotros, como lo vimos en el capítulo 5, es un microcosmos dentro de un macrocosmos, y vivimos en una serie de microcosmos que anidan dentro de sus respectivos macrocosmos. El microcosmos de nuestro cuerpo encapsula algo autónomo y sagrado: nuestra integridad física personal. Pero el microcosmos encarnado no está aislado; existe en relación con un macrocosmos, un mundo más grande más allá de los límites del yo, en el cual existen otras entidades y otras personas.

Pero si empezamos a caminar a ciegas, nos tropezaríamos unos con otros o toparíamos con un objeto inmóvil. Existimos, en otras palabras, dentro de una red de límites y márgenes. Hay límites personales, visibles e invisibles, entre cada uno de nosotros—muros de ladrillo y puertas cerradas—entre nosotros mismos y el mundo más allá de una habitación en particular. Si estos se negocian apropiadamente, podemos esperar vivir con dignidad y armonía. Entonces podemos asumir la responsabilidad de mantener nuestra integridad personal y encontrarnos con los otros—o "el otro"—de una manera saludable y mutuamente respetuosa. Por tanto, los límites o márgenes, personales e impersonales, cumplen la función positiva de proteger la dignidad humana y permitir la sana interacción. Pero siempre que algo o alguien inhibe la negociación apropiada de los límites y márgenes personales y sociales, la vida de las personas está en peligro y se impugna su dignidad humana. Entonces, o bien las personas explotan la integridad física de otros al no respetar los límites o márgenes mutuos, o bien restringen o limitan a los otros dentro de los límites territoriales o espaciales, como en una prisión o área de detención. Entonces, los límites se convierten en el lugar de injusticia y opresión.

En tal situación, a menudo se ha asumido que una persona verdaderamente altruista puede abrazar y rehabilitar al "otro" marginal, acercándolo así al centro (de respetabilidad, influencia, poder, etc.). Eso está ciertamente dentro de los límites de lo posible. Pero también hay otra posibilidad que a menudo se pasa por alto: que la persona del centro se convierta ahora en verdaderamente marginal. Esto puede suceder por "contagio" o "estigma": simplemente por estar ubicada entre las personas que ya se han identificado ellas mismas como marginales. Pero hay una posibilidad mucho más intencional, y esta describe el ministerio de Jesús. La gente decía despectivamente, "Come con recaudadores de impuestos y pecadores". Él no solo eligió hacer eso, sino que, en efecto, desafía a cada uno de sus seguidores a hacer precisamente lo mismo.

Para hablar apropiadamente sobre los márgenes y el ministerio marginal, debemos reconocer que nuestro ministerio no es simplemente "en los márgenes" o "a los marginados". Tales frases reducen a las personas a una categoría y pueden despersonalizarlas e incluso deshumanizarlas, como lo hacen las frases "el indigente", "el pobre" o "prostitutas". Dado que no hay personas genéricas (solo personas particulares: mujer, hombre y niños), no podemos hablar genéricamente. Nuestro lenguaje necesita sensibilizarse a la persona humana como individuo y agente. "Mujer indigente", "hombre desempleado", o "personas marginadas" es una forma más apropiada de identificar a nuestros hermanos y hermanas. Después de todo, el ministerio es, antes que nada, comunicación y relación con personas reales de carne y hueso, algunas de las cuales están marginadas y viven o subsisten, en los márgenes.

Tampoco somos nosotros mismos típicos de tales personas—aunque cada uno de nosotros puede identificar casi con certeza algunas situaciones en las que estamos o nos sentimos marginados, en relación con la

Iglesia o la sociedad en general, o incluso con algunos miembros de nuestra propia comunidad. Por lo tanto, el ministerio marginal que emprendemos implica y conlleva llegar a todos los márgenes—o, de hecho—a cualquier margen o límite que nos separe o aísle de quienes están marginados. Pero antes de volver a preguntarnos si nosotros mismos podríamos ser o llegar a ser marginales y cómo, deberíamos reflexionar que, así como nos podemos identificar a nosotros mismos tanto centrales como marginales en diferentes circunstancias, así cada persona en cualquier comunidad debe esforzarse para ser *ambos* donante y receptor. Si el mundo estuviera compuesto solo por personas marginadas, no habría un centro; y si solo hubiera donantes, no habría nadie que recibiera, y viceversa. En un mundo de interdependencia, debemos ser ambos.

Jesús: Marginado por Elección y como Ejemplo

Muchas personas en los márgenes son victimizadas y tratadas pecaminosamente. Pero otras, incluso la mayoría de los misioneros más convencionales, no son forzados a nada; y Jesús mismo ejemplifica a quien elige la marginalidad precisamente como una forma de hacer misión y como un ejemplo para aquellos que presumen de seguir su ejemplo misionero. A mí siempre me parece curioso y profundamente triste que, habiendo leído las palabras de Jesús, "Era forastero" (Mt. 25,35), hemos llegado a la conclusión de que lo que significan o implican es que nosotros a su vez debemos abrazar y mostrar hospitalidad a los forasteros. Eso es cierto. Pero eso es solo una implicación y quizás no la más importante. Si aplicamos esas otras palabras de Jesús en la Última Cena, "Pues si yo, el Señor y el Maestro, os he lavado los pies, vosotros también debéis lavaros los pies unos a otros" (Jn 13,14), tendríamos que concluir que Jesús nos está pidiendo ser como él al *abrazar realmente* nosotros mismos el papel y la condición de forastero. Mostrar hospitalidad al forastero es identificar *al otro* como forastero y a uno mismo como anfitrión—una posición de superioridad y control. Pero el forastero, por definición, está en una posición inferior y no tiene ningún control; esta es quizás la razón por la que hemos sido considerablemente más rápidos en optar por el papel de anfitrión que en abrazar el papel de forastero. La carta a los filipenses es memorable aquí: "El cual, siendo de condición divina, no reivindicó su derecho a ser tratado igual a Dios, sino que se despojó de sí mismo tomando condición de esclavo. Asumiendo semejanza humana y apareciendo en su porte como hombre, se rebajó a sí mismo, haciéndose obediente hasta la muerte, y una muerte de cruz" (Flp 2,6-8).

Hacer esto es precisamente abrazar el papel y el estatus de un forastero, ¡la persona palpablemente marginal! Parecería que, como discípulos de Jesús en la misión, tenemos, como Jesús, dos tareas: primero, reconocer que efectivamente tenemos opción y que debemos tomar esa opción y comprometernos a aprender a ser marginales; y, segundo, enfocarnos en los márgenes mismos como lugares de explotación, comprometiéndonos a un ministerio marginal activo con las personas que se encuentran allí. Toda la vida de Jesús estuvo volcada hacia el ministerio marginal o ministerio en los márgenes. Nacido fuera de la ciudad y criado en circunstancias marginales—de pobre, migrante y después de padres refugiados—vivió continuamente en tales circunstancias "sin tener un lugar donde reclinar la cabeza" y en conflicto con las autoridades. Murió en las afueras de la ciudad, habiendo sido calificado de varias maneras como loco, blasfemo, Belcebú y criminal. Pero en cada paso, Jesús tomó decisiones en favor de los márgenes y por la mujer y el hombre atrapados ahí debido a circunstancias económicas, políticas o religiosas. Esa fue su opción preferencial por los pobres. Y él advirtió explícitamente a sus discípulos que seguirlo los llevaría a comprometerse por, para y con la escoria de la sociedad: las personas viviendo al margen de la sociedad o aun más allá, inclusive marcados, como muchos lo fueron, por varias formas de "muerte social". Los Doce, aprendices lentos que buscaban privilegios y asientos a la derecha o izquierda, fueron advertidos de las persecuciones que habrían de venir (Mc 10,30) y se les dijo que lo que él pedía era "imposible" para ellos, pero no para la gracia de Dios (Mc 10,27). Como descendientes de esos discípulos, se nos instruye, como a ellos, a llegar a los márgenes y a las personas que viven allí. Esa es nuestra primera tarea. Pero hay otra pregunta: ¿cómo nos relacionaremos, desde los mismos márgenes, con aquellos que ocupan los centros de poder e influencia?[16]

El Potencial Misionero de las Personas Marginadas

Aquellos que viven en los márgenes pueden aprender y enseñar lecciones valiosas. Tienen iniciativa o no sobrevivirán por mucho tiempo. A menudo pueden ver cosas que desde el centro están fuera de la vista. Pero las personas en los márgenes no pueden limitarse a aquellas activamente marginadas por fuerzas sociales o religiosas; también incluyen a personas—como el propio Jesús y cada discípulo—que eligieron alguna forma de vida marginal como un compromiso de fe. Sociológicamente son "forasteros", la misma palabra que Jesús se aplica a sí mismo. Suponiendo que permanezcan con las personas a quienes sirven durante un período de tiempo considerable y con el debido compromiso con su bienestar, pueden hacer una contribución única en media docena de formas significativas,[17] desde el intercambio de vidas e historias hasta la puesta en común de sus respectivos recursos; desde el compromiso de solidaridad y apoyo moral hasta la apertura mutua de microcosmos y el descubrimiento de posibilidades alternativas; y desde la mediación de hostilidades entre facciones hasta la creación de verdaderos vínculos de interdependencia fraternal.[18] El compromiso entre las personas marginadas por circunstancias o por elección—como participantes de afuera en un mundo y comunidad en la que nunca pueden ni necesitan asimilarse o incorporarse plenamente—puede salvar vidas literalmente y en sentido figurado. Como compromiso misionero, la marginalidad elegida crea un nuevo espacio donde, al encontrar al otro, encontramos un rostro de Dios hasta ahora desconocido y desapercibido.

Esto nos lleva de vuelta a Jung Young Lee. Un peligro siempre presente es que perdamos nuestro rumbo mientras luchamos en, y con los márgenes y las personas marginadas. Entonces nos convertiríamos en *liminales* en una forma negativa o patológica, dejándonos en mundos "entre". Pero si estamos verdaderamente comprometidos con la misión de Jesús y las personas que encontramos en los márgenes, podemos aprender a vivir vidas integradas y saludables, como dice Lee, "en ambos" mundos. Sin embargo, debemos recordar siempre que, como participantes de afuera, no podemos estar completamente "en casa" con aquellos en cuyo hogar nos encontramos—más de lo que podemos estar completamente en casa incluso cuando regresamos al hogar que dejamos. Si somos personas intencionalmente marginales por el reino o reinado de Dios, nos daremos cuenta de que en realidad no tenemos aquí una ciudad permanente. Teológicamente, eso es vivir "en el más allá".

Todas las personas deberían aprender—aunque algunas no lo hacen—a identificar y respetar una serie de márgenes: sociales, personales, interpersonales, religiosos o nacionales; la lista puede ampliarse fácilmente. El auto abuso, de cualquier forma que elijamos entender ese término, refleja una ruptura del *auto* respeto, así como el abuso de otros, ya sea sexual, físico o por negligencia, es una profanación de la integridad física y moral de las personas o grupos de personas. Y el abuso de otras cosas—de la propiedad, el espacio, la tierra, el aire, el fuego o el agua—es un pecado social de proporciones estructurales. Pero trágicamente, el autorespeto, el respeto mutuo y el respeto por la naturaleza son escasos en muchas comunidades humanas y culturas de hoy en día.

Sin embargo, el respeto por los límites o márgenes es solo una parte de nuestra responsabilidad hacia los demás. Siempre debe servir a un propósito mayor y explícitamente apostólico: el compromiso por llegar a los demás, el contacto humano, el compromiso y la solidaridad con "el otro". Las personas deben descubrir nuevas formas de tender la mano, de encontrarse, de involucrarse en sus respectivos límites, a fin de establecer conexiones humanas auténticas de intimidad apropiada. Entonces pueden construir relaciones amistosas y amorosas y crear comunidades nuevas, no sea que la sociedad humana se derrumbe y las personas se vuelvan aisladas y antisociales. La verdadera intimidad es intrínseca a la verdadera humanidad; y los márgenes son precisamente los puntos de contacto entre las personas individuales.

Los cristianos, ya que aquí estamos hablando en un contexto particular, deben por lo tanto identificar varios márgenes, entender sus funciones y después aprender si, cómo y bajo qué circunstancias intentar unirlos o cruzarlos para conectarse con quien sea o lo que sea que esté justo al otro lado. Quienes carecen de tal delicadeza no honrarán o reclamarán su integridad personal ni respetarán la de los demás. Entonces las personas pueden traspasar los márgenes apropiados, causando grave daño, o pueden llegar a tener tanto miedo de los encuentros, que se retraerán y se acobardarán dentro de los márgenes de su propio mundo pequeño. Nuestro desafío hoy es primero respetar y después cruzar apropiadamente o borrar los límites o márgenes que marcan nuestro mundo y separan o segregan a las personas que necesitan unas de otras. Es un enorme desafío y es necesariamente vital que lo superemos como expresión de nuestra fe, compasión y solidaridad.

Un componente esencial de toda relación humana duradera y auténtica es la confianza mutua, que solo puede establecerse y mantenerse mediante encuentros reales cara a cara y que a su vez requiere que las personas se encuentren en sus respectivos márgenes corporales o territoriales. Lamentablemente muchas relaciones humanas se agrietan y rompen porque la confianza se rompe, como saben bien la Iglesia y las comunidades religiosas. Una reacción, por parte de las personas afectadas por la erosión de la confianza provocada por los escándalos de algunos de sus compañeros ministros cristianos, es retirarse y negarse a volver a tender la mano por miedo a agravar el delito. Pero la misión es por excelencia un tender la mano que cruza los límites. Los encuentros pastorales siempre exigen la disposición de permitir que los límites se conviertan en lugares de encuentro mutuo, en lugar de ser sitios de enemistad y destrucción mutua. Por lo tanto, estamos—todos nosotros—llamados no solo a permanecer firmes y fieles en nuestra integridad sino también a comprometernos a borrar las líneas de división, a quitar los márgenes de la discriminación o el privilegio, y a sanar las heridas y las cicatrices causadas por el abuso de confianza. Permanecer firmes y abrirse paso son, después de todo, dos lados de la misma moneda, la moneda del ministerio y la misión y la moneda de la vida comunitaria.

Seguimiento Sugerido

1. Identifique algunos límites y márgenes que marca su comunidad internamente y en relación con quién y qué está afuera. ¿Cuál es su significado?

2. ¿De qué manera ha elegido usted la marginalidad? ¿Cómo le ayuda o dificulta la vida intercultural comunitaria?

3. ¿Se puede identificar con el vocabulario de Jung Young Lee de vivir "en ambos", "en ninguno", "entre" y "en el más allá"? Si usted aspira a vivir "en ambos" y "en el más allá", ¿qué cree que le costará?

4. La persona marginal o el de afuera puede hacer contribuciones significativas a "el otro" o a los de adentro. Las notas a pie de página 17 y 18 apuntan a algunas de ellas. Quizás esto podría ser un punto de conversación en la comunidad.

Capítulo Nueve

Respuestas Psicológicas a la Vida Intercultural

La Necesidad de Ajustes Mutuos

Ahora es apropiado ver más de cerca la dinámica entre una persona que entra a una comunidad intercultural preexistente y la comunidad misma. Sin embargo, mucho de lo que se dice y sugiere aquí sería aplicable a una comunidad que todavía no es intercultural pero que es internacional y multicultural y que busca convertirse en intercultural. Si todos los miembros de esa comunidad se comprometen a participar en el proceso de crear la comunidad, todos ellos individualmente estarán trabajando activamente para sintetizar aspectos de su propia cultura con las demandas cambiantes de la comunidad intercultural. Pero también, como vimos en el capítulo anterior, cuando se constituye una comunidad completamente nueva—como se hace a veces cuando una congregacióm u orden toma una nueva jurisdicción y reúne a un grupo internacional— todos en la comunidad son al principio más o menos igualmente marginales hasta que se forma una nueva unidad orgánica. Esto puede crear oportunidades espléndidas para la creatividad y la vinculación, pero también produce la experiencia clásica de la liminalidad, durante la cual hay una inevitable confusión y falta de claridad.

La reciprocidad a través del respeto mutuo y la tolerancia es un componente esencial de la verdadera vida intercultural, y requiere dos compromisos distintos pero convergentes o superpuestos. Primero que todo, cada persona debe esforzarse para convertirse en una persona *transcultural*, y eso implica inevitablemente ser "desplazado" de su propia cultura de origen y dejar de vivir en su entorno "natural". Pero esto no es la vida transcultural en el sentido convencional, donde una persona vive entre personas de una cultura homogénea (todos los miembros de la misma están "en casa", mientras que la persona transcultural puede estar en una minoría de una). Mas bien, en una comunidad intercultural, no hay una sola cultura o sociedad homogénea a la llega que una persona de afuera: una comunidad intercultural está compuesta de personas de varias culturas; ninguna de ellas está totalmente "en casa" en su entorno natural. Aquí es donde se requiere el segundo compromiso: debe moldearse y formarse una nueva cultura, o una comunidad intercultural, de las culturas constituyentes de los distintos miembros del grupo; esto requiere un compromiso diario e interminable.

Con el tiempo, esta nueva cultura se convertirá en un "modo de coactividad estandarizado", "la forma de la vida social", y "un sistema que da significado" como lo hemos discutido anteriormente[1] entre otros ejemplos de cultura. Así pues, cada miembro aporta su propia cultura a la comunidad, donde las diversas culturas se verán desafiadas para la coadaptación mutua. Entonces, como resultado, e impulsado explícitamente por el compromiso de fe de toda la comunidad, surgirá una nueva cultura o forma de vida, sin dejar a ninguno de los miembros de la comunidad sin la responsabilidad de crecer en conocimiento, habilidades y virtudes. Como se ha subrayado más de una vez, esta es una tarea monumental y desafiante, y para ser totalmente franco, no todos podrán vivir de manera plena y saludable en una comunidad intercultural. Pero, a menos que haya una "masa crítica"[2] de miembros de comunidades internacionales comprometidos con la construcción y el mantenimiento de su naturaleza intercultural, el futuro mismo de las comunidades religiosas internacionales está probablemente amenazado por un declive terminal.

Como bien sabemos, muchas comunidades internacionales están muy lejos de ser interculturales; algunas realmente nunca han aspirado a serlo con la intencionalidad apropiada, y otras no sabrían simplemente por dónde empezar. Pero en la medida en que haya un compromiso continuo y esfuerzo diario, la comunidad intercultural desarrollará una identidad propia—una cultura que no mezcla o funde o borra aspectos de cada cultura individual se convierte en una "superorgánica"[3]—algo mayor que la suma de sus partes. Se convierte en algo más que un simple grupo de personas que viven bajo un mismo techo, porque desarrollará una nueva manera de interactuar—verbal, no verbal y simbólica (por medio de rituales y convenciones comunes). La nueva cultura que creen será una realidad viva y en evolución que estará continuamente cuestionada (desafiada por innovadores y soñadores, infractores de reglas y rebeldes y consecuentemente en evolución) a medida que sus miembros trabajen para reclamar su identidad medular individual y a la vez adaptarse a las necesidades físicas y espirituales del grupo en general. Así pues, el último que llegue a una comunidad encontrará una forma de vida más o menos establecida o estandarizada a la que todavía no ha contribuido. Pero a medida que se vayan agregando nuevos miembros de la comunidad, la comunidad misma continuará adaptándose y reconfigurándose conforme los mismos miembros de la comunidad son desafiados a adaptar y reconfigurar aspectos significativos de sus propias vidas. La forma en que lo hagan es cuestión de estudio empírico y de discernimiento psicológico. Pero una presentación esquemática podría ayudar a identificar algunas de las respuestas posibles y sus efectos.

Un Diagrama Esquemático de Ajuste Psicológico

El diagrama mismo (fig. 15) puede aplicarse primero al encuentro transcultural inicial, como cuando una persona deja su hogar y se inserta en una comunidad desconocida y culturalmente diferente. La persona en el contexto transcultural es el de fuera en medio de los de adentro, todos los cuales entienden las reglas convencionales de la cultura y las sanciones que la sustentan; pero el recién llegado, hasta ahora, no. Tal es la dinámica del encuentro transcultural. Pero con reflexión y adaptación, el diagrama puede aplicarse también a una verdadera situación intercultural, donde el recién llegado encuentra una comunidad preexistente cuyos miembros saben mucho más unos de otros y de su expectativa común que del recién llegado y de su experiencia anterior. El síndrome del "nuevo chico del barrio" nos es familiar a todos de una forma u otra. Y entre muchas respuestas posibles, podemos identificar dos extremos: aferrarse fuertemente a las propias costumbres familiares, o repudiar dramáticamente esas costumbres y puntos de referencia e intentar aceptar todo lo que hacen los demás. La mayoría de las personas se encontrarán en algún lugar entre estos dos extremos y el diagrama podría ayudar a identificar su propensión.

La familiaridad con una realidad transcultural—y cada miembro de una comunidad intercultural tendrá tal familiaridad hasta cierto grado—ya

Fig. 15

EFECTOS DEL CONTACTO CON LA CULTURA EN LAS PERSONAS Y LA COMUNIDAD[4]

RESPUESTA	TIPO	EFECTO INICIAL EN LA COMUNIDAD INTERCULTURAL	EFECTO A LARGO-PLAZO EN LA PERSONA	EFECTO A LARGO-PLAZO EN LA COMUNIDAD
(1) Rechaza la propia cultura (*Cultura 1*); Abraza la nueva cultura (*Cultura 2*).	*"PASAJERA"* Repudio a la propia cultura.	Las normas de la *Cultura 1* pierden importancia. Las normas de la *Cultura 2* se vuelven sobresalientes.	Pérdida de identidad étnica. Autodenigración y pérdida de autoestima.	Asimilación. Erosión de los rasgos de identidad de la *Cultura 1*. Dominio de la *Cultura 2*.
(2) Rechaza la *Cultura 2*; Exagera las cualidades de la *Cultura 1*.	*"CHAUVINISTA"* Entusiasmo agresivo por la propia cultura.	Las normas de la *Cultura 1* aumentan de significado. Las normas de la *Cultura 2* disminuyen en consecuencia.	Nacionalismo, racismo, intolerancia y etnocentrismo burdo o acrítico.	Fricción con el grupo general. Resistencia y resentimiento de las personas "que llegan" o minorías.
(3) Vacila entre las dos culturas.	*"MARGINAL"* Indeciso e incómodo con ambas culturas.	Las normas de ambas culturas son importantes, pero se perciben mutuamente incompatibles.	Conflicto. Confusión de identidad y sobrecompensación.	La reforma y el cambio social son imposibles sin coerción o dominación. Resentimiento o falta de cooperación.
(4) Sintetiza ambas culturas de una manera saludable.	*"MEDIADORA"* Competente en la vida intercultural.	Las normas de ambas culturas son importantes y se perciben capaces de integración.	Crecimiento personal para las personas comprometidas y con fe.	Comunidad armoniosa y pluralista. Se acepta la diversidad; preservación de la integridad cultural de las personas.

habrá modelado y formado la actitud de uno, y la experiencia intercultural causará que los hábitos y reacciones anteriores—buenos, malos e indiferentes—resurjan. El siguiente ejercicio de autodiagnóstico o discernimiento comunitario, o el trabajo individual o grupal con el propio diagrama, puede hacerse tanto en contextos interculturales como transculturales.

En este diagrama, la cultura primaria de una persona se identifica como "Cultura 1", y la configuración cultural o realidad que uno experimenta en una situación trans o intercultural se denomina "Cultura 2". La Cultura 1 se verá afectada por, y a su vez afectará, a la Cultura 2 de varias formas posibles. El diagrama identifica estas cuatro formas como respuestas psicológicas.

Cada una afectará al comportamiento personal e interactivo y podrá usarse para medir cuán bien preparada está una persona para la vida intercultural. Debemos estar conscientes de que la importancia que las personas, ya sea el miembro que entra a la comunidad o la comunidad preexistente, le dan a la tradición, el dogma, la voluntad de Dios, la verdad, etc. Todo jugará un papel en la determinación del resultado. Cualquiera que intente trabajar con este diagrama debe tener en cuenta estas variables.

Además, el modelo en el que está basado asume una serie de cosas: (1) que el contacto cultural puede ocurrir en situaciones mono-, bi-, trans- o multiculturales; (2) que "la composición cultural del entorno tiene una influencia directa en las personas que están en él",[5] dependiendo de si se resisten o se someten a cambios con respecto a otros grupos culturales; y (3) que las personas modifican sus entornos de modo que aun las culturas dominantes sufren cambios.[6] El modelo también implica por qué la cultura debería tomarse muy en serio: los cambios de actitud, percepción o sentimiento señalan un "reordenamiento de las estructuras cognitivas de las personas, convirtiéndolas en un sentido real en personas diferentes".[7] Ya vimos anteriormente las implicaciones y aplicaciones de esto cuando examinamos las contribuciones de Milton Bennett.

En la parte superior del diagrama se indican, de izquierda a derecha, los criterios o parámetros que se deben emplear, y debajo de ellos cuatro respuestas ordenadas verticalmente, numeradas del uno al cuatro; cuatro tipos o nombres relacionados para las respuestas; cuatro formas en que la vida intercultural (y transcultural) se verá afectada; y cuatro maneras en que la persona y la comunidad, respectivamente, sentirán el efecto del contacto entre una persona de la Cultura 1 que llega y la comunidad actual (Cultura 2). Comenzamos con la primera de las cuatro respuestas.

Respuesta 1: *Un recién llegado a la comunidad intenta rechazar totalmente su propia cultura y abrazar la cultura de la comunidad, sin cuestionar o criticar.*

Este sería un caso extremo: es casi un "tipo ideal", excepto por el hecho de que está lejos de ser una proposición ideal o positiva. Sin embargo, sirve a un propósito, aunque solo sea por hipérbole o gran exageración, porque hay algunas personas que realmente imaginan que pueden repudiar su propia cultura y abrazar totalmente otra en un proceso llamado a veces "hacerse nativo" es decir empezar a vivir y comportarse como una persona local (Una buena analogía sería imaginar que uno puede cambiar de piel y de alguna manera tomar la piel de otra persona.) Esta reacción, sin embargo, también puede ocurrir de forma atenuada, pero como la identidad cultural de cada uno está enraizada en ciertos puntos de referencia fijos y en formas de interpretar y manejar el mundo exterior, estos puntos de referencia no pueden ser rechazados totalmente.[8] Si lo fueran, la persona se volvería completamente loca. Por lo tanto, aunque parezca que la persona rechaza su propia cultura, sigue conservando el marco interpretativo básico que aplica para tomar decisiones y para interpretar acontecimientos.

Esta respuesta puede llamarse "pasajera", para indicar un cambio radical de la perspectiva cultural original propia a una totalmente novedosa. En lo que respecta a la comunidad preexistente, esta actitud no constituye una amenaza directa a sus patrones de conducta establecidos, porque el miembro que llega a la comunidad parece ser totalmente positivo para adaptarse a cualquier forma de funcionamiento de la comunidad. Sin embargo, vale la pena repetirlo: este es un caso extremo, porque en realidad esos miembros que entran no podrían mantener el intento de esconder o borrar su verdadera identidad cultural. Aunque, lo que probablemente sucedería, es que la integridad del recién llegado se vería profundamente comprometida. De hecho, la identidad étnica de esa persona quedaría sofocada y depreciada, con el resultado de que la persona no sería debidamente asertiva y perdería rápidamente el sentido de valía individual o personal, o la autoimagen positiva. En última instancia, mientras la persona permanezca en la comunidad (y, tanto para la persona como para la comunidad, cabría esperar que no fuera demasiado tiempo), se asimilaría o se marginaría bastante dentro de la comunidad general, mientras la comunidad misma sería la menos favorecida por no haberse beneficiado de las diferentes perspectivas, conocimiento y sabiduría que hubieran podido enriquecer a todos. Dado que la comunidad se vería mínimamente afectada por la presencia del recién llegado, sus costumbres continuarían, sin ser cuestionadas, ya que la experiencia de vida y las perspectivas del recién llegado no sirvieron para "rebatir" la cultura de la comunidad ni para brindar una oportunidad para el ajuste, la transformación y la conversión continua interpersonal.

Históricamente (y tristemente), este enfoque—en una forma atenuada, sin duda—caracterizó una forma clásica de asimilar a los nuevos miembros. La filosofía implícita, a veces hecha explícita, era "deja tu cultura y tus ideas en la puerta". Pero las comunidades en ese tiempo eran predomimantemente monoculturales, y tal enfoque no permitía que el recién llegado se empapara de la tradición y valores de la comunidad. Por otra parte, no se fomentaba la individualidad; la uniformidad y estandarización eran la norma, y los potencialmente creativos inconformes eran rápidamente removidos.

Respuesta 2: *El recién llegado a la comunidad se resiste y rechaza la cultura—el modus vivendi y modus operandi—de la comunidad e insiste en que su cultura y perspectivas personales deberían ser aceptadas como inteligentes.*

Esto es bastante más común que la respuesta anterior. En este caso, en lugar de rechazar la propia cultura y abrazar la cultura de la comunidad, una persona rechaza o desafía seriamente la cultura establecida de la comunidad, manteniendo asertivamente sus propias costumbres familiares. Los miembros de comunidades bien establecidas probablemente estén familiarizados con esto, al menos como una actitud, no redimida, egocéntrica y etnocéntrica del recién llegado. Y es mucho más probable que suceda hoy que en el pasado. Por un lado, muchas personas que llegan a unirse a una comunidad hoy en día son considerablemente mayores que las que llegaban hace décadas, y por lo tanto considerablemente más formadas en sus propias costumbres culturales y a menudo bien probadas. Por otro, cuando las comunidades eran grandes y abundaban los nuevos miembros, era más fácil socializarlos en las costumbres de la comunidad aplicando estrictos estándares de comportamiento y conformidad. Hoy en día—al menos en las culturas donde los nuevos miembros son menos y más viejos—la comunidad misma necesita ajustarse más a las personas que con frecuencia son articuladas, opinionadas y dispuestas a confrontar y refutar lo que sea o a quien sea que se encuentren, en parte porque no están segregados de sus miembros superiores como en tiempos pasados, cuando novicios y postulantes eran "vistos, pero no oídos" y operaban con un código de lenguaje significativamente restringido.

Esta respuesta también puede verse en una forma más extrema como en el nacionalismo o etnicismo asertivo y sin críticas de un miembro recién llegado y puede caracterizarse como el síndrome "del americano feo", aunque ciertamente no se limita a las personas de esa nación. Si no se modifica, tal actitud de superioridad nacional o cultural se vuelve rápidamente bastante censurable. No solo pregona las supuestas cualidades de la propia cultura, sino que también implica un corolario en el sentido de que no escatima críticas de la cultura anfitriona: es decir, de la comunidad establecida. Pero como la crítica de la cultura de una persona se entiende a menudo como una crítica personal también, alguien con esta actitud se convertirá en una fuente constante de irritación, fricción y confrontación dentro de la comunidad. No inapropiadamente, esta actitud es etiquetada como "chauvinista". Va más allá del patriotismo razonable y se manifiesta en una combinación de arrogancia e ignorancia. El chauvinismo extremo es incapaz de ver la diferencia como algo digno del diálogo o incluso de respeto. Más bien, tal persona es rápida para juzgar, inflexible e intolerante de las otras costumbres. Además, el chauvinista prácticamente no piensa en la posibilidad o conveniencia de modificar su comportamiento personal, pero encuentra constantemente fallas en las costumbres establecidas de la comunidad. Peor aún, el comportamiento del chauvinista delata una negativa a adaptarse o acomodarse a la rutina diaria. Algunas de las palabras aplicadas a tal chauvinismo son "racista" o "intolerante"; y en el término de Bennett,[9] etnocéntrico de una manera bastante extrema e inaceptable. Así pues, toda la comunidad se puede ver afectada negativamente por una sola persona, mientras esta no se adapte ni crezca en relación con la comunidad. Mientras permanezcan en la comunidad, las personas con tales tendencias chauvinistas crearán una atmosfera de inquietud latente y explosiva en el grupo general y de resentimiento mutuo entre ellos mismos y la comunidad en general.

Respuesta 3: *El que entra no mantiene una actitud consistente hacia la comunidad y vacila constantemente entre su apego a su cultura primaria y las normas culturales de la comunidad.*

Al considerar el tercer tipo de respuesta, podemos observar que, tanto desde la perspectiva del miembro que llega como del comunidad en general, representa—al menos potencialmente—una mejora significativa con respecto a las respuestas "pasajeras" y las "chauvinistas", aunque no es en absoluto una respuesta madura e integrada hasta ahora. Para que sea aceptable, es preciso que haga realidad su potencial. Si no, una actitud vacilante crónica llevará a dificultades continuas, el deterioro en las relaciones interpersonales, y consecuentemente a una seria amenaza para la integridad de la comunidad misma. La respuesta se caracteriza por un grado de incertidumbre, falta de compromiso total, y al menos vacilación intermitente por parte del miembro que entra, quien intenta negociar o hacer malabarismos con dos realidades. La pregunta que debe plantearse tanto por parte de la persona como por parte de la comunidad es si la vacilación es una condición crónica o algo que se está abordando activamente.

Por una parte, el modo de vivir con el que está familiarizada una persona, que se da por sentado, de relacionarse y de evaluar es una parte intrínseca de su carácter o socialización, y como tal no es de ninguna manera fácil de descartar o modificar. Por otra parte, la comunidad en general, con su historia y costumbres y rituales establecidos, es una dura realidad, un hecho social de la vida y un desafío que debe enfrentarse y negociarse. La incertidumbre puede ser muy difícil de soportar, tanto para la persona como para la comunidad en general, y mientras no se resuelva inhibirá seriamente la posibilidad de crear una atmósfera de confianza mutua y por lo tanto desestabilizará cualquier comunidad. No obstante, como vimos cuando consideramos la liminalidad, una parte intrínseca de la transición a una nueva comunidad es la incertidumbre, la imprevisibilidad previsible, y el someterse a cierta prueba de temple. Por lo tanto, siempre que el novicio o recién llegado sea capaz de confiar en el proceso y en los mentores y entienda que el período de incertidumbre terminará eventualmente, todo estará bien. Pero lo que sería contraproducente para todos sería que la indecisión y la vacilación crónicas persistan mucho tiempo después del período de transición inicial.

Aunque esta respuesta se identifica como "marginal", debe entenderse que no es liminalidad saludable, sino que es algo que debe ser cuidadosamente monitoreado para que no se convierta en una patología total. La persona que exhibe esta tercera clase de respuesta mostrará signos de incomodidad persistente o "enfermedad o falta de tranquilidad", tanto con ciertos aspectos significativos de su propia cultura primaria y con aspectos significativos de la cultura de la comunidad: su organización social o comportamientos y expectativas convencionales. Esencialmente, el conflicto nace del deseo o necesidad urgente de aferrarse a ciertos valores o aspectos de una existencia precomunitaria y, al mismo tiempo abrazar ciertos valores que se encuentran en la comunidad. Sin embargo, a la persona—y a la comunidad—le parece que no hay una forma satisfactoria o virtuosa de hacerlo.

Esa marginalidad puede expresarse de diversas maneras, particularmente en la reiterada incapacidad para comprometerse permanentemente con la comunidad y su misión. Por ejemplo, la persona continúa valorando la libertad de elección y movimiento disfrutada antes de unirse a la comunidad, pero también se valoran la estabilidad, la Regla y un *horario* de la comunidad. O, de nuevo, el cultivo de relaciones monógamas y románticas se ha convertido en un aspecto significativo de la experiencia de vida de una persona, aunque también le atraiga una vida de castidad célibe. Tanto la persona como la comunidad general seguirán en conflicto a menos que esa persona logre pasar a tiempo por la respuesta o etapa "marginal" y, o bien deja la comunidad, o alcanza una forma de vida mucho más estable y consistente y un compromiso con ella y su carisma.

Por lo tanto, hay dos cuestiones que deben abordarse: el compromiso de la persona para resolver el conflicto y la tolerancia y aceptación de la comunidad de ciertos patrones de comportamiento. En lo que respecta a la persona, a menos que esté dispuesta, probablemente con la guía apropiada de una persona que tenga sabiduría y dé confianza, a confrontar y abordar los dos conjuntos de valores y opciones en conflicto, el conflicto interno se agrave hasta que dé lugar a una mayor ansiedad y a la incapacidad total para vivir una vida comunitaria integrada. Alternativamente, esa persona tratará de vivir una vida doble que degenerará en secretismo, engaño e hipocresía.

En lo que respecta a la comunidad en general, esta puede, con el liderazgo apropiado, tomar una postura positiva, pero de confrontación, y emitir un ultimátum o imponer sanciones en un esfuerzo por resolver la situación insostenible. De hecho, si la comunidad, y especialmente el liderazgo, espera cambiar a la persona para un bien mayor, entonces se debe invocar y aplicar la autoridad apropiada. Si eso falla, la situación debe resolverse de manera más radical removiendo a la persona por el bien de la comunidad y quizá también para el bien de la persona "marginal". Pero sin un liderazgo fuerte, o sin una política clara, existe el grave riesgo de que todos se conviertan en perdedores, sin ganar nada de su relación sino generando agresión activa o pasiva, resentimiento mutuo y una ruptura del espíritu de la comunidad.

Respuesta 4: *El recién llegado, mediante un esfuerzo concertado e informado, y con la oración, la reflexión y las experiencias acumuladas, es capaz de vivir en armonía consigo mismo y con los demás, fiel a su esencia y a sus valores fundamentales, y a la vez adaptarse de manera sana a las diferentes personas y culturas de la comunidad.*

Al observar los efectos psicológicos del contacto trans-, multi-, e intercultural sobre las personas y sus comunidades, podemos ahora identificar el resultado óptimo por el que la persona se enriquece por el contacto intencional, diario y basado en la fe con personas de culturas diferentes, y a su vez la comunidad en general se enriquece por la presencia, perspectivas y fe vivida de la persona que llega. Si esto ocurre, entonces la comunidad orgánica en evolución se está convirtiendo en realidad, con el paso del tiempo, en una cultura (o subcultura) en sí misma: "un sistema que da significado"; una expresión de "creatividad gobernada por reglas"; y "la forma de vida social". En virtud de esta feliz condición a la que llamamos "mediadora", una persona que se une a una comunidad es capaz de vivir plenamente, integrando valores, habilidades y perspectivas personales significativos, y al mismo tiempo abrazar los valores y virtudes de la comunidad. Esto es vivir "en ambos", para usar la terminología de Jung Young Lee; pero como la vida intercultural tal como la estamos discutiendo es esencialmente una empresa basada en la fe, es también un intento continuo de vivir "en el más allá". Sin embargo, si esto ocurre, se deberá en gran parte a la receptividad de la comunidad en general y, a su vez, actuará para estimular y afirmar a la comunidad que un modo de vida tan intercultural es más que una posibilidad teórica. Pero no se logra sin el cultivo del respeto mutuo; esto toma tiempo y no se consigue fácilmente ni sin errores.

En el escenario denominado "marginal," una persona está en conflicto porque no está convencida en absoluto de que su visión del mundo previamente construida y de que los valores y aspiraciones que la constituyen sean compatibles con las exigencias de la cultura de la nueva comunidad. La persona "mediadora" es capaz de identificar algunos elementos diferentes pero compatibles tanto del modo de vida anterior como del modo de vida de la comunidad.[10] Inevitablemente habrá algún dar y recibir, algunas pérdidas y ganancias, pero la persona "mediadora" es capaz de hacer elecciones y sacrificios apropiados, saludables y santos, cuyo resultado es promover la formación y transformación en la fe continuas y el compromiso con la comunidad y su carisma. Si esto se logra como un proceso sostenido, entonces la persona y la comunidad continuarán creciendo en armonía y pluralismo. La diversidad será aceptada en la teoría y en la práctica como algo potencialmente bueno y mutuamente enriquecedor. Al mismo tiempo, la integridad de la persona—cultural y espiritual—no solo será salvaguardada, sino que también florecerá.

De la Teoría a la Práctica: Vida Intercultural Auténtica

El cinismo es el enemigo mortal de la coexistencia fraterna, pero también lo es el romanticismo. Debemos tratar—a través del compromiso y esfuerzos repetidos—de vivir por la fe y no simplemente por la vista, el sonido o los olores de la cocina. Repito: Jesús les dijo explícitamente a los discípulos que imaginaban que el camino era fácil y el recorrido lleno afirmación y reconocimiento, "Para los hombres, [es] imposible; pero no para Dios, porque todo es posible para Dios" (Mc 10,27). Pedro expuso que él y los demás habían "dejado *todo*" (hipérbole romántica, cuando lo que en realidad habían dejado era el trabajo pesado diario, el olor corporal, las quemaduras del sol, el olor a pescado muerto, las barcas agujeradas, las noches de tempestad, y mucho más) en la vana esperanza de recibir un tratamiento preferencial por parte de Jesús. Incluso cuando se habían dejado llevar por las promesas de Jesús de recompensas futuras, volvieron a bajar a la tierra cuando Jesús dijo, "y con persecuciones" (Mc 10,30). Aunque algunas traducciones tratan de suavizar esto a "y no *sin* persecución" o con "y con (algunas) persecuciones", las palabras de Jesús son inequívocas: *habrá* persecución de un tipo u otro, como bien lo sabe cualquiera que esté acostumbrado a la vida en comunidad.

Entonces, ¿qué debería esperar cualquiera de nosotros cuando tratamos de transformar una comunidad internacional, *de facto* multicultural en una realidad intercultural misionera, basada en la fe? El romanticismo inicial correrá ciertamente el peligro de convertirse en cinismo, así como la *camaradería* inicial y superficial se verá amenazada tarde o temprano por malentendidos, irritaciones, y recriminaciones mutuas. Si la buena voluntad por sí sola es palpablemente insuficiente, la tenacidad y fidelidad férrea solo serán posibles cuando haya un intento coherente y enfocado de hacer frente a los desafíos inevitables de la vida en una comunidad intercultural. Y eso requiere la dedicación de las personas a un aprendizaje sistemático y dirigido de y sobre cada uno y un estudio real de la cultura en lugar de la mera "sensibilidad cultural"—que no es más que palabras vacías a menos que se lleven a cabo en circunstancias concretas.

En el capítulo 2 identificamos ciertas características de una comunidad que está verdaderamente comprometida con la vida intercultural, y ellas incluían no solo la corrección apropiada sino también un foro para desahogarse adecuadamente, la atención a la sobrecarga y el agotamiento, y el fomento de la mutualidad y la confianza. Estas deberían ser antídotos poderosos para cualquier amenaza a la auténtica vida en comunidad. Así pues, si luchamos contra el cinismo (que encuentra fallas en todas partes y opera desde una nube de negatividad perversa) y el romanticismo (que se esfuerza por ocultar las fallas y arrugas y a menudo en evitar confrontar la realidad), ¿qué otra sabiduría podríamos ponderar y quizás adquirir para el camino?

Cada persona tendrá probablemente su propio sentido de las prioridades. Así es como debería ser, pero también es bueno que recordemos que nuestras prioridades son *nuestras* prioridades y no necesariamente idénticas a las de todos, o incluso a las de nadie más. Esto en sí mismo es un recordatorio útil para cada uno de nosotros: si personalmente sintiera la necesidad y apreciara más el compartir y el interés, la afirmación o el aliento mutuos, es muy probable que fuera porque actualmente me siento privado de estas cosas hasta cierto punto. De la misma manera, si buscara más privacidad y silencio, estaría identificando mis propos deseos o necesidades personales. Pero la privacidad de una persona es el aislamiento de otra persona, y el silencio de una persona es el infierno en la tierra para otra persona. Cada uno de nosotros deberá negociar algunas expectativas culturales y ser sensible a las de los demás. Sin embargo, habrá algunas virtudes o actitudes que muchos, o la mayoría de los miembros de una comunidad compartirán porque de hecho, sin eso, la misma idea de una comunidad sería imposible de realizar.

El interés fraterno genuino por las demás personas en la comunidad— aunque no todos en la misma medida, ya que los temperamentos y los intereses personales varían—no debería ser a costa del desarrollo de un verdadero *esprit de corps* o actitud de solidaridad y apoyo por el proyecto de la comunidad.[11] Una vez más, el contexto que nos ocupa es una comunidad de *personas de fe*, unida en una tarea común, y a pesar de la contribución diferente de cada persona.

La conversación es, por supuesto, de importancia crucial para la comunicación; pero muchas conversaciones en comunidad pueden volverse banales o superficiales, a costa de la comunicación auténtica sobre cuestiones críticas de interés y compromiso común. Para los de afuera, informados de las razones para una comunidad de fe, compartir la fe parecería un componente obvio e importante de la vida comunitaria. Pero algunas comunidades tal vez sean acusadas de usar ocasiones para la oración común—el Oficio Divino, la liturgia y otras devociones—casi como una alternativa de, o una forma de evitar, el verdadero compartir de la fe. Y algunas comunidades de hombres son, probablemente, mucho menos competentes o están menos comprometidas con esto que muchas comunidades de mujeres, con el resultado de que es posible vivir amigablemente con personas por décadas y aun así tener poca o ninguna idea (¿o interés?) de cómo viven o luchan con su fe, y qué sabiduría pueden haber acumulado a lo largo de su vida. Parecería *prima facie* que los miembros de una comunidad intercultural hicieran del compartir la fe una prioridad real, aunque sea delicado organizarlo con sutileza y respeto para todos. Pero el simple hecho de no tratar de discutir la cuestión con vistas a alguna acción concertada puede dejar a los miembros aislados, profundamente solos, y hambrientos de una de las cosas más cruciales que los atrajo a la comunidad desde el principio.

La Lectio Divina, en comunidad o en grupos pequeños, es otra forma de que una comunidad intercultural madure en la fe. De igual manera, la misma práctica de la meditación en silencio en compañía de otras personas puede ser enormemente alentadora. El cardenal Basil Hume dijo una vez que su propia meditación diaria estaba sostenida por su creencia de que él no estaba completamente solo, y de que Dios estaba en la misma habitación—aunque él no podía ver, ni escuchar, ni siquiera sentir la presencia de Dios en muchísimas ocasiones. Pero si nos reunimos a orar cuando otras personas están en silencio, pero físicamente presentes, aunque no hablemos, ni abramos nuestros ojos, *sabemos* de su presencia real y de nuestro compromiso común con la meditación y la contemplación como alimento principal de nuestra alma.

Es importante, sin embargo, no solo compartir la fe, sino también compartir al menos algunas impresiones de los antecedentes culturales y experiencia de cada miembro. En el capítulo 5 examinamos la importancia de la ubicación social y la geografía, la encarnación/personificación, salud y enfermedad, y las actitudes sobre el tiempo y el espacio. Y, sin embargo, sigue siendo común que los miembros de una sola comunidad no tengan prácticamente ningún conocimiento de exactamente con quién están viviendo. La conversación, ya sea informal o de un tipo más formal, destinada a permitir compartir vidas muy diferentes, puede ser enormemente benéfica para todos.

Hace años, un colega y yo solíamos enseñar en equipo un curso llamado "Matrimonio y Familia en la Perspectiva Transcultural", él como profesional de la atención pastoral y yo como antropólogo, pero ambos desde una perspectiva de fe. En lugar de tratar de identificar o describir una familia perfecta, o normal, o promedio, mi colega siempre decía que trataríamos de identificar lo que él apodaba "la Familia Suficientemente Buena" de cultura en cultura: una familia hipotética—imperfecta, con dificultades, que falla y que persevera—pero sin embargo reconocible para las personas en cualquier cultura, y por lo tanto no solo hipotética, sino también muy real. Creo que no es posible ni deseable tratar de definir o describir la perfecta comunidad de fe intercultural, por la sencilla razón de que no existe por naturaleza. Pero, en nuestros muchos y variados contextos, podemos quizás esforzarnos para llegar a ser una "Comunidad Suficientemente Buena", aunque nunca nos conformemos con lo que realmente es, ya que ésta es una tarea de por vida de seres humanos falibles: siempre en el camino de la fe y en un trabajo en progreso.

Otro colega solía dibujar un abejorro en el pizarrón y explicaba que, *en teoría*, era bastante incapaz de volar: las alas no se ajustaban al peso del cuerpo, su ángulo de inclinación era insuficiente para impulsarlo hacia adelante, y el peso extra del polen haría imposible que la abeja se despegara de la flor. Entonces él les recordaba a sus estudiantes que, a pesar de la imposibilidad teórica, "sorprendentemente, la abeja sí vuela, y ¡perfectamente bien!" Es una imagen de los que se comprometen a hacer lo imposible: convertir una comunidad multicultural, quizás multilingüe e incluso multigeneracional en una comunidad intercultural de fe y misión que funcione y sea francamente "suficientemente buena".

Las últimas palabras de este capítulo son de san Pablo, animando a su comunidad en Filipos a comprometerse con el desafío en el nombre de Jesús: "Así pues, si hay una exhortación en nombre de Cristo, un estímulo de amor, una comunión en el Espíritu, una entrañable misericordia, colmad mi alegría, teniendo un mismo sentir, un mismo amor, un mismo ánimo, y buscando todos lo mismo. No hagáis nada por ambición o vanagloria, sino con humildad, considerando a los demás superiores a uno mismo, y sin buscar el propio interés, sino el de los demás. Tened entre vosotros los mismos sentimientos que Cristo." (Flp 2,1-5).

Todos conocemos lo suficiente; pero el conocimiento es solo parte de esto y por sí mismo insuficiente. Como dijo Samuel Johnson: "La integridad sin conocimiento es débil e inútil" (lo cual es, cuanto menos, menos discutible); pero "el conocimiento sin integridad es peligroso y terrible" (lo cual es realmente muy cierto). Se nos ha dado el conocimiento de grandes verdades teológicas y espirituales, pero más que eso, se nos invita—de hecho, estamos co-misionados—a tratar de vivir lo que conocemos: nuestra actitud debería ser la misma que la de Jesucristo.

Seguimiento Sugerido

1. Probablemente ayudaría a toda la comunidad si cada miembro se sentara y reflexionara sobre el diagrama (fig. 15) en un intento de identificar su estado actual y los esfuerzos actuales para hacer frente a los mayores desafíos.

2. Asimismo, la(s) persona(s) en liderazgo podría(n) utilizar ventajosamente esto para ayudar y desafiar a los miembros individuales de la comunidad.

3. ¿Puede identificar algunas de sus expectativas sobre los miembros de su comunidad? ¿Puede compartirlas con franqueza con los demás y escuchar las expectativas de ellos sobre usted?

4. En toda comunidad tiene que haber un toma y daca. ¿Qué estaría dispuesto a "dar" y que le gustaría "tomar"?

5. ¿Comparte su fe—y otros aspectos de usted mismo—con otras personas de su comunidad? ¿Hay algo que su comunidad pueda hacer que facilite el proceso?

6. ¿Es la suya una "Comunidad lo Suficientemente Buena?" ¿Cómo podría ser aún mejor?

Capítulo Diez

Respuestas Culturales a la Vida Intercultural

La Adherencia de la Cultura

Ahora debemos complementar la discusión de las respuestas psicológicas al desafío de la vida intercultural considerando la cultura y las influencias culturales que afectan a la comunidad. Ya hemos identificado la cultura en términos generales y descrito algunas formas en las que se puede abordar, entender y considerar. Ahora cambiamos el enfoque y vemos cómo algunas influencias culturales específicas que dan forma a las personas enculturadas se afirman ellas mismas en una comunidad que se esfuerza por ser intercultural. Juntas, estas deberían ayudar a arrojar más luz sobre cómo y por qué las personas responden a situaciones sociales particulares. Si buscamos explicaciones a las diferentes respuestas psicológicas en la conformación de la persona, las respuestas culturales a su vez, podrían decirnos más sobre ciertas tendencias compartidas por las personas de la misma cultura.

Pero debemos estar conscientes de dos cosas. Primero, ni las respuestas psicológicas ni las culturales están absolutamente determinadas o programadas: podemos cambiar, madurar, modificar, ser transformados y ser convertidos, sin importar cómo nuestra conformación psicológica o cultural pueda haber jugado un papel formativo en la formación de la persona que somos. La teoría llamada "gen egoísta" ha sido desacreditada rotundamente, y la cooperación humana y el altruismo se han afirmado una vez más.[1] Jesús llamó a la gente a cambiar: "Os aseguro que si no cambiáis y os hacéis como los niños [es decir, conscientes de que tienen que aprender mucho y que deben estar dispuestos a intentarlo], no entraréis en el Reino de los Cielos" (Mt 18,3). El cardenal Newman dijo de manera inequívoca, "Vivir es cambiar; ser perfecto es tener que cambiar a menudo".

Segundo, cabe repetir una vez más que debemos resistir la tendencia o tentación de "jugar con la carta de la cultura (y la psicología)", con la esperanza de desviar las críticas recibidas o reclamar privilegios especiales o exención del desafío. Muy a menudo estas son excusas, como cualquiera que tenga una idea de la cultura o la psicología de esa persona podría decir inmediatamente.

Las personas humanas no son mónadas: no estamos aislados, autónomos o responsables solos ante nosotros mismos. Somos animales sociales que existen de manera relacional con otras personas y con el resto de la creación. Pero como vimos en el capítulo 8, hay límites entre las personas que sirven para diferentes propósitos y de ninguna manera son todos malos. Estos límites nos ayudan a clasificar el mundo mediante procesos de distinción o separación. Cada definición verbal pone un tipo de límite o frontera alrededor de la palabra, específicamente para identificarla adecuadamente de otras cosas. Así una manzana es definida tanto intrínsecamente (lo que es) y por distinción (lo que no es) como una especie de *malus silvestris*, y tan *diferente* de una naranja, como un tipo de manzana particular (Jonathan) se *distingue* de otro tipo de manzana (Granny Smith). De manera similar, el hombre y la mujer, ya estén sanos o enfermos, sean buenos o malos, etc., necesitan ser definidos y clasificados, porque la capacidad de hacerlo nos proporciona—específicamente la persona con lenguaje—una manera de poner el mundo bajo nuestro control en alguna medida. En principio, el poder de nombrar y clasificar representa una fina capacidad humana, sin la cual el mundo externo parecería aleatorio y caótico en lugar de relacional y conectado. Sin embargo, hay un problema: los seres humanos, y no solo por medio del lenguaje, muestran una propensión inquietante no solo a definir y diferenciar, sino también a degradar y discriminar. Es entonces cuando este poder potencialmente creativo puede causar estragos en las relaciones humanas. Primero hablaremos sobre esta noción y luego consideraremos sus implicaciones para la vida intercultural.

La Dignidad de la Diferencia

El rabino principal e intelectual público Jonathan Sacks tituló uno de sus muchos y excelentes libros *La Dignidad de la Diferencia*.[2] Habiendo identificado primero el enfoque contemporáneo "búsqueda de valores comunes", el cual él juzga completamente inadecuado en el mundo de hoy, Sacks ofrece un paradigma alternativo, instándonos a crear activamente un espacio para el florecimiento de las diferencias. Sin embargo, en el contexto de una posible comunidad intercultural, debemos ser cuidadosos. Las diferencias distinguen a una persona de otra, incluso a los gemelos idénticos. Pero llevar las diferencias demasiado lejos—es decir, defender nuestro derecho a ser diferentes—podría hacernos caer fácilmente en un individualismo malsano y destructivo. Por consiguiente, una comunidad unida por el carisma y el compromiso no debe ser dividida y destruida por el cultivo desenfrenado del egoísmo exacerbado. Tiene que haber un balance entre el pluralismo y el compromiso común, y Jonathan Sacks ofrece muchas ideas perspicaces para ayudarnos en esto. Su punto de partida es simple y profundo: Dios creó la vasta gama de diferencias de la creación, y por lo tanto la diferencia es divina y muy buena. La mera tolerancia o el pluralismo desinteresado de nuestra parte, o una filosofía indiferente de "vive y deja vivir", es simplemente insuficiente. Necesitamos reconocer que la unidad de Dios el Creador se actualiza y expresa con bastante claridad—y de hecho ostentosamente—en la diversidad de la creación, sin pretender por ello una licencia para defender nuestras diferencias a costa de la vida en comunidad y de un proyecto o compromiso comunitario.[3]

Hace cincuenta años, Jacques Derrida habló célebremente sobre "différence" y "différance", dos palabras que suenan exactamente igual en francés, pero la segunda fue acuñada por el mismo Derrida para señalar el significado del verbo "différer", que significa tanto diferir como postergar.[4] En nuestro contexto, cuando aspiramos a respetar las diferencias individuales y culturales, esto puede ser un recordatorio útil de postergar amablemente al otro siempre que sea posible. Es una alternativa útil a la tendencia, a veces espontánea, a la intolerancia de las diferencias y a defender nuestra propia posición en lugar de postergar a otra persona. Como dice Sacks: "Si lo único que importa son nuestras cosas en común, nuestras diferencias son distracciones que hay que superar. Este punto de vista es profundamente erróneo",[5] porque inhibiría a cada persona y reprimiría la creatividad que una comunidad necesita para vivir la misión. Así que exploremos el desafío contemporáneo de la vida intercultural con el transfondo de la dignidad y la importancia crítica de la diferencia.

Al tratar de abordar nuestra diversidad humana, tendemos a aplicar uno de los dos criterios hermenéuticos: relativismo o universalismo. Con el primero, simplemente reconoceríamos la diversidad donde quiera que exista, pero sin ningún intento de actuar para estandarizar o reconciliar las diferencias obvias. Para aplicar una perspectiva universalista, primero identificaríamos cada diferencia y luego sentiríamos la necesidad de juzgarla desde una convicción de que solo hay un camino y una única verdad universal y eterna. Las personas con esta perspectiva tienden a resolver el desafío de las diferencias a través de un veredicto dialéctico de uno/u otro en lugar de tratar de encontrar la solución más moderada y comprometedora de ambos/y.

Sacks identifica al judaísmo como un intento del enfoque ambos/y, mientras que Grecia y Roma, Platón y Aristóteles—y subsecuentemente el cristianismo y el islam—adoptaron la perspectiva uno/u otro. Sin embargo, David Tracy[6] y Andrew Greeley,[7] entre otros, han argumentado que el cristianismo católico tiene una historia de ser más analógico (permitiendo un enfoque ambos/y), mientras el cristianismo luterano desarrolló un enfoque más dialéctico. En el primer caso, la creación es una manifestación de Dios disfrazada pero cercana (tanto lejos como cerca); típicamente, para los teólogos protestantes, Dios no solo está disfrazado sino también oculto (lejos). La implicación más importante para nosotros es que a Dios se le encuentra en la creación y en los seres humanos y, por lo tanto, cuanto mejor podamos relacionarnos con la creación y la comunidad, más podremos esperar encontrarnos con Dios. Esta es una de las implicaciones y desafíos de la vida intercultural. Sin embargo, el cristianismo, en general, tiene la tendencia a temer o sospechar que el relativismo compromete o abandona el compromiso con una perspectiva universalista de una verdad única, absoluta, inmutable y eterna. En este punto de vista, si yo sé que tengo razón o que estoy en lo cierto, y tú tienes una opinión diferente, lógicamente se deduce que uno de nosotros está equivocado, y como no soy yo (porque yo *sé*), debes ser tú. "De esto", dice Sacks, "fluyeron algunos de los crímenes más grandes de la historia, algunos bajo auspicios religiosos, otros bajo el estandarte de filosofías seculares".[8] No siempre hemos tenido éxito en tratar de manera humana y divina con la diversidad social y religiosa.

Hoy en día hay miles de millones de personas en el mundo, decenas de miles de culturas, y miles de idiomas, pero hay una sola raza humana dentro de toda esta diversidad y una humanidad común a todos; y el hecho sorprendente es que con todo esto, *es* todavía posible que nos comuniquemos con y entre las personas de cualquier idioma o cultura bajo el sol. Una de las razones de nuestra xenofobia y de nuestro enfoque menos que humano hacia la diversidad es lo que puede ilustrarse como el "defecto, o falla, cultural": nuestra tendencia humana a dividir y conquistar, a oponerse y confrontar, a separar y discriminar. Pero otra puede ser nuestra tendencia a la intolerancia religiosa, la autojustificación, y la defensa agresiva de "mi verdad" contra todos los que llegan.

Del Paraíso a la Ruptura: "La Falla Cultural"[9]

Los mitos de la creación del Génesis gemelo pintan un cuadro de caos inicial transformado en orden, esencialmente por la separación y discriminación creadora y vivificante de Dios: la luz de la oscuridad, el mar de la tierra seca, el hombre de la mujer. Pero Dios y toda la creación—incluyendo el hombre y la mujer, creados diferentes pero iguales porque igualmente formados en la imagen divina (Gn 1,27)—viven en paz y armonía; "y vio Dios que estaba bien". En la segunda historia de la creación, Dios trajo animales y aves al hombre y le permitió darles nombre: "y los llevó ante el hombre para ver cómo los llamaba, y para que cada ser viviente tuviese el nombre que el hombre le diera" (Gn 2,19). Este poder—que Dios le concedió al hombre de manera gratuita y sorprendente—también se convertirá en una medida de control humano, discriminación y pecado: representa la "falla cultural". La capacidad de usar el lenguaje para nombrar y definir le da al que lo usa un gran poder, y el autor de la historia del Génesis atribuye ese poder, ante todo, a Dios. "Dijo Dios: 'Haya luz', y hubo luz" (Gn 1,3). Pero de manera similar, "Nombro este barco *Invencible*", dice la reina y se hace realidad; "Los declaro marido y mujer" dice el ministro, y las palabras realmente lo hacen realidad. Este es el poder "performativo" de las palabras, como lo demostró brillantemente J. L. Austin en su clásico *Cómo Hacer Cosas con Palabras* (*How to Do Things with Words*).[10] Cuando usamos el lenguaje para definir algo o a alguien, lo hacemos tanto por distinción como por inclusión. Trágicamente, este poder creativo puede ser usado también de forma destructiva y desastrosa.

En la segunda historia de la creación del Génesis, se nos recuerda primero la mutualidad o complementariedad de la pareja: juntos, ellos son un cuerpo, una carne (Gn 2,24). Pero la desobediencia—comer el fruto del árbol del conocimiento del bien y del mal—trae desastre, discordia y dispersión. Y, sin embargo, hay dos subproductos críticamente significativos y positivos de la caída: primero, "Se dijo Yahvé Dios: '¡Resulta que el hombre [es decir hombre *y* mujer] ha venido a ser *como uno de nosotros*, en cuanto a conocer el bien y el mal!' " (Gn 3,22, las cursivas son mías); y segundo, aunque los humanos fueron deshonrados, no perdieron la gracia por completo. Estas dos cosas, consciencia y conocimiento moral, contienen el potencial tanto para la grandeza de la humanidad como para su vergüenza.

En la armonía mítica del paraíso, había inclusión y una comunidad de "nosotros"; después de la Caída, hubo exclusión, confrontación y polarización: la comunidad inclusive la original ("nosotros") está opuesta, polarizada y antagónica: el hombre contra la mujer, y cada uno contra Dios: un mundo de "nosotros" se divide en adelante en un mundo de "nosotros" y "ellos". Esta es la "falla cultural" universal y omnipresente (fig. 16).

Fig. 16

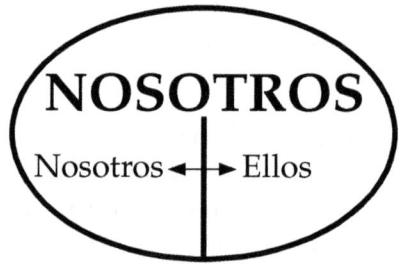

Cada cultura e idioma, al nombrar y domesticar, etiquetar y poner bajo control, distingue, separa, opone y excluye tanto como incluye, une o armoniza. La creación multiforme y diversa de Dios es buena, pero la falla cultural es la tendencia perversa a ver la diferencia a través de la lente distorsionante de la discriminación, distinción, disimilitud, divergencia, discordia o disparidad. La cultura es lo que la humanidad hace al mundo en el que vive. Y cada cultura produce, en cierto grado, la destrucción de la naturaleza, creando la misma separación y división de la que nos advirtió el Génesis.

Explícitamente o no, desde las materias primas en el Génesis y los evangelios, desde "sean amos" o "manden" (Gn 1,28), hasta "se hacen una sola carne" (Gn 2,24), y desde "lo que Dios unió no lo separe el hombre" (Mc 10,9), las culturas humanas han rehecho el mundo y a menudo han pasado por encima de la tierra y su gente. Tan pronto como el "nosotros" se opone, separa, rompe, desgarra y luego se le cambia de nombre por "yo" y "tú", "mío" y "tuyo" o "nosotros" y "ellos", se revela la falla cultural o tendencia a reconstruir deconstruyendo, y a avanzar por evasión o competencia en lugar de por el encuentro y la colaboración. Si se deja sin control, por supuesto, esto minará los esfuerzos por crear y mantener una comunidad intercultural saludable.[11]

Los de Adentro y los de Afuera, Participantes y No-Participantes

El diagrama siguiente intenta ilustrar una realidad *cultural* universal o un hecho social. En el contexto presente, quizás pueda servir a tres propósitos. Primero, puede resaltar las condiciones sociales en el mundo de Jesús de Nazaret y mostrar su estrategia pastoral misionera. Segundo, puede, con la debida modificación, ayudar a identificar algunos puntos de inclusión, exclusión, autoridad y poder que se encuentran en todas las culturas, incluidas las de las comunidades interculturales. Y tercero, podría ayudar a identificar el alcance de una comunidad intercultural particular hacia "la otra" ya sea dentro o fuera de sus propios límites. Así que aquí está una descripción *cultural* de sociedad frente a la cual medir nuestras propias respuestas individuales y comunitarias.

Para crear y mantener una identidad interna u orden social, una cultura o comunidad se definirá a sí misma primero, trazando una línea real pero vertical entre ella misma y la otra (fig. 17) para que "los de adentro" ("nosotros") se distingan claramente de "los de afuera" ("ellos") o los nativos de los extranjeros. En algunos casos la línea puede ser tan concreta como el Muro de Berlín, tan maciza como la Gran Muralla China o tan horrible como la monstruosidad que forma la frontera entre Estados Unidos y México; pero también puede ser un elemento natural como un océano, un lago grande o a una cadena montañosa. En otros casos, la línea puede ser invisible pero no menos real, marcada, por ejemplo por diferencias de idioma, etnia o culturas dentro de las fronteras de una sola nación, como en Estados Unidos y muchos otros países. Cuanto más porosa o permeable sea la línea, más probable es que tenga una función tanto de unión como de separación; cuanto menos porosa y más fuertemente vigilada, más se hace evidente su función de exclusión. Pero dentro de la comunidad "de adentro" misma, cada sociedad marca otra línea o *apartheid*, y a veces menos obvia, pero no menos real, como con la discriminación de género u homofobia.

Fig. 17

LOS CUATRO CUADRANTES

	LOS DE ADENTRO	LOS DE AFUERA

P A R T I C I P A N T E S	**HOMBRES ADULTOS/"VIPs"**
	Titulares de la *autoridad* (autorrealización legitimada y el *poder*, (fuerza, capacidad, dominio)
	• **OTROS SIGNIFICATIVOS/ LEGITIMADORES**
	  ∘ JEFES DE FAMILIA
	  ∘ MIEMBROS DE PROFESIONES
	    ▪ *Médicos*
	    ▪ *Financieros/Banqueros*
	    ▪ *Abogados*
	    ▪ *Clero*
	    ▪ *Maestros*
	  ∘ LÍDERES DESIGNADOS/ELEGIDOS
	• **AQUELLOS CON PODER DE SANCIONAR**
	  ∘ FUERZAS MILITARES
	  ∘ DEFENSA CIVIL/POLICÍA
	  ∘ AUTORIDADES RELIGIOSAS
	  ∘ AUTORIDADES POLÍTICAS/LEGALES
	①
		RESIDENTES EXTRANJEROS/"FORASTEROS"
		Opuesto, tolerado, y quizás protegido cuando es apropiado
		• NO IMPORTANTE POR ÉL MISMO
		• VULNERABLES, AMBIGUOS
		• DEFINIDOS, EN PARTE, POR OTROS
		• TOLERANTE CON LOS ROLES MARGINALES
		• NO ESTÁ INICIALMENTE "EN LA AGENDA"
		• LLENO DE POTENCIAL
		• **JESÚS EL FORASTERO**
		• DISCÍPULOS, APRENDICES (griego: *mathētēs*)
		• TODOS LOS CRISTIANOS RADICALES, SIRVIENTES,
		"PARTICIPANTES DE AFUERA"
		④

NO-P A R T I C I P A N T E S	②
	HOMBRES NO-ADULTOS/"LOS NADIE"
	Aquellos sin *autoridad* (estatus social) y con *poder* limitado (pero no completamente sin poder)
	• **LOS INMADUROS**
	  ∘ *Los no nacidos (falta de viabilidad)*
	  ∘ *Infantes (falta de lenguaje)*
	  ∘ *Niños (falta de madurez sexual)*
	• **LOS DESVIADOS**
	  ∘ *Físicamente: lisiados, enfermos, paralizados*
	  ∘ *Mentalmente: los dementes, poseídos, locos*
	  ∘ *Moralmente: criminales, asesinos, prostitutas—"pecadores" en general*
	• **MUJERES**
	• **HOMBRES NO-PARTICIPANTES**
		③
		INTRUSOS/TURISTAS
		• NO-CONTRIBUYENTES: "PARÁSITOS"
		• GENTE DE PASO: "OBSERVADORES"
		• VISITANTES DE TEMPORADA
		• DE DURACIÓN CORTA
		  ∘ *Empleados de corporaciones multinacionales*
		  ∘ *Aquellos con inmunidad diplomática*
		  ∘ *Socialmente insignificantes/personal explotador o peligroso*
		  ∘ *Algunos voluntarios o misioneros de corto plazo que buscan una "experiencia" o "inmersión" por su propia iniciativa.*
		• INTRUSOS "ENTROMETIDOS"
		• FUERZAS DE OCUPACIÓN

La línea horizontal separa a los "participantes de adentro" ("VIPs") de los "no participantes de adentro" ("los nadie"); y diferentes sociedades la crean y mantienen de manera que los dividen en dos grupos iguales o desiguales. En algunas culturas, los "participantes de adentro" son la mayoría, mientras la minoría, substancial o no, son "no-participantes de adentro". Pero si esa línea horizontal se proyectara para cortar la línea vertical, crearía una figura de cuatro cuadrantes: el superior izquierdo serían los "participantes de adentro" ("VIPs") y abajo a la izquierda (2) no-participantes de adentro ("los nadie"). Abajo a la derecha (3) serían los "no-participantes de afuera" ("intrusos, turistas"); y arriba a la derecha (4) "participantes de afuera" ("residentes extranjeros, extraños"). El diagrama ilustra esta estructura social, creada por los de adentro e—implícitamente, pero muy peligrosamente—desde la perspectiva patriarcal, hechos que son de enorme importancia para nuestra comprensión de la sociedad y las comunidades. Las culturas humanas son patriarcales. No hay récord de una verdadera cultura matriarcal en la que solo las mujeres ejerzan la autoridad y el control y los hombres estén subordinados.[12]

Cuadrante 1: *Participantes de Adentro.* Este cuadrante está ocupado por los poseedores de autoridad que, transculturalmente, son generalmente hombres adultos, pero no siempre es así.[13] Algunos tienen autoridad moral y/o legal (no solo la autoridad para imponer sanciones sino también la facultad para apelar al sentido del honor o de deber de otra persona en lugar de castigar), predominantemente a nivel doméstico o local; y algunos como las figuras militares o religiosas, tienen autoridad asociada a las sanciones públicas—recompensas y castigos—diseñados para mantener el orden público. Otros constituyen los profesionales expertos en medicina, política, educación y teología. Juntos, estos son los "participantes de adentro", VIPs, responsables del mantenimiento del orden y los servicios domésticos y públicos en la sociedad en general. Pero a veces se exceden y abusan de su autoridad legítima al ejercer un poder absoluto que puede hacer cumplir sanciones, pero sin ninguna autoridad legal o moral para hacerlo. Es importante identificar cuándo ocurre esto.

Cuadrante 2: *No-Participantes de Adentro.* Este cuadrante está ocupado por las personas consideradas en una sociedad particular—por, desde luego, los VIPs o los "número uno", y aquí habrá variación de una sociedad a otra—como prescindibles, inútiles o sin autoridad.[14] Hay tres grupos principales: primero, los inmaduros (aún no nacidos, bebés y niños);

segundo, los considerados desviados (física, mental o moralmente); y tercero, las mujeres. Algunos de estos "tienen sus usos" como se dice a veces: los no nacidos ("no viables") pueden llegar a término, nacer y crecer hasta la madurez; los bebés (literalmente, "los que carecen de lenguaje") pueden adquirir el lenguaje; y los niños ("los que carecen de identidad sexual") pueden convertirse en adultos sexualmente maduros. Asimismo, los criminales pueden reformarse, y algunos otros, considerados "desviados", pueden rehabilitarse. Pero aquellos que lo hacen solo pueden acceder al cuadrante 1 si son, o si llegan a ser, hombres adultos. A través de la historia, las mujeres nunca—o muy raramente y bajo condiciones socialmente prescritas—han sido capaces de cruzar del cuadrante 2 al cuadrante 1.

Este cuadro—especialmente mi identificación de muchas mujeres y otros "no-participantes"—es simplemente un intento de esbozar *"la condition humaine"*—la suerte cultural de las personas a lo largo de los años y a través de culturas: es una "falla cultural", el "pecado original", el prejuicio cultural universal; y su existencia o realidad plantea un desafío directo a cualquier persona comprometida con la vida intercultural.[15] Y esto nos lleva al lado derecho del diagrama que contiene personas—vistas desde la perspectiva de los de adentro—como "los de afuera".

Cuadrante 3: ***No-Participantes de Afuera.*** Aunque se les identifique como "no-participantes de afuera" en aquellas culturas donde las fronteras o los límites no son porosos y excluyentes o cuyos miembros son extremadamente xenofóbicos, puede que prácticamente no haya tales personas; son irrelevantes o simplemente desconocidas. Incluso hoy en día, hay algunos grupos sociales pequeños virtualmente aislados del contacto o la preocupación por quién o qué pueda existir más allá de su propio pequeño mundo: gente como los Amish; comunidades cerradas de monjes, monjas o ermitaños; o algunas comunidades pequeñas que viven en partes inaccesibles de la Amazonia. Pero, en el mundo globalizado de hoy hay tres categorías que merecen ser mencionadas. Una incluye a los de afuera que son parásitos sociales y quizás personas que están de paso, e incluso a algunos que pueden pagar sus propias necesidades pero que no tienen la intención de contribuir en nada a la comunidad. La mayoría de los turistas son claramente no-participantes en el sentido de que su propósito es enteramente interesado, aunque relativamente inofensivo. Puede decirse que son contribuyentes importantes a la economía local, pero ciertamente esa no es su *raison d'etre*: ellos llegan, se quedan, se van, totalmente en sus propios términos. Pero hay una tercera categoría que podemos identificar como "no deseados de afuera": invasores, agentes imperiales o intrusos entrometidos, incluyendo quizás algunos religiosos y misioneros bien intencionados, pero lamentablemente inadecuados y moralmente culpables.

También es importante reconocer otra categoría de personas que a menudo son tratadas como marginales y que están situadas entre los cuadrantes 3 y 4. Tales son, por ejemplo, los asiático-americanos que a menudo se encuentran marginados y tratados como "extranjeros para siempre" o "blancos honorarios". Uno puede identificar empíricamente la forma en que esas personas son tratadas—a veces como otra persona del cuadrante 3 ("no participante") y a veces como persona del cuadrante 4 ("participante").[16]

Cuadrante 4: *Participantes de Afuera*. Viendo más de cerca este cuadrante, podemos identificar su propósito e intención específicos como contribuyendo a—*precisamente como de afuera y con sus perspectivas particulares y los dones que traen*—el bienestar de los de adentro, especialmente de "los nadie" o "los número dos" (en el cuadrante 2), los "no-participantes de adentro". Estas personas pueden convertirse en campeones de los pobres y de "los nadie" cuando muchos participantes de adentro explotan o ignoran a esta clase baja. Aquí las palabras clave son "de afuera" y "participante" o "participando"; estos dos calificativos se mantienen juntos en tensión, ya que cada componente contribuye con algo muy particular a la interacción entre el de adentro y el de afuera, "nosotros" y "ellos". Sociológicamente, el participante de afuera clásico es la persona identificada inicialmente por los de adentro como uno de "ellos" (clasificado como de afuera) pero quien, a través de un proceso discernible y visualizable, pasa, por etapas estructuradas, a un nuevo estatus.[17] Ya no es simplemente "el de afuera", ni un intruso o un turista, él o ella tiene ahora el nuevo estatus sociológico atribuido de "forastero".

Aquí, "el forastero" es diferente del viajero o "ave de paso". Él o ella tiene ahora el estatus de un residente permanente y, como tal, cumple funciones prescritas y apropiadas que son claramente delimitadas y estructural y socialmente diferentes de cualquier otra función o estatus ocupado por los de adentro. Bíblicamente, este es el extraño o "forastero residente" (*gēr*) con derechos y deberes específicos, en contraste con el *nokri* bíblico, el viajero o el que va de paso, al que se le concede el paso seguro pero que no debe quedarse y que no tiene un estatus social permanente. Pero los posibles extranjeros o forasteros residentes (*gēr*) no pueden forzar o imponerse a la comunidad y deben pasar por un período de prueba y evaluación antes de ser aceptados. Una razón muy significativa de la cautela de los de adentro es que, aunque la contribución de los forasertos pueda ser vital para la comunidad, la experiencia muestra que los forasteros también pueden ser letales. ("Temo a los griegos que llegan" es la línea muy conocida de Virgilio de *La Eneida*.[18]) Tanto los de adentro como los forasteros deben, por un largo tiempo, actuar con cautela; y el forastero vive en un estado de cierta ambigüedad precisamente por no estar completamente integrado, nunca uno de adentro, y por lo tanto inherentemente marginal. Y, sin embargo, el potencial del forastero ambiguo o marginal es enorme.

El forastero no solo se identifica como alguien de afuera sino también como nosotros mismos, ya que cuando nos acercamos a otras comunidades a través del ministerio apostólico, muy a menudo lo hacemos como forasteros en sus comunidades. No debemos imaginarnos a nosotros mismos ("nosotros") como de adentro y a los demás ("ellos") como de afuera. Jesús identificó su propio papel y estatus *kenótico* de auto vaciarse: "Era *forastero*" (Mt 25,35). Debido a que él mismo se convirtió en forastero, eso puso a Jesús directamente en el cuadrante 4 o en sus márgenes, mientras que, si fuera solo y siempre el anfitrión, estaría solamente y siempre en el cuadrante 1. Esto tiene implicaciones profundas para su forma de hacer la misión y para nuestra forma de imitarlo.[19]

La propensión a separar, dividir, asignar y estratificar a las personas es visible o se esconde justo debajo de la superficie de cualquier cultura o grupo social, incluso del más ilustrado o comprometido. Jesús estaba muy familiarizado con un mundo religioso como este y se esforzó por no deshacerse de todas las reglas, sino por subordinar las reglas, o la ley, a las necesidades y derechos legítimos de las personas: "El sábado ha sido instituido para el hombre y no el hombre para el sábado" (Mc 2,27). Al identificar cuidadosamente el enfoque de Jesús sobre la vida en comunidad con su propia cultura como telón de fondo, podemos esperar, a nuestra vez, construir una comunidad intercultural a partir de la materia prima de varias culturas y mucha gente diversa.

La Solución de Jesús: Quitar la Barrera[20]

Como Pablo dice tan líricamente, "De manera que la ley fue nuestro pedagogo hasta la llegada de Cristo; a partir de aquí somos justificados por la fe. Mas, una vez llegada la fe, ya no estamos a merced del pedagogo, pues todos sois hijos de Dios por la fe en Cristo Jesús. Los que os habéis bautizado en Cristo os habéis revestido de Cristo, de modo que ya no hay judío ni griego, ni esclavo ni libre, ni hombre ni mujer, ya que todos vosotros sois uno en Cristo Jesús." (Ga 3,24-28 = Col 3,11; 1 Co 12,12-13).

Esta charla revolucionaria obviamente no elimina la distinción de género entre hombres y mujeres, como tampoco elimina la distinción étnica entre los judíos y los griegos o la distinción social entre el esclavo y la persona libre: pero sí suprime las distinciones morales y legales que manchan a todas las culturas de la tierra y permiten a las personas utilizar simples diferencias para justificar la discriminación. De ahora en adelante, los cristianos están llamados a ser decididamente contraculturales en relación con sus semejantes. Pero esto resultará casi abrumadoramente difícil debido a la falla cultural y a nuestra propensión pecaminosa a separar y discriminar donde Dios ha unido y bendecido. Después de dos mil años, no hemos desarrollado un muy buen instinto para manejar la diversidad, y sin embargo, la forma de ser de Jesús y su ejemplo han estado mirándonos fijamente, desafiándonos, desde el principio.

El último capítulo terminó con la conocida cita de Filipenses 2, pero sobre el tema de la no discriminación y la cooperación mutua, Pablo dice casi lo mismo, con otras palabras, a los romanos, gálatas y corintios. Él instruye a los romanos: "Nosotros, los fuertes, debemos sobrellevar las flaquezas de los débiles, y no buscar lo que nos agrada. Que cada uno de nosotros trate de agradar a su prójimo buscando su bien y su madurez en la fe. . . . Y que el Dios de la paciencia y del consuelo os conceda compartir entre vosotros los mismos sentimientos, siguiendo a Cristo Jesús, para que unánimes, a una voz, alabéis al Dios y Padre de nuestro Señor Jesucristo." (Rm 15,1-2; 5-6). Inmediatamente antes de eso, les había advertido. "En virtud de la misión que me ha sido confiada, debo deciros que no os valoréis más de lo que conviene; tened más bien una sobria autoestima según la medida de la fe que Dios ha otorgado a cada cual. . . . Que vuestra caridad no sea fingida; detestad el mal y adheríos al bien; amaos cordialmente los unos a los otros, estimando en más cada uno a los otros" (Rm 12,3, 9-10).

Con los gálatas es más conciso: "Si vivimos por el Espíritu, sigamos también al Espíritu. No seamos vanidosos, provocándonos los unos a los otros y envidiándonos mutuamente." (Ga 5,25-26). Y les ruega a los corintios "Os exhorto, hermanos, en nombre de nuestro Señor Jesucristo, a que seáis unánimes en el hablar, y no haya entre vosotros divisiones; a que estéis unidos en una misma forma de pensar y en idénticos criterios. Lo digo, hermanos míos, porque los de . . . me han informado de que existen discordias entre vosotros." (1 Co 1,10-11).

Evidentemente, Pablo sintió la necesidad de instruir frecuentemente a sus diferentes comunidades sobre este asunto: la falla cultural es perniciosa y generalizada. Pero no solo los critica o anima; él les ofrece una explicación completa de las dificultades que las comunidades enfrentan y de las respuestas que buscan. Pablo está completamente consciente de que el fruto de un propósito común y un corazón común no es producir clones; evidentemente la diversidad debe ser compatible con la unidad. Pero en la carta a los efesios,[21] escrita cuando él estaba bajo arresto en Roma en los últimos años de su vida, es capaz de articular sus ideas maduras y su tesis con cierto detalle, mostrando precisamente cómo Jesús abordó la diversidad que produce división en la sociedad y opone a las personas. Comienza destacando la polarización "nosotros"/"ellos" en su sociedad. "Estabais muertos", dice, siguiendo "el proceder de este mundo". En otras palabras, estos efesios eran "ellos", literalmente opuestos a "nosotros" (y Pablo se cuenta entre "ellos" antes de su conversión; ver Ef 2,1-3). Pero fue precisamente por medio de Cristo que Dios devolvió la vida a las personas: "y reconciliar por él y para él todas las cosas" (Col 1,20). Desarrollando este tema, Pablo ahora identifica a los neófitos como recién reasignados de "ellos" a "nosotros" porque en Cristo ya no hay división. Los mismos judíos habían clasificado a los paganos como "ellos", los incircuncisos, pero Jesús mismo los reclasificó como entre "nosotros" por medio del bautismo en la comunidad cristiana: "Recordad pues, cómo en otro tiempo vosotros, los gentiles según la carne, llamados 'incircuncisos' por los que practican la 'circuncisión'—una operación practicada en la carne—estabais a la sazón lejos de Cristo, excluidos de la ciudadanía de Israel y extraños a las alianzas de la promesa. . . . Mas ahora, en Cristo Jesús, vosotros, los que en otro tiempo estabais lejos, habéis llegado a estar cerca por la sangre de Cristo" (Ef 2,11-13).

Pablo muestra entonces cómo esta línea divisoria cultural entre "los de adentro" y "los de afuera" ya no existe para los que pertenecen a la comunidad cristiana—aunque él sabe perfectamente bien que sigue existiendo perversamente y endureciéndose en la sociedad civil. Los siguientes versos son cruciales, y la traducción de la *Biblia de Jerusalén* comienza bien: "Porque [*Cristo*] *es nuestra paz*. Él ha hecho de los dos pueblos uno solo, destruyendo el muro de enemistad que los separaba entre nosotros . . . dando en sí mismo muerte a la Enemistad" (Ef 2,14, mi énfasis). Y esto fue "para crear en sí mismo, de los dos, un solo Hombre Nuevo. De este modo, hizo las paces y reconcilió con Dios a ambos en un solo cuerpo, por medio de la cruz, dando en sí mismo muerte a la Enemistad."[22] Pablo concluye que debido a que Jesús literalmente puso su vida en la línea de la separación y la discriminación, la distinción "nosotros" / "ellos" ya no existe; se ha unido una vez más a lo que la humanidad dividió: "Así pues, ya no sois forasteros [*gēr*] ni extraños (o huéspedes [*nokri*, "them,"]) sino conciudadanos de los santos [nosotros] y familiares de Dios" (Ef 2,19).

Esto no lleva de nuevo al tipo de comunidad que Dios tenía en mente al principio: una comunidad de "nosotros" en la que la oposición del "nosotros" y "ellos" se resuelve y la división es sanada. Es una exposición magnífica de cómo el cristianismo tiene la capacidad de promover la dignidad de la diferencia, y utilizar la diversidad para construir en lugar de destruir a las personas y a la sociedad misma. Pero sigue siendo un sueño imposible a menos que las personas—y los cristianos *a fortiori*, ya que lo profesamos públicamente—se esfuercen por hacerlo realidad. Por lo tanto, una de las tareas primordiales de las personas en las comunidades interculturales es identificar cuidadosamente qué separa y qué divide a sus miembros y luego, con igual cuidado, tratar de hacer precisamente aquello por lo que Jesús dio su vida—la reconciliación de la humanidad y la creación de comunidades donde la diferencia pueda florecer para el bien común. Como Pablo recordó y animó a la comunidad de Corinto: "El cuerpo humano, aunque tiene muchos miembros, es uno; es decir: todos los miembros del cuerpo, no obstante su pluralidad, forman un solo cuerpo. Pues así también es Cristo. Porque hemos sido todos bautizados en un solo Espíritu, para no formar más que un cuerpo entre todos: judíos y griegos, esclavos y libres . . . y todos hemos bebido de un solo Espíritu". (1 Cor 12,12-14).

La responsabilidad común de los miembros de las comunidades interculturales es hacer esto realidad identificando nuestras diferencias culturales y buscando sanarlas en el espíritu de Jesús.

Seguimiento Sugerido

1. Identifica algunas diferencias obvias entre las personas y discute criterios de aceptación en tu comunidad.

2. ¿Puedes aceptar ser un "forastero" e identificar algunas de sus ventajas potenciales?

3. Discute cómo es posible que una comunidad margine a sus miembros.

4. Usa Efesios 2 (con varias traducciones) como punto de discusión en tu comunidad.

Capítulo Once

Comunidad, *Communitas* y Vivir Plenamente

El Punto de Todo Esto

Los realistas no deberían tener una idea romántica de lo bueno y gozoso que es para los hermanos y hermanas vivir juntos en unidad (la frase inicial, tantas veces cantada, del Salmo 133: "*Ecce/O quam bonum et quam jucundum habitare fratres in unum*"); debería ser obvio para todos—por experiencia o por lectura—que vivir de esta manera demanda mucho trabajo y compromiso. Como se ha señalado repetidamente, es esencialmente una empresa basada en la fe: no somos "colegas" en una corporación multinacional sino miembros de una familia que intentan vivir juntos como discípulos mutuamente agradecidos. Por lo tanto, nuestras mejores aspiraciones deben encontrar su *raison d'être*, no en simples consideraciones pragmáticas sino en necesidades personales y pastorales mucho más profundas: nos impulsa la fidelidad corporativa de la misión de Dios a través de la comunidad en la que vivimos.

A nivel individual, se exige la vida intercultural como elemento constitutivo de nuestro compromiso de vida, como miembros de comunidades internacionales, para nuestra conversión o transformación continua en un mundo globalizado y multicultural. Pastoralmente, se exige en virtud de los requisitos intrínsecos del ministerio con el que estamos comprometidos. Dado que lo que solían ser en gran medida comunidades monoculturales (incluso dentro de congregaciones u órdenes internacionales) son ahora cada vez más multiculturales y multiétnicas, es simplemente imposible operar como en los tiempos pasados: una nueva forma de vida religiosa está luchando por nacer. Hoy en día, cuando las comunidades locales dentro de congregaciones internacionales están compuestas de personas de diferentes grupos lingüísticos y étnicos, el modelo de reclutamiento "asimilacionista" es menos que inadecuado: es perjudicial tanto para las personas como para la comunidad en general.

En el futuro, por lo tanto, parece que el desarrollo de las órdenes religiosas internacionales procederá ya sea por fisión o por fusión. En el primer caso, si ciertos grupos lingüísticos o étnicos son fuertes y los miembros creen que pueden manejarse mejor independientemente, entonces la fisión—o el "desarrollo separado"—es un resultado probable. Los signos de esto son ya visibles en algunas partes del mundo, dentro y fuera de la cuna de la vida religiosa, en gran parte europea, donde no se olvidan las formas de tribalismo, divisiones étnicas y enemistades históricas. Tales signos son una indicación y recordatorio de lo desafiante que es vivir juntos y cómo la opción de la fisión puede parecer mucho más fácil y atractiva. Pero eso equivaldría a una traición a nuestro compromiso común. Sin embargo, más allá de estas razones hay otra: cuando los miembros carecen de algunas habilidades vitales o simplemente no tienen las herramientas para hacer frente a los desafíos contemporáneos que presentan las diferencias personales, étnicas, lingüísticas o históricas, la fisión es casi inevitable. El propósito de este libro es localizar y proporcionar algunas de esas herramientas.

Es irónico y escandaloso que a medida que el número de euroamericanos religiosos continúa disminuyendo precipitosamente y el mayor crecimiento se da en los demás continentes, particularmente en África y Asia, algunas de las tensiones étnicas que asolaban Europa están revelándose también en esos territorios. El resultado es que en algunas comunidades internacionales y multiculturales los signos de ruptura o fisión se abordan multiplicando provincias o regiones incluso en una sola zona nacional y lingüística. Donde esto ocurre, las comunidades pueden seguir siendo "internacionales". Pero, sin un compromiso con la vida intercultural, se fragmentarán inevitablemente a medida que las demandas de las diferentes culturas y etnias se aborden a expensas de la evolución del espíritu de cooperación internacional y del *esprit de corps*. Santayana tenía razón: "Los que no pueden recordar el pasado están condenados a repetirlo";[1] no condenados quizás, pero están claramente si no han logrado aprender.

Esto nos lleva al segundo caso: la alternativa a la fisión de la comunidad es la fusión, o construir el futuro sobre las bases sólidas de la vida intercultural, lo que requiere de una mentalidad y dedicación al "desarrollo integral". En los capítulos anteriores, hemos explorado varios desafíos que enfrentan los miembros comprometidos con la vida intercultural. El propósito principal y esencial de la vida intercultural no debería ser nunca la supervivencia institucional. En lugar de eso, las comunidades deberían comprometerse a la vida intercultural, con el fin de permitir que los miembros se enfoquen y se comprometan más con el aspecto "Misional" de su carisma. "Misional"—una palabra acuñada por los presbiterianos americanos como contraste con la palabra "misionero" como sustantivo y adjetivo—puede ayudarnos aquí. Clásicamente, "misionero" denota tanto un grupo de "especialistas" bastante elitista trabajando lejos de casa y su ministerio "especial" de predicar y llevar el Evangelio a las personas sin él. Pero eso tendía a dejar a las personas en sus casas, para concentrarse simplemente en sus propias parroquias o escenas domésticas. Carecían en gran medida de un sentido de misión porque la palabra en sí estaba invariablemente pluralizada y unida a la palabra "extranjero", como en "Misiones extranjeras", mientras la "misión" en sí se entendía a menudo de manera muy restringida como enfocada en extender la iglesia y en hacer conversos. Pero como muchas parroquias sufrieron un fuerte declive porque su enfoque se volvió hacia adentro y se preocupaba principalmente de su propia supervivencia mientras la membresía actual estaba muriendo, la comprensión de la misión en sí estaba cambiando. "Misional" fue acuñada para denotar a cualquier persona o parroquia, empoderada por el bautismo, con una pasión por llegar a los demás y la inclusión, sin importar cuán lejos o cerca de casa estuvieran.

Cuando el énfasis se puso más directamente en el llegar a los demás en lugar de simplemente "hacia dentro", en abrir los límites en lugar de protegerlos, muchas parroquias que estaban muriendo empezaron a experimentar un nuevo impulso en la vida y el sentido de propósito: descubrieron una *raison d'être* más profunda que revivió realmente a muchas comunidades moribundas. El axioma se convirtió entonces, "todos debemos ser misionales", o moriremos y fracasaremos en nuestra responsabilidad hacia los marginados: las personas sin hogar, indigentes, excluidas, despreciadas que, sin embargo, siguen siendo nuestros hermanos y hermanas. El papa Francisco tiene el mismo mensaje con la antigua terminología: él dice que *todos* estamos llamados a ser "discípulos misioneros": no hay ninguna otra clase de discípulo de Jesús.[2] Entonces, la vida intercultural también debe tener un enfoque misional o se arriesga a la esclerosis o sobreinstitucionalización. Para indicar cómo y por qué tenemos la responsabilidad moral y bautismal de elegir este enfoque, exploramos la formación, naturaleza y prospectiva a largo plazo de la comunidad.

Comunidad e Institucionalización

Podemos identificar tres tipos de comunidades o etapas de desarrollo comunitario: comunidad espontánea (o *communitas*), normativa (o institucionalizada) y mecánica (o moribunda).

Comunidad espontánea es una condición o situación que en realidad precede a una comunidad estructurada y establecida; es casi una precomunidad o paracomunidad. Tres ejemplos pueden ayudar. Primero, el "momento Pentecostés": un grupo multicultural de judíos devotos se reúnen para una fiesta judía sin ninguna anticipación posible de un resultado inesperado (ver Hch 2). Pero entonces estaban "estupefactos y maravillados" (2,7) y eran incapaces de explicar lo que estaba pasando o lo que podía significar: viento, ruido, algo como lenguas de fuego—y gente hablando y entendiendo idiomas extranjeros (2,2-4). Mientras algunos de ellos simplemente "se burlaban" (2,13) y acusaron a sus compañeros judíos de estar embriagados, Pedro se dirigió a la multitud y declaró que eso era un poderoso acto de Dios, y tres mil se sumaron a la incipiente comunidad cristiana. (2,41). Aquí, tenemos una comunidad espontánea que se estructurará y organizará gradualmente.

Segundo, considera los "momentos fundacionales" en las comunidades religiosas: los relatos (algunas veces menos que escrupulosamente exactos) que años o siglos después cuentan una historia con muchos rasgos comunes. Como los que "se burlaban" del "momento de Pentecostés", algunas personas del "momento fundacional" dirían (y dijeron) que los miembros del grupo estaban locos, engañados o eran desesperadamente románticos. No obstante, un pequeño grupo—con un sueño imposiblemente ambicioso, con poco o nada de dinero o recursos, a menudo sin apoyo o incluso con la abierta oposición de las autoridades eclesiásticas—inspirados por un sueño, se compromete totalmente, en cuerpo y alma, a su realización. Esta es una comunidad espontánea, sin estructura, ni organización, unida por un sueño y un poco más.

Tercero, si encendemos un cerillo y el fósforo prende, hay un breve momento de combustión y una explosión de energía incandescente. Este destello inicial es todo llama y energía, muy parecido a los primeros momentos de una comunidad espontánea. Pero inmediatamente después, la madera del cerillo o el papel comprimido se incendia, y el estallido inicial de energía se transforma en una llama constante a medida que empieza a quemar a lo largo del cerillo. La llamarada espontánea se convierte en una flama constante y parpadeante solo por el cerillo que la sostiene. Si solo fuera una gota de fósforo sin cerillo, la incandescencia estaría viva por un momento y moriría inmediatamente. Esto también es un ejemplo de la característica o energía "espontánea" en la comunidad espontánea.

La comunidad normativa empieza, por así decirlo, *cuando el fuego se aprovecha y se controla*, de la misma manera que la llama del cerillo se asienta después de la incandescencia inicial y arde mientras haya madera o material: un cerillo de seis pulgadas arderá mucho más tiempo que uno de dos pulgadas, aunque el fósforo inicial sea el mismo en ambos casos. Pero es necesario un movimiento y rotación continuos del cerillo para atrapar el aire disponible necesario para mantener la llama. Si se deja sin atender, un cerillo de seis pulgadas no quemará su longitud total, sino que morirá mucho antes de que las llamas quemen más de la mitad de su longitud; debe ser agitado suavemente para mantener la llama viva (recordemos a san Pablo recordando a Timoteo que "reavivara el carisma" o "reavivara la llama" [2 Tm 1,6]). Si la comunidad espontánea se genera con la combustión inicial, entonces la comunidad normativa empieza cuando la llama se asienta en una llama estable. ¿Cómo sucede esto cuando la gente, en lugar de cerillos y fuego, está involucrada?

El inicio de la comunidad normativa puede identificarse como el momento cuando, por primera vez, alguien pronuncia las palabras, "¡necesitamos tener una reunión!" Hay verdad en esta afirmación que suena frívola, porque antes de que hubiera reuniones, horarios, rutinas o asignaciones, no había simplemente caos sino una verdadera espontaneidad. Las personas trabajaban hasta que estaban exhaustas, comían—si había comida—cuando tenían mucha hambre y dormían cuando y donde podían. Es esa fase temprana de la comunidad espontánea, los recursos eran a menudo mínimos y todavía no se había producido la organización racional o "rutinaria". Una vivienda permanente o unos ingresos estables estaban lejos de ser una realidad y las cifras eran bajas. El paso de la comunidad espontánea a la normativa se desarrolla en respuesta al aumento de los números y al desarrollo de un enfoque más claro y amplio de la comunidad. La comunidad creciente necesita ahora cierto orden y una forma de vida más estandarizada. La gente ya no puede trabajar hasta el agotamiento y volcarse simplemente a cada necesidad percibida: los alimentos y el espacio personal, la oración y la asignación de diferentes trabajos deben organizarse para el buen funcionamiento de la vida cotidiana. En el momento en que se aprueban una regla y las constituciones, una comunidad ya se ha convertido en normativa, es decir, adaptada para la supervivencia a largo plazo.

Hay una relación mutua entre la comunidad espontánea y la normativa; pero antes de explorar esto, debe mencionarse una tercera clase de comunidad.

La comunidad mecánica puede identificarse de diferentes formas. El sociólogo Emile Durkheim distinguió a la comunidad *mecánica* de la *orgánica*. Un ejemplo de la primera pudiera ser una pared de ladrillos: cada ladrillo es una parte constitutiva, pero obviamente no hay compromiso o relación entre los ladrillos individuales. La solidaridad orgánica requiere una expresión intencional de "uno para todos y todos para uno", dedicada a un fin más allá y mayor que el que cualquier persona pudiera lograr sola. La solidaridad mecánica podría verse en el comportamiento instintivo que une a un banco de peces. Dicho de otro modo (aunque menos atractivo), también puede describir a la gente en una liturgia de la parroquia. Se podría decir que los peces tienen al menos un propósito común, aunque ninguno de ellos individualmente esté consciente de ello; pero no se puede decir siempre lo mismo de la gente que se reúne para algunas liturgias. Por el contrario, la solidaridad orgánica se expresa en el trabajo en equipo de un grupo de jugadores de fútbol. "Se manifiesta por un grupo de personas que actúan al unísono; y aunque cada persona tenga una responsabilidad diferente, el resultado de todo el grupo depende del compromiso de cada individuo".[3] Hay una "perspectiva general" que se hace explícita y es aceptada por todos. La fuerza inusual de la solidaridad orgánica es que puede producir grandes avances y una creatividad asombrosa.

Pero hay otra forma de describir la solidaridad puramente mecánica: un grupo de personas que viven bajo el mismo techo y aceptan alguna responsabilidad formal pero que carecen de un sentido real de compromiso o responsabilidad mutua; esto está mucho más cerca de la solidariad mecánica que de la orgánica. La historia de las órdenes monásticas ofrece innumerables ejemplos de esta falta de fuego y entusiasmo (o de extinción del fuego) y un inexorable deslizamiento hacia la muerte. En el siglo XVI, la cocina del abad (no la cocina de toda la comunidad, sino la que solo servía a las necesidades personales y sociales del abad) en la Abadía Glastonbury en Inglaterra era lo suficientemente grande como para asar en un espetón cuatro bueyes simultáneamente y hasta cien cisnes, gansos o patos: una indicación segura de un celo religioso empobrecido y una traición a los principios de la vida comunitaria monástica.

Communitas: "Comunidad con una Tarea"[4]

Otro nombre para la comunidad espontánea es *communitas*; pero la palabra no se explica a sí misma, y una forma fácil de recordarlo es como "comunidad con una tarea"—a diferencia de cualquier otra comunidad que pueda haber perdido el rumbo. En ese estallido de energía espontánea, en esa fusión de visiones, en ese compromiso mutuo—con los demás y el ideal mismo—no hay absolutamente ninguna duda de que la pequeña comunidad sabe a *qué* se dedica, aunque no precisamente *cómo* procederá o *cómo* logrará su objetivo. Está claro el fin, aunque no los medios o los recursos que logrará generar. *Communitas* es descrita a veces como "antiestructura": puede ser una etapa ambigua o de transición en el camino hacia una organización social más formal. Pero es muy "antiestructura" (ya sea resistiendo conscientemente las tendencias a crear una estructura o simplemente luchando por encontrar su camino hacia adelante) es, paradójicamente, prediciblemente impredecible. La experiencia del noviciado—cuando se pone a prueba a los novicios y no siempre tienen claro el camino a seguir—puede generar *communitas*, un verdadero vínculo de personas que viven una experiencia común que creen que es digna y valiosa, pero cuyo control no está totalmente en sus manos.[5] Pero tal vínculo no es automático, y el proceso puede no ser positivo para algunos o todos los participantes. Asumiendo, sin embargo, que la experiencia de la *communitas* continúe inspirando y atrayendo a los participantes, podemos identificar una serie de características que la hacen poderosa y que cambia la vida, y no solo para ellos sino también para los futuros beneficiarios.

La *Communitas* está marcada por la energía altamente cargada de los involucrados: todos están alerta y vivos. Evoca respuestas imaginativas en lugar de simplemente racionales a situaciones impredecibles. Resuena con preguntas que surgen de la experiencia, cuestionando "¿qué pasaría si?" y "¿por qué no?" en lugar de conformarse con respuestas como "no podemos hacer eso" o "eso es imposible" ("porque no podemos permitírnoslo/no tenemos suficiente personal/no se ha hecho antes"). Sobre todo, los involucrados en la experiencia de la *communitas* están totalmente dedicados, tanto entre sí como a la meta distante e invisible.

La *Communitas* es todo lo contrario a la rutina organizada; inspira un verdadero heroísmo y siempre se enfrenta a una tarea significativamente más grande o desafiante de lo que la gente común o "normal" pensaría en emprender. Lejos de conformarse con lo que parece razonablemente posible, el ethos de la *communitas* es utópico en sus sueños. Pero esto también puede producir ciertos tipos de *communitas* altamente volátiles y peligrosos. Uno solo tiene que pensar en Jim Jones o David Koresh—o algunos yihadistas y grupos identificados como fanáticos—para saber que la gente puede unirse y ser impulsada por una misión común y peligrosa que también es completamente destructiva y todo lo contrario a una empresa noble o piadosa. Y trágicamente, ha habido cristianos fanáticos, motivados—literalmente—por el celo de las cruzadas o la fibre proselitista.

Así que la *communitas* podría generarse en una transformación de tipo pentecostal, un momento fundacional de la comunidad religiosa, un proceso de iniciación en una sociedad tradicional, o las percepciones, la *mistagogia*, y la vinculación producida por el Rito de Iniciación Cristiana para Adultos (RICA). Aparte de los relatos de Pentecostés, podemos pensar en el envío de los setenta discípulos (Lc 10,17-20), la transfiguración (Lc 9,28-36), la iglesia post-Pentecostés (Hch 2,42-47) o un relato de la *Carta a Diogneto* del siglo II que describe a los cristianos de la siguiente manera:[6] como "ciertamente extraordinarios. Habitan en su propia patria, pero como forasteros; toman parte en todo como ciudadanos, pero lo soportan todo como extranjeros; toda tierra extraña es patria para ellos, pero están en toda patria como en tierra extraña . . . los cristianos se hallan retenidos en el mundo como en una cárcel, pero ellos son los que mantienen la trabazón del mundo . . . los cristianos, constantemente mortificados se multiplican más y más. Tan importante es el puesto que Dios les ha asignado, del que no les es lícito desertar".[7]

Comunidad Normativa: Institucionalización del Carisma

Como un cerillo, una vez encendido, produce una llama repentina y un breve momento de incandescencia y luego continúa ardiendo con una llama constante o parpadeante, así la explosión inicial de energía que crea la primera llamarada de la *communitas* no puede durar indefinidamente: puede continuar generando calor y luz, pero muy rápidamente su incandescencia se convertirá en una llama constante. De esta manera, la comunidad espontánea o *communitas* se asentará o se convertirá en una comunidad normativa o *institucionalizada*. A medida que una comunidad natural se organiza, se producen necesariamente estructuras para asegurar el buen funcionamiento, la eficiencia, la división del trabajo y la estabilidad a largo plazo, o al menos la supervivencia. Se trata de la vida institucionalizada: mucho más ordenada y predecible que la vida en *communitas*, su propósito esencial es el mantenimiento de la comunidad a lo largo del tiempo. Si hacemos un contraste aproximado aquí entre la misión y el mantenimiento, la *communitas* se enfoca en la misión mientras que la *institucionalización* trata de asegurar el mantenimiento. Así como la misión y el mantenimiento deben mantenerse en tensión, lo mismo ocurre con la *communitas* y la *institucionalización*: ambas son necesarias. A menos que la llamarada inicial de la energía de la *communitas* se mantenga a través del tiempo, una comunidad incipiente simplemente se consumirá—como un cerillo encendido privado de aire.

Así que la *communitas* realmente necesita la *institucionalización* si la comunidad y su misión pretenden sobrevivir. Pero la comunidad normativa, o institucionalizada, también necesita inspirarse por las ráfagas periódicas de energía de las *communitas*, para que no se asiente en una rutina cómoda, pero sin que la inspiración y la energía y compromiso de los miembros se desvanezca y se vacíe de la pasión y convicción que marcó el momento original de la *communitas*. La comunidad institucionalizada puede ser muy efectiva en asegurar la distribución eficiente del trabajo, pero sin la animación, la inspiración y la imaginación que marca la *communitas*, se volverá demasiado cautelosa, excesivamente prudente, juiciosamente equilibrada y un lugar común en lugar de audaz y abierta al riesgo y al Espíritu. Muchos rasgos de la vida comunitaria normativa o institucionalizada están en sí mismos diseñados para evocar la energía de la *communitas*: capítulos provinciales o generales, retiros anuales o la celebración de los jubileos o centenarios.

La comunidad espontánea (*communitas*) tiene la capacidad de generar el tipo de empuje requerido por un avión para despegar, mientras que el vuelo sostenido y nivelado es como el buen funcionamiento de la comunidad normativa. Pero la renovación de la comunidad a largo plazo requiere siempre del redescubrimiento de la energía de la *communitas* por la entropía: una comunidad sin la energía de la *communitas* se volverá como un fuego que pierde sus llamas y se enfría gradualmente. Por lo tanto, a menos que la chispa de *communitas* pueda ser impulsada de nuevo por el pedernal de la comunidad, el grupo se quedará sin ideas creativas y sin generosidad de espíritu. La comunidad espontánea (*communitas*) es a la comunidad normativa, institucionalizada como la llama del carbón, como la chispa del pedernal o como el combustible del cohete. "Ambas son necesarias, pero el agente activo es la *communitas*. Cuando la llama muere, cuando la chispa falla, cuando el combustible se agota, ningún carbón puede producir calor; ningún pedernal, alguna llama; ningún cohete, despegar"[8]—y ninguna comunidad normativa puede generar la pasión y convicción necesarias para permanecer fiel a la misión de Dios y de sí misma. La pregunta es entonces: ¿Cuánta *communitas* se necesita para asegurar que las ráfagas periódicas de energía sean adecuadas para mantener a la comunidad enfocada en la misión en lugar de simplemente en el mantenimiento?

Comunidad Mecánica

Poco más hay que decir sobre la comunidad mecánica; nuestro tema es la construcción y el fortalecimiento de las comunidades interculturales, y nuestra suposición subyacente es que cualquiera que lea este libro aporte una actitud positiva a la empresa. La comunidad mecánica es una condición patológica que describe a una comunidad que se dirige hacia el declive terminal. Sin embargo, al identificar algunos síntomas peligrosos que podrían desarrollarse en una comunidad intercultural, esta dirección todavía podría invertirse; no es inevitable, y la conversión siempre es posible.

El primer síntoma y el más obvio, sería una interrupción de la comunicación interpersonal. Podría parecer que la comunidad funciona eficazmente, pero ciertas formalidades comenzarían a reemplazar el auténtico interés mutuo. Los tableros de anuncios podrían asegurar el flujo eficiente de información, pero a expensas de la comunicación real. La liturgia y la oración común podrían continuar, pero recurriendo cada vez más a fórmulas estándar y a un ritualismo sigiloso en lugar de a la creatividad y el ritual vivificante. En segundo lugar, habría un cambio notable en el interior, en lugar de un ministerio en los márgenes, con y para la gente que vive allí.

Hace años, el sociólogo Georg Simmel identificó esto como una tendencia, especialmente, afirmó, para la gente mayor, a vivir "ya sea de una manera totalmente centralizada, con intereses periféricos que disminuyen y que no están conectados con su vida esencial y su necesidad interna; o sus atrofias centrales y su existencia sólo siguen su curso en pequeños detalles aislados, acentuando solamente lo externo y lo accidental".[9] Tiene razón, aunque su aplicabilidad no se limita seguramente a la gente mayor o a lo masculino; y lo que él llama "intereses periféricos" se refiere a aquellas cosas que en su día fueron de vital importancia (lo que sería central para nuestra vocación) pero que ya no lo son. De hecho, en ese mismo ensayo Simmel escribió que la aventura es algo que comienza en la misma periferia de nuestra vida pero que se abre paso hasta el centro mismo, lo que parece aplicarse bastante bien a la experiencia de los miembros de una comunidad intercultural. Además, pone el dedo en la llaga de manera infalible en una característica de aquellos cuya comunidad se ha vuelto esclerótica y patológica: la concentración en "lo externo y lo accidental" como jugar demasiado al golf, ver demasiada televisión, leer demasiadas novelas y la autocomplacencia crónica. Cuánto equivale a "una concentración en", o "demasiado" de estas cosas, es una cuestión de juicio y discernimiento, pero cualquier comunidad cuyos miembros fallen en dirigir sus energías centrífugas hacia la misión es una comunidad que se mueve inexorablemente hacia su propia muerte.

¿Cuánta Energía *Communitas* se Necesita?

Todo automóvil requiere combustible y todo fuego necesita una chispa. ¿Entonces que podemos decir de la energía *communitas* necesaria para mantener a una comunidad fiel a la misión y viviendo una vida con propósito? Ofrezco poco más que un posible recurso heurístico o "procedimiento de descubrimiento" y ciertamente no un modelo científico finamente calibrado, como una manera de identificar si hay suficiente energía, impulso o compromiso ("masa crítica") para sostener a una comunidad en su fidelidad al carisma y a la misión.

Para responder a la pregunta—de vital importancia para el futuro de cualquier comunidad, ya sea numerosa o reducida, joven o anciana—se debe pedir a cada persona que exponga su postura sobre el proyecto común o comunitario y su compromiso con él.[10] Después se imagina a una comunidad de cien personas (fig. 18) en la cual hasta veinte son apasionadas, comprometidas y promueven activamente la misión de la comunidad. Entonces se hace importante identificar las disposiciones del resto de la comunidad. Probablemente hay algunos miembros que son "beneficiarios parásitos",[11] "rezagados", "vividores" o "resistentes",[12] pero si son relativamente pocos, no necesariamente comprometen la misión. Si se ha preguntado personalmente a cada miembro de la comunidad, no debería ser muy difícil calcular los números. Así pues, si identificamos que hasta un 20 por ciento de la comunidad está comprometido positiva, ávida y activamente, y que hasta un 20 por ciento correspondiente genera energía negativa, alienación, resistencia o no se involucra en el proyecto comunitario, esto todavía deja a la mayoría (60 por ciento) que podemos designar como "el grupo central". El diagrama es algo parecido a esto:

Fig. 18

BUSCANDO LA "MASA CRÍTICA"

ENERGÍA POSITIVA	GRUPO CENTRAL	ENERGÍA NEGATIVA
20 por ciento	60 por ciento	20 por ciento

Las personas en el grupo central son, en un sentido real, críticas para el proyecto de la comunidad y su supervivencia. Algunas de ellas, y quizás la mayoría, pueden ser ancianas, estar enfermas o incapacitadas, pero también estarán entre los miembros de la comunidad más dedicados y fieles. Asumiendo que una comunidad puede identificar a las tres cuartas partes de este grupo central (tres cuartas partes del 60 por ciento = 45 por ciento del total) como celosos y comprometidos con la misión de la comunidad, eso deja a la otra cuarta parte (una cuarta parte del 60 por ciento = 15 por ciento del total) que, aunque no están alienados ni se resisten activamente, son tibios, tórpidos, postergadores o poco fiables, o como el hijo que le dijo a su padre que iría a la viña pero luego no lo hizo (Mt 21,30). Entonces nos quedamos con un cálculo aproximado (fig. 19). La figura del 65 por ciento con energía positiva está compuesta por el 20 por ciento de energía positiva más tres cuartas partes del 60 por ciento (el grupo central); el 35 por ciento de la energía negativa está compuesto por el 20 por ciento de los resistentes o de los que se aprovechan de la situación, más una cuarta parte del 60 por ciento del grupo central. Entonces, con una mayoría prácticamente de dos tercios de la comunidad generando una gran energía o apoyando a los que la tienen, a través de la oración, el apoyo moral y la aprobación real, parecería que la comunidad tiene ciertamente una "masa crítica" de energía *communitas* con la cual seguir comprometida con la misión.

Fig. 19

CALIBRANDO LA "MASA CRÍTICA"

ENERGÍA TOTAL POSITIVA	ENERGÍA TOTAL NEGATIVA
20 por ciento + 45 por ciento = 65 perc por ciento ent	20 por ciento + 15 por ciento = 35 por ciento

Sin embargo, si el conjunto de energía positiva cayera por debajo del 50 por ciento de toda la comunidad, sería dudoso que hubiera una masa crítica; entonces la gente tomaría decisiones, algunos dejarían la comunidad para unirse a otra con más energía y enfoque, otros se "jubilarían" y dejarían de ser responsables de autoridad legítima. Esto señala claramente la desaparición de cualquier comunidad.

Esta es una forma sencilla y aproximada de identificar la "masa crítica". Originalmente la frase misma se refería a la cantidad mínima de material radiactivo que permitiría iniciar una reacción en cadena, pero sirve muy bien para identificar la cantidad mínima de compromiso misional necesaria para asegurar que una comunidad esté viva y sea fiel. Aunque estas son cifras aproximadas, cualquier comunidad puede hacer cálculos más precisos sobre la fuerza con la cual se pueden formular políticas futuras. Evidentemente, cuanto más alto sea el porcentaje de energía positiva por encima del límite de 60 por ciento (o cuanto más bajo sea el porcentaje de energía negativa por debajo del límite 40 por ciento), más vital sera una comunidad y más comprometida con la misión.

La importancia del apoyo de la mayoría del "grupo central" no se puede enfatizar más: que una comunidad esté reducida en número, y enferma o envejeciendo no son en sí mismos un impedimento para la fidelidad de la comunidad a la misión. Muchas personas, enfermas o inactivas, son una tremenda bendición y un recurso para toda la comunidad y más allá de ella por su celo misional y ardiente fidelidad. Su compromiso puede ser una inspiración para el 20 por ciento positivo que tiene la energía física pero que está muy necesitado del apoyo moral de la comunidad. Algunos de los miembros más ancianos que fueron sus antiguos mentores, siguen siendo figuras respetadas, y se dedican a la oración—el motor de las personas y las comunidades.

Queda un dilema. Los miembros más jóvenes de la comunidad pueden no ser culturalmente libres para tomar decisiones importantes para el futuro, mientras los mayores sigan vivos; después, no tendrán otra opción. Pero si no está claro qué dirección se tomará en veinte años, ¿cómo vivirán fielmente los miembros más jóvenes de hoy en día mientras tanto? El dilema debe ser abordado desde el liderazgo actual.

Communitas, Liminalidad y Creatividad

La energía *Communitas* es un imperativo para la supervivencia e impone una seria responsabilidad a los miembros de la comunidad, pero también debe reconocerse la profunda conexión entre *communitas* y *liminalidad*. *Communitas* se refiere tanto a un grupo con una visión común y la energía que genera—y por extensión, a la comunidad con una masa crítica de compromiso ante el desafío de una causa noble. Su manifestación clásica es la aventura de un proceso de iniciación cuyo resultado no es claro, pero cuyo valor es incuestionable: una experiencia de noviciado, una expedición, un retiro o un compromiso de vida. Durante ese proceso, los aventureros o neófitos constituyen un grupo separado de la comunidad más amplia, y aunque se reconectarán después, durante un tiempo indeterminado serán marginales o *liminales*, entre una situación previa y conocida y una posterior pero actualmente desconocida.

La liminalidad o marginalidad se aplica a aquellos que se considera que no son de la corriente (o grupo) principal, típica o incluso normal. La suya es una experiencia mayor e intensa, pero puede ser desconocida o poco preocupante para algunos de la mayoría. Algunos miembros muy celosos pueden ser marginados por otros que se sienten amenazados o celosos: tal es la suerte del profeta. En la medida en que sean marginados o ignorados, a menudo son vistos como, o se consideran, vulnerables, afligidos y débiles. Nuestra tradición está llena de ejemplos de tal debilidad y sufrimiento. Jeremías grita: "¡Ah, Señor Yahvé! Mira que no sé expresarme, que soy un muchacho" (Jer 1,6); Dios dice sobre san Pablo: "Yo le mostraré cuánto tendrá que padecer por mi nombre." (Hch 9,16); e innumerables santos y fundadores hablan de su experiencia personal de vulnerabilidad o indignidad ante una imponente tarea. *Liminalidad* o marginalidad es, por lo tanto, más que simple fragilidad o enfermedad; es también fuerza y creatividad potencial, o lo que podríamos llamar *marginalidad creativa*. Seguir esta línea de pensamiento nos llevaría de nuevo al trabajo de Jung Young Lee.[13]

La gente *liminal* puede formar lazos invisibles de apoyo como una comunidad de iguales comprometida con una tarea inspiradora, unida por una visión común y confianza mutua. Aunque no pueden saber el futuro, están comprometidos apasionadamente con la tarea. Pero para que la tarea dé frutos, la creación y mantenimiento de la confianza es de crucial importancia.[14] Si se rompe la confianza, ya sea entre los dirigentes y la comunidad en general o entre los miembros de la comunidad general, es extremadamente difícil de reparar, pero como la vida intercultural es un compromiso *basado en la fe*, la reparación se debe intentar como prioridad urgente. *Communitas* no es la experiencia de una sola persona, sino que florece gracias al apoyo mutuo de un grupo frágil o de un grupo de personas frágiles. Pero las personas que son creativas, innovadoras, visionarias y pioneras están ellas mismas necesitadas de la *communitas*, como lo estaba Jesús. Aunque la *communitas* tiende a carecer de estructura, si le faltara toda la estructura para apoyarla y sostenerla, sería más bien como el vino sin botellas. De manera similar, la comunidad normativa o institucionalizada con mucha estructura, pero sin la infusión de la energía *communitas* sería como botellas sin vino. El vino y las botellas pueden existir independientemente; pero cada uno se ve realzado con la presencia del otro. San Pablo expresa vívidamente esta relación cuando insta a Timoteo a avivar la llama del don de Dios o "que reavives el carisma de Dios que está en ti" (2 Tim 1,6). Sin eso, la incandescencia original se desvanecerá y fracasará.

Avivando la Llama

Hace casi cuarenta años, Lawrence Cada y sus colegas escribieron sobre la "curva de vitalidad", una forma de identificar los cambios y etapas del crecimiento o decadencia de la vida religiosa.[15] Como sus miembros, una comunidad es mortal, puede crecer, disminuir y morir, pero si es reconstituida y revigorizada en un punto crítico, puede florecer de nuevo siempre y cuando se generen ráfagas periódicas de *energía communitas*. Beatrice Bruteau, como otros, ha abordado detalladamente este tema. Ella habla de crecimiento o decadencia institucional como si fueran las estaciones del año, "culminando en 'invierno' cuando están al borde del colapso".[16] Esto sería debido, de hecho, al cambio de una comunidad normativa a una mecánica. En ese punto, ella cree, hay cuatro posibles resultados: "salir del paso, el descenso al caos, aumento del autoritarismo y cambio transformacional".[17] En la terminología utilizada aquí, este cambio transformacional sería el resultado de una nueva infusión de *communitas*, sin la cual, una de las otras tres posibilidades se materializaría.

Al considerar la longevidad de la vida comunitaria intercultural, también deberíamos animarnos al recordar que *communitas* es la sangre vital de la vida en comunidad, y que requiere el compromiso de las personas que abrazan un grado de marginalidad y vulnerabilidad—por el reino de Dios. De hecho, la liminalidad permanente, como hemos señalado, marcó toda la vida de Jesús: vivió al margen de la sociedad, experimentó la incomprensión y la condena, fue abandonado por sus amigos y dio su vida por los demás. El desafío de la vida intercultural es el desafío del discipulado radical, el cual no es ni fácil ni sin dolor. Jesús les dijo a los Doce de manera inequívoca, "Para los hombres, imposible; pero no para Dios, porque todo es posible para Dios" (Mc 10,27); "Nadie que pone la mano en el arado y mira hacia atrás es apto para el Reino de Dios" (Lc 9,62); y "El cielo y la tierra pasarán, pero mis palabras no pasarán" (Mt 24,35). Es porque tomamos estas palabras muy en serio que nos comprometemos a la vida intercultural por el bien del futuro de la vida religiosa internacional y la misión a la que sirve.

Seguimiento Sugerido

1. ¿Puedes identificar, en tu propia comunidad, aspectos de la comunidad espontánea (*communitas*), institucional (normativa) e incluso mecánica (enferma/muriendo)?

2. ¿Tiene tu comunidad una "masa crítica" de energía y enfoque con la cual continuar la misión?

3. Hay una conexión entre *communitas* y *liminalidad* o marginalización. Esto es indicativo de profetas y soñadores creativos, personas que preguntan "¿qué pasaría si?" y "¿por qué no?" ¿Qué tan bendecida es tu comunidad a este respecto y cómo se mantienen enfocados y fieles los miembros creativamente marginales o *liminales*? ¿Hay problemas?

4. La "liminalidad permanente" marcó la vida de Jesús. Él también tenía una comunidad (que virtualmente lo abandonó en un momento crítico); y tenía su vida de oración para sostenerlo. Así debe ser para nosotros. ¿Dónde encuentras el apoyo de la comunidad, y cómo te sostiene tu vida de oración personal para el desafío de la misión de Dios?

Capítulo Doce

De la Invitación a la Bienvenida Radical

Hacer Realidad la Comunidad Intercultural

En este libro, cada uno de los capítulos—y quizás algunas secciones separadas dentro de un capítulo, así como cada uno de los cinco apéndices—puede ser visualizado como una pieza de un rompecabezas. Cada uno de ellos puede representar el trabajo que cada miembro de la comunidad comprometido con la vida intercultural debe realizar para construir la nueva entidad cultural. Y así como cuando se arma un rompecabezas, el cuadro terminado que se revela representa lo que el que creó el rompecabezas estaba tratando de recrear, así también, si una comunidad se compromete con la tarea, llegará el día en que una nueva forma de vida, real y existencial se vuelva claramente identificable.

Pero ninguna persona que arme rompecabezas compraría uno sin antes ver y ser atraído por la hermosa imagen de la tapa de la caja, que revela cómo puede ser cuando esté armado; esto se convierte tanto en un incentivo como en una guía cuando nada parece encajar y todavía no ha surgido una imagen clara. Así pues, tras haber intentado identificar varias piezas e indicado su interrelación, antes de concluir este libro necesitamos proporcionar una imagen global de lo que una comunidad intercultural madura—no perfecta, siempre en proceso, pero basada en una visión clara—podría parecer realmente.

Todo lo que hemos explorado en las páginas anteriores ha sido con el fin de articular no solo cómo puede existir realmente una comunidad

Fig. 20

DE LA INVITACIÓN A LA BIENVENIDA RADICAL

	INVITACIÓN	INCLUSIÓN	BIENVENIDA RADICAL
EL MENSAJE	*"Ven y únete a nosotros y comparte las riquezas de nuestra tradición cultural y religiosa".*	*"Ven y únete a nuestra comunidad y ayúdanos a diversificarnos interna e internacionalmente".*	*Trae tus valores culturales y religiosos, tu voz y a ti mismo: ayúdanos a convertirnos en una comunidad intercultural".*
EL PROPÓSITO	*ASIMILACIÓN: Invitamos a nuevas personas a ser uno de nosotros como parte de nuestra comunidad.*	*INCORPORACIÓN: Los "otros" marginales son bienvenidos, pero se mantienen el estilo y las prácticas de la comunidad.*	*ENCARNACIÓN: La comunidad se transformará con los talentos y el compromiso de fe de cada persona.*
EL COSTO	*Bajo costo para la comunidad: las estructuras están establecidas y los recién llegados se incorporan a ellas. Los que se resisten son marginados o eliminados.*	*Algún costo para la comunidad: predica la inclusividad, pero no practica el análisis del poder o el autoanálisis. Las personas nadan o se hunden.*	*Hay un costo significativo para la comunidad, trata de practicar la inclusión real y de enriquecerse mutuamente a través de la infusión de formas nuevas y culturalmente diferentes de vivir la fe.*
LOS RESULTADOS	*Cifras alentadoras, pero la comunidad es muy monocultural. Los que son diferentes son marginados o se les pasa por alto.*	*Alta rotación de miembros. Quienes no son de la corriente principal son silenciados o se les hace salir. La comunidad sigue siendo en gran medida monocultural, con pocas excepciones.*	*La comunidad evoluciona orgánicamente. La diferencia es valorada y dignificada. La autoridad no domina, sino que respeta a todos. Hay un espíritu y compromiso misionero común.*

intercultural sino también, de manera crítica, cómo puede cumplir mejor un propósito mayor que su propia supervivencia: la misión, el apostolado, el ministerio al que sirve y al que cada miembro se dedica. El "modelo para",[1] esa comunidad que ofrezco en este último capítulo deriva, en gran parte, de una planilla producida por Stephanie Spellers, la autora de un libro muy útil para las congregaciones multiculturales.[2] De manera algo similar a Eric H. F. Law, ella explica cómo las iglesias pueden acoger mejor a los de afuera u "otros" con sus diversas diferencias y así ampliar la mezcla cultural de congregaciones. Sus tres etapas, de la invitación radical a la bienvenida radical, encajan muy bien con lo que se está discutiendo aquí (fig. 20).

Hay tres columnas verticales llamadas "Invitación", "Inclusión", y "Bienvenida Radical", respectivamente, que se usan para describir tres tipos diferentes de comunidad, de la menos a la más efectiva en el contexto de la creación de una comunidad inclusiva y llena de fe. En el lado izquierdo del cuadro hay un conjunto de parámetros que especifican, primero, el mensaje que se desea transmitir a cada uno de los tres tipos de comunidad, y luego el fin que se pretende alcanzar, los medios para alcanzarlo, el costo y el resultado final. Así que primero podemos visualizar tres comunidades que contrastan: una comunidad de invitación, una comunidad de inclusión y una comunidad de bienvenida radical. Después podemos analizar sus características específicas.

Tres Tipos o Estilos de Comunidad

1. *Una Comunidad de Invitación*

El *mensaje* que se transmite aquí, implícita o incluso explícitamente, es que la comunidad ya está bien establecida, segura de su identidad y propósito, y abierta a nuevos miembros bajo ciertas condiciones bien especificadas. Se hará que los potenciales miembros de la comunidad se sometan a las condiciones para ser miembros y luego serán evaluados debidamente.

El *propósito* de la comunidad es regenerarse y crecer mediante la asimilación de nuevos miembros. Se les socializará (se les aculturará a la cultura de la comunidad existente) y se les evaluará de acuerdo con su maleabilidad, adaptabilidad y conformidad. Deben ser capaces y estar dispuestos a encajar en la comunidad, pero no constituirán un reto para ella, ni la comunidad los tomará muy en serio, al menos en los primeros años. Una de las características del período de formación será neutralizar, minimizar o incluso borrar sus variaciones culturales y personales en relación con las normas de la comunidad, y el corolario: establecer e inculcar esas normas y expectativas.

El *costo* para la comunidad existente será muy pequeño pero, para el posible recluta, la experiencia podría ser traumática. "Las reglas son reglas" en la comunidad y no deben ser alteradas o desafiadas. "Mantén la Regla y la Regla te mantendrá a ti". Los que pueden amoldarse pueden unirse; los que no se pueden amoldar no permanecerán o serán marginados. Si perseveran y quieren quedarse, su conformidad tendrá un gran costo para su integridad cultural y la legítima expresión de su fe.

El *resultado*, mientras prevalezca esta situación, puede ser que un número significativo de personas se sienta inicialmente atraído a la comunidad (y en este caso habría que evaluar muy cuidadosamente "lo que atrae" para ver si es compatible con el espíritu de la comunidad: oportunidades de educación y viajes, movilidad ascendente o libertad de las limitaciones de los padres o los familiares pueden ser factores que contribuyan significativamente en este caso). No obstante, si la comunidad misma siguiera siendo predominantemente monocultural, con un reconocimiento meramente simbólico de otras culturas (alimentos, vestidos o liturgias ocasionalmente variados), entonces las personas sacrificarían elementos significativos de su identidad cultural (modos de orar, celebrar, guardar luto, socializar, etc.) o, si estuvieran en la minoría numérica, serían marginados, pasados por alto y efectivamente "silenciados".[3]

2. *Una Comunidad de Inclusión*

El *mensaje* aquí ha cambiado de "únete a nosotros y te enseñaremos todo lo que necesitas saber y hacer" a uno mucho más complaciente: "ven y únete a nosotros para que puedas traer la tan necesitada sangre nueva, nuevas perspectivas y nuevas formas para que todos se acerquen más a la comunidad de inclusión prevista y enseñada por Jesús". El mensaje aquí es particularmente atractivo para los de afuera conscientes de sus diferencias pero que las ven como fortalezas y no simplemente como una desviación o deficiencia. Y para los de adentro también es atractivo porque sugiere que su longevidad podría extenderse y por lo tanto la misión podría continuar, pero con algunas personas, energía e ideas nuevas.

La *meta* ya no es la asimilación, que sabe a absorción y—para los que están siendo asimilados—a pérdida de identidad. La "incorporación" tiene por objeto transmitir la noción de que la comunidad existente modificaría sus propias estructuras y procedimientos para recibir a personas de diversas culturas, como se prepararía un anfitrión para mostrar respeto por un invitado o forastero anticipando algunas de sus necesidades reales.

Esta actitud también implica que la comunidad anfitriona es una oyente atenta, dispuesta a acomodarse a las necesidades del invitado cuando sea posible, *por el bien de la misión y la habilidad de la comunidad para servirla fielmente*. No se trata de que los de adentro comprometan los principios ni de que el que llega manipule a la comunidad, sino más bien de una política deliberada de compromiso realista en situaciones que han cambiado significativamente desde la era "monocultural" y las prácticas monolíticas de la vida de la comunidad religiosa—pero siempre por el bien de la misión, el apostolado y las necesidades de los destinatarios del servicio de la comunidad.

El *esfuerzo* tiende a ser muy intenso: se centra explícitamente en una mayor inclusión y diversidad mayor, pero es mucho menos sensible a las necesidades de cambio estructural de la comunidad, lo que implicaría principalmente una evaluación cuidadosa de la distancia de poder y el análisis del poder.[4] La retórica suena atractiva pero la realidad lo demuestra menos. El choque de expectativas cuando la gente de culturas de mucha distancia del poder se enfrenta con la de culturas de poca distancia del poder puede causar enorme confusión y mala interpretación mutua. Una vez más, los miembros de una comunidad estable y particularmente monocultural pueden estar perfectamente a gusto con la forma en que se ejerce la autoridad. Pero si se añaden algunos nuevos miembros de diferentes antecedentes culturales, la resistencia, mala interpretación y hostilidad latentes pueden estallar en resentimiento e incluso en rebelión.

La forma en que se distribuye el poder (y la autoridad) en la comunidad es una cuestión que debe ser reevaluada con gran delicadeza y fineza si se quiere que una comunidad previamente estable pueda funcionar cuando entren en ella nuevas personas con diferentes experiencias y expectativas. Los malentendidos no atendidos pueden ser el semillero de respuestas crudas y racistas de los miembros de la comunidad, que podrían haberse anticipado y quizás evitado si el tema del poder y la autoridad se hubiera abordado a nivel de comunidad. Eso no quiere decir, sin embargo, que cada eventualidad negativa pueda evitarse simplemente invitando a todos a sentarse a discutir tranquilamente las cuestiones. Sin embargo, muchos de nuestros malentendidos se deben a entendimientos y actitudes culturales implícitos que no se cuestionarían en un entorno monocultural pero que producen una gran confusión, lo que lleva a juicios negativos en una comunidad multicultural.

El daño que enfrenta una comunidad ostensiblemente comprometida con la inclusión es que los titulares del poder y la autoridad dan mucho por hecho y no escuchan otras voces. Un llamado general de los dirigentes a todos los miembros para que sean tolerantes y leales puede impedir un debate abierto muy necesario. Y si aquellos en posiciones de liderazgo se sienten amenazados, la cálida bienvenida original ofrecida por la comunidad puede enfriarse rápidamente, y a los que llegaron de culturas diferentes a la de los líderes se les puede dejar que libren una batalla solitaria con probabilidades abrumadoras en contra.

El triste *resultado* (triste porque, entre otras cosas, se pudo evitar) es un flujo constante de tráfico en ambos sentidos: las personas se sienten atraídas por las promesas y las perspectivas, pero la realidad no es lo que esperaban o podían afrontar. En consecuencia, algunas se irán y otras se quedarán por un período corto o largo mientras evalúan su posición. Si ellas se sienten constantemente pasadas por alto o marginadas, pueden irse. Y si una persona que fue su ancla o líder moral decidiera irse, a menudo varias más harán lo mismo como consecuencia. Sin embargo, la comunidad no comprende la dinámica de la situación; y a pesar de la simbología con respecto a las personas de las minorías o las diferencias culturales, la mentalidad y organización institucionales permanecen resolutamente monoculturales y aparentemente incapaces de imaginar un futuro diferente de su propia experiencia pasada.

3. Una Comunidad de Bienvenida Radical

Dicha comunidad solo puede nacer como resultado de un momento o proceso de conversión previo entre los miembros. A veces esto ocurre como resultado de una iniciativa dentro de la comunidad, como cuando reflexiona seriamente sobre el llamado del Vaticano II de volver a las raíces y emprender un proceso de *resurgimiento*: tanto un re-examen de su tradición oculta o superpuesta o de sus *fuentes* fundacionales, y una renovación motivada por el descubrimiento de *recursos*. Los nuevos recursos más evidentes que se han identificado, particularmente en el último medio siglo, son el personal mismo, proveniente cada vez más de muchas culturas diversas y buscando ser parte de la misión de la Iglesia en el contexto de comunidades internacionales e interculturales. Un simple "regresar a las fuentes" de una fundación monocultural del siglo XVIII no es obviamente suficiente sin un "volver a la persona" o el reconocimiento del desafío y oportunidad que ofrecen los nuevos recursos de personal en sí.

Mientras dominaba el modelo "asimilacionista" clásico, aunque pudo haber un pequeño grupo de personas de culturas diversas, no se les permitió modificar las viejas formas de organización comunitaria y el antiguo concepto de "La Verdad" como un artículo mantenido orgullosamente por la comunidad. En la iglesia de hoy, sin embargo, las ideas de la gente de culturas diversas deben ser realmente apreciadas como adición de elementos nuevos e intrínsecamente importantes para el Cuerpo de Cristo. La Iglesia necesita estar abierta y apreciar las nuevas formas de vivir la fe a través de la cultura, a nuevas interpretaciones de la verdad no como un artículo sino como un tesoro que aún se está descubriendo. Consecuentemente debe haber nuevos enfoques para la misión misma. Sin tales descubrimientos y enfoques, no habrá una reimaginación ni reestructuración radical de la vida de la comunidad que la equipe para afrontar los desafíos contemporáneos, y mucho menos para estar a la altura del futuro.

La creciente apertura a la gente de culturas diferentes, aunque estimulada por el Vaticano II, no se originó dentro de la Iglesia. Más bien, en muchos sentidos, el Vaticano II fue una respuesta a un mundo e iglesia cambiados, así como una iniciativa. Y el estímulo más obvio para la conversión de la comunidad fue el hecho de que personas de diferentes culturas—anteriormente receptoras del mensaje cristiano, pero ahora comisionadas por su propio bautismo—querían tomar una parte más activa e incluso de por vida en la misión de Dios. Estos dos grupos de estímulos—el llamado a recuperar las mejores ideas y prácticas de los fundadores y el llamado a responder y colaborar con personas de culturas y experiencias diferentes—son los prerrequisitos para la formación de las comunidades interculturales. Cuando cada una de ellas se toma con la misma seriedad, existe potencial para la evolución de comunidades de bienvenida radical.

El *mensaje* proclamado por dicha comunidad es que existe una invitación abierta a que la gente venga, sin ocultar o minimizar su propia identidad cultural, ni su propio yo maduro, y a ver si, entre la comunidad existente y ellos mismos, se puede encontrar una manera de que todos celebren su fe común y compromiso vocacional, específicamente en el contexto de una comunidad de personas diversas comprometidas a desarrollar una relación de interdependencia respetuosa y respeto mutuo, tolerancia e indulgencia. Evidentemente esta es una tarea muy difícil, pero esa es la naturaleza de la invitación y el deseo expreso de una comunidad de bienvenida radical. Presupone, por supuesto, que los miembros de la comunidad actual también traten activamente de desarrollar algunas de las habilidades y virtudes que hemos identificado, y que puedan mostrar la paciencia y orientación apropiadas a cualquiera que sea relativamente nuevo en la comunidad o que acabe de entrar en ella.

La *meta* de esa comunidad no es ni la asimilación de los nuevos miembros ni la suposición de su incorporación satisfactoria sin los ajustes apropiados de los miembros actuales. Más bien, la meta debe ser siempre una mayor fidelidad a su llamado individual y común y a la misión que sirven como comunidad. Esto requiere por parte de todos, un intento exhaustivo de escuchar, diferir, alentar y cambiar, en lugar de simplemente basarse en la suposición de que los miembros que llegan obedecerán, se conformarán, aceptarán y cambiarán ellos mismos. Una comunidad intercultural exitosa se mide por la atención de cada miembro a los varios "otros" que constituyen la comunidad total. Y tal atención generará en el espíritu de cada persona un llamado a la conversión continua y permanente, para configurarse más a Jesucristo y estar más informado y ser más respetuoso de las diferencias que se encuentran diariamente.

El *esfuerzo* que se requiere aquí demanda que los miembros de la comunidad se preparen adecuadamente, no solo socialmente sino también psicológica y espiritualmente, para acoger las similitudes y diferencias encontradas en cada interacción entre las personas. Es particularmente necesaria la sensibilidad hacia las personas de muy diferentes antecedentes y hacia los que constituyen una minoría cultural en la comunidad; pero esto no debe significar tratar a otros adultos como niños indefensos. Siempre existe la tendencia a sentirse intimidado por la "otredad", y consecuentmente a retirarse de ella, o a sentirse atraído por su novedad y querer domesticarla o controlarla. Por lo tanto, se requiere una madurez real si se quiere que las personas con antecedentes y experiencias muy diferentes se unan con éxito y formen relaciones maduras de interdependencia mutua.

El *resultado*, es tentador decirlo, sería una comunidad perfecta. Pero no existe tal cosa; y porque las comunidades son orgánicas, cambiantes y en evolución, el resultado será de hecho una comunidad de personas comprometidas entre sí, con la misión y con su propia conversión continua. Pero su característica particular sería que demostraría la posibilidad real de que las personas puedan estar unidas en lugar de estar divididas por sus diferencias, y que la comunidad se esfuerce por ver, como Dios ve, que las diferencias pueden ser profundamente enriquecedoras. La propia creación de Dios se manifiesta en diferencias ilimitadas y la sociedad humana en culturas innumerables. Pero Dios llama a toda la comunidad humana a tratar de vivir como una familia, y las diferencias culturales son en sí mismas parte de lo que significa ser humano. La oración de Jesús, pidiéndole a su *abba* que "todos sean uno" (Jn 17,11, 21) es la razón de nuestros esfuerzos por hacer comunidad, y el himno de san Pablo a la unidad en la diversidad ("El cuerpo humano, aunque tiene muchos miembros, es uno; es decir: todos los miembros del cuerpo, no obstante su pluralidad, forman un solo cuerpo. Pues así también es Cristo" [1 Co 12,12-27]) es nuestra inspiración.

Por supuesto, la gente ha dicho, y algunos todavía lo mantienen, que esto es imposible, desesperadamente romántico, o incluso equivocado, y que el "desarrollo separado" es mejor para todos. Esa clase de argumentos están a un solo paso del *apartheid* forzado o de la "Solución Final", de Hitler y tan lejos de la llamada de Jesús como uno podría imaginar. Su llamado a la unidad en la diversidad es el ideal por el cual nos esforzamos. Jesús nunca trató de esconder el costo real: imposible para los seres humanos, pero todavía posible con la ayuda de Dios (ver Marcos 10,27). Por eso, cualquier intento por formar comunidades interculturales—no obstante el compromiso intelectual y moral—es, en última instancia e inequívocamente, un acto de fe, sostenido por la esperanza y fortalecido por el amor.

Seguimiento Sugerido

1. ¿Puedes—individualmente o como comunidad—identificar el mensaje, el propósito, el costo y el resultado implícito en tu propia comunidad?

2. ¿Puedes sugerir posibles mejoras que lleven a tu comunidad a una mayor conformidad con la esperanza de tus fundadores y el llamado de Jesús?

Apéndice I

"Bagaje Cultural"

Por años, advertí a los estudiantes que nunca usaran una definición del diccionario cuando emplearan palabras teológicas como "espiritualidad" o "esperanza". El lenguaje teológico es especializado, y un diccionario típico no puede manejarlo adecuadamente. Pero ahora estoy a punto de utilizar yo mismo una definición del mismo, en parte porque es apta y en parte porque la palabra que quiero explorar no es exactamente teológica: es simplemente "bagaje".

Siempre que viajamos lejos de casa llevamos equipaje o bagaje. Las palabras tienen connotaciones tanto positivas como negativas. Positivamente, identifican lo que es necesario para nuestro viaje y estancia; negativamente, la definición del *Diccionario "Random House"* es "cosas que obstaculizan la libertad, el progreso, el desarrollo o la adaptabilidad", con una referencia añadida de "bagaje intelectual", o lo que sea que "le impida a uno pensar claramente; [o] conflictos neuróticos que surgen al luchar con demasiado bagaje emocional". Esto nos proporciona un tema útil para la reflexión: ¿qué llevamos con nosotros en nuestras experiencias entre culturas e interculturales? ¿Es necesario y útil o podría dejarse algo de eso atrás? Difícilmente podemos viajar lejos o por períodos largos sin ningún tipo de bagaje; sin embargo, mucho de lo que llevamos resulta superfluo o inútil en las situaciones que encontramos. Con estos pensamientos en mente, consideramos algún "bagaje cultural" que podemos llevar y evaluamos su conveniencia en las circunstancias en las que nos entramos.

Como seres culturales, criaturas formadas y moldeadas por la cultura, no podemos simplemente abandonar cada rasgo de nuestra identidad cultural (inculturada) y viajar desnudos hacia un encuentro entre culturas. Pero apenas estamos conscientes de algunos elementos de nuestro bagaje cultural, o simplemente los damos por sentado, hasta que nos enfrentamos a una situación en la que parecen bastante fuera de lugar o en marcado contraste con los estilos y modas que nos rodean. Consideremos brevemente un puñado de tales elementos y veamos cuán necesarios o desechables pueden ser, empezando con el etnocentrismo, ya mencionado.[1]

1. Etnocentrismo

La propensión humana a ver las cosas y a formarse opiniones inicialmente desde un punto de vista subjetivo es perfectamente normal y natural; pero dejadas "sin redimir", o no contrarrestado con un intento serio de ver las cosas más bien objetivamente o desde otras perspectivas, puede ser pernicioso y destructivo. El etnocentrismo no redimido es sinónimo de parcialidad, prejuicio y condescendencia, hasta el racismo, sexismo, clericalismo y muchos otros "-ismos" venenosos. Del hecho brutal de que yo no soy el centro del universo y de que hay miríadas de otras personas con sus propios puntos de vista subjetivos, se deduce que, si ha de haber una auténtica comunicación, entre las personas—y *a fortiori* entre personas de diversas culturas y etnias—debe haber un intento consciente y mutuo de identificar sus respectivos prejuicios etnocéntricos y de esforzarse por ver o apreciar también otras perspectivas. Esto no quiere decir en absoluto que todos deban abandonar inmediatamente los principios por los que viven, sino que al menos deben ponerlos a prueba mediante el diálogo. El etnocentrismo nos da una visión estrecha y miope de la realidad que simplemente no es lo suficientemente buena para servirnos adecuadamente en situaciones novedosas. Como una pieza del bagaje cultural, necesita ser reemplazada por algo mucho más adecuado: la visión binocular y el balance.

2. Relativismo

En su forma más simple, el relativismo se refiere a cualquier teoría o criterio de juicio que esté sujeto a revisión conforme varíen las circunstancias. Este sería un enfoque "vive y deja vivir" a las diferencias humanas—en comida, moda, mobiliario y todo lo demás. Pero hay grados de relativismo que necesitan ser identificados. El relativismo extremo o "absoluto" sostendría que "todo se vale" y que no hay estándares universalmente aplicables: todos son libres de hacer lo que cada uno elija y nadie tiene derecho a interferir. Esto, por supuesto, es una receta para la anarquía total o el desorden.

Por otro lado, las personas que se encuentran con ciertas cosas (mucho más fáciles de ver en las culturas de los demás que en la suya propia), como el maltrato a la mujer mediante el tráfico sexual, la violencia doméstica, la esclavitud o la restricción de la libertad, el trabajo infantil o la pornografía infantil, la imposición de la pena de muerte o los ataques militares preventivos, etc., están comprensiblemente disgustadas e incluso indignadas. En su mayoría, estas personas son relativistas "relativas": creen que la tolerancia mutua y la libertad son necesarias, pero no ilimitadas, que algunas cosas son relativas u opcionales—pero no todo.

En una comunidad intercultural, el bagaje cultural que cada persona trae consigo, incluyendo la tolerancia o intolerancia al relativismo, se pondrá a prueba. El relativismo extremo o sin matices (ausencia total de estándares morales, arbitrariedad absoluta de ellos o la afirmación del propio derecho a hacer lo que uno quiera) es evidente y totalmente inaceptable. Este bagaje cultural no tiene cabida en una comunidad intercultural. Por otra parte, dado que cada persona puede tener algunas prácticas o comportamientos que otras pudieran encontrar difíciles e incluso objetables, todos juntos tendrán la responsabilidad de determinar lo que constituye el "bagaje" adecuado para ser llevado a la comunidad. Se situará en algún lugar entre los extremos de la uniformidad absoluta y el propio interés total.

3. Romanticismo

Una persona puede llegar a una comunidad con una mente y corazón abiertos, pero también puede ser muy ingenua. Tales románticos son "fantasiosos, imprácticos y no realistas", como dice acertadamente el diccionario. Ellos creen, con el *Cándido* de Molière, que están viviendo en "el mejor de todos los mundos posibles". No lo están, ni ninguno de nosotros lo está. Consecuentemente, los románticos encontrarán difícil la vida en comunidad a veces y probablemente la harán difícil para otros a menos que se vuelvan mucho más realistas (pero sin degenerar en cinismo): los románticos tienden a ver todo como bueno o a hacer creer que todo es bueno, mientras que los cínicos perciben lo opuesto y se vuelven amargados y egoístas. El romántico siempre es optimista, siempre buscando lo bueno en todos y en todo; pero el realista está consciente de las imperfecciones de los seres humanos y sus culturas y el realista virtuoso es apropiadamente tolerante y perdonador. La dificultad para el romántico se hará evidente cuando a veces algo salga muy mal o cuando lleguen malas noticias personales. La dificultad para la comunidad es que la *naiveté* del romántico afecta a todos los demás después de un tiempo. El romanticismo debería haberse superado antes de salir de casa y unirse a la comunidad. Es un bagaje que no se debería haber traído, pero es posible que una persona pueda dejarlo a un lado suave y gradualmente.

4. Pesimismo

Mientras el romántico congénito tiende a pasar por alto o simplemente no ve ciertas imperfecciones significativas, el pesimista habitual parece estar programado para no ver nada más. Si el romántico es "sol eterno" y el pesimista es "oscuridad eterna", entonces la realidad y el realista pueden encontrarse en algún punto intermedio. El realista no llega a la situación con una mente hecha, sino que sopesa la evidencia antes de hacer un juicio. El pesimismo crónico y el pesimista empedernido no contribuyen con nada a la comunidad y no tienen un lugar en ella. Sin embargo, ser pesimista no es carecer de esperanza: el pesimismo es una tendencia a anticipar resultados indeseables, y tiene su lugar; a veces hay una buena razón para esperar una dificultad o fracaso. Pero el pesimista habitual no espera otra cosa. La esperanza, sin embargo, es una virtud teológica y no negociable para los cristianos. Por lo tanto, puede ser perfectamente apropiado en un momento dado ser pesimista *y* aun así tener esperanza. No importa cuán pesimista seamos, nunca debemos abandonar la esperanza. Pero el pesimista congénito creará emanaciones negativas y deprimentes que, en última instancia, requerirán nada menos que la erradicación total del entorno de la comunidad. Como una pieza de bagaje cultural y temperamental, el pesimismo intratable y habitual no tiene lugar en la comunidad.

5. Los "-ismos": Tribalismo, Racismo, Sexismo, Clericalismo

Aquellos que protestan más fuerte que no son afectados por ninguno de estos podrían estar entre los más culpables. A veces puede ser mejor para todos, al comprometernos con una nueva realidad, reconocer interiormente que estamos realmente propensos a alguno de los anteriores—e incluso más. El tribalismo, de una forma u otra, puede corroer amistades y alienar a los amigos, aunque a veces puede ser lo suficientemente inofensivo, como cuando uno anima al equipo local. Pero si esto se hace con frecuencia y lo suficientemente alto, puede llegar a ser muy irritante para otras personas en la comunidad: se suele requerir moderación en lugar del chauvinismo extremo en cualquier grupo mixto. Pero también hay formas mucho más serias de tribalismo o racismo, sexismo o clericalismo que se manifiestan en rudeza, intolerancia o injusticia hacia las personas de otros grupos tribales o étnicos, de otro género, o de cualquier persona que esté fuera de las filas del clero. En general, todos los "-ismos" representan exceso pecaminoso o un prejuicio inaceptable: constituyen un peligroso bagaje cultural que no se le debe permitir al viajero. Estas cosas son tóxicas y bastante antagónicas para el espíritu de una comunidad basada en la fe.

6. Grupos Mudos y Representación

Estos son dos últimos elementos que solo pueden identificarse vagamente como bagaje: son hechos y realidades sociales que son el *resultado* o *efecto* de la insensibilidad cultural de una persona, más que meramente las características de la personalidad o disposición de esa persona. Pero estos resultados ciertamente no son aceptables, y en la medida en que deben su origen a un forastero que llega a una comunidad, se encuentran entre el bagaje o los impedimentos que debieron haberse dejado en casa. Representan el poder que una persona ejerce sobre otra debido a una insensibilidad culpable.

Los "grupos mudos" son víctimas, esas personas cuyas voces legítimas son silenciosas o son silenciadas. Se incluyen aquí porque pueden existir incluso dentro de una comunidad religiosa debido a otros miembros de la comunidad que poseen una cierta actitud como parte de su propio bagaje cultural. Algunas personas se adhieren al principio de que "los niños deben ser vistos, pero no escuchados" pero después generalizan ese principio. Así que pueden aplicarlo a los miembros más jóvenes de la comunidad, a los hermanos religiosos en una comunidad clerical o a las personas en formación inicial—de manera que no los escuchan o incluso no les dan la oportunidad de hablar y ser escuchados respetuosamente. Cuando esto sucede, hay personas o grupos mudos dentro de la misma comunidad. Las personas altamente egocéntricas pueden ser las más culpables en este sentido, particularmente si también utilizan un código de habla elaborado: estas dos tendencias juntas pueden llevar al dominio sobre otros que pueden ser de un contexto más sociocéntrico y que operan con un código de habla mucho más restringido.[2] Entonces se sienten empujados a guardar silencio o simplemente no son escuchados cuando hablan.

Dos factores contribuyen a la creación o perpetuación de los grupos mudos: culturales e interpersonales. Culturalmente, algunas personas no dominan una conversación, son oyentes y receptores respetuosas de información y comunicación y no se consideran principalmente como emisoras de opinión personal o capital intelectual. Si una conversación es dominada por personas elocuentes y obstinadas, estos oyentes-receptores pueden quedar aislados de cualquier decisión de la comunidad y ser considerados como sin voz ni opinión. Eric Law tiene una sugerencia muy eficaz: habla de "invitación mutua" como una forma de asegurar que nadie sea silenciado o excluido, sino que cada persona sea invitada a hablar y contribuir en las conversaciones y en la toma de decisiones.[3] En cualquier comunidad intercultural, esto podría convertirse en un procedimiento estándar, para las reuniones de la comunidad y en otros ámbitos, que abordaría significativamente una situación en la que podría haber un grupo de personas silenciadas.

La "representación" tampoco forma parte estrictamente del bagaje cultural de una persona—es un rasgo personal. Si un político abre un discurso con un elevado, "Hablo en nombre de todos mis electores", uno debería poder determinar hasta qué punto esto es cierto. Pero ¿cómo puede una persona representar la opinión de "todos", especialmente cuando "todos" representan una amplia variedad de personas? Aún más inaceptable sería que un clérigo dijera: "Hablo en nombre de las mujeres, o de los pobres o de la gente sin hogar". Es fácil caer en ese hábito. Los obispos americanos intentaron una vez este enfoque, proponiendo escribir una carta pastoral sobre las mujeres—hasta que las propias mujeres les recordaron que los clérigos no tienen idea de las circunstancias, preocupaciones o emociones de las mujeres en cuyo nombre suponían hablar. Una respuesta similar se escuchó con bastante fuerza en el Sínodo de la Familia de 2014. En el futuro, estas voces "silenciadas" deben ser escuchadas, y las personas de las diversas cohortes o grupos deben hablar por sí mismas y ser escuchadas respetuosamente. Si una persona o grupo presume de hablar "en nombre de" otros, la pregunta obvia sería: "¿por qué no pueden hablar ("representar") por ellos mismos?"[4] Con demasiada frecuencia, la verdadera respuesta sería que pertenecen a un "grupo silenciado". Por esa razón tal representación siempre y en última instancia será inaceptable.

Estos temas podrían ofrecer materia para la reflexión y estimular a todos a identificar cambios que podrían ser necesarios, tanto de actitud como de comportamiento, en el contexto de una comunidad intercultural floreciente.

Apéndice II

Habilidades y Virtudes para la Vida Intercultural

Tal vez *ad nauseam*, la afirmación "la buena voluntad no es suficiente" ha sido reiterada en las páginas anteriores, generalmente unida a la afirmación igualmente fuerte de que la vida intercultural exige habilidades que deben adquirirse o trabajarse asidua y continuamente, si se quiere que las personas vivan en armonía y sigan comprometidas con la misión. Ahora es tiempo de identificar algunas de ellas en términos específicos. Pero en lugar de tabularlos, usaré los términos empleados por varios autores, aunque algunos de estos son prácticamente sinónimos.

Dos prominentes autoridades contemporáneas, Wolfgang Messner[1] y H. Spitzberg,[2] crearon listas de verificación[3] que combino, pulo y aplico a nuestro contexto. Se invocan dos criterios: la *idoneidad*, que requiere que se respeten los valores de cada parte; y la *eficacia*, que se juzga según si los objetivos y esperanzas de cada parte se cumplen con la interacción. En nuestro contexto, "cada parte" puede ser una persona y la comunidad o una persona en el ministerio y las personas a quienes sirve. Nos fijamos, después, en las habilidades de especial relevancia para las personas de las comunidades interculturales y basadas en la fe.

Identificando un Conjunto de Habilidades

Conciencia de sí Mismo: A veces llamada reflexividad o introspección, es la habilidad de evaluar los efectos del comportamiento y la actitud de uno mismo en los demás. Requiere un grado de simpatía o empatía: la habilidad de verse reflejado uno mismo en la situación que enfrenta otra persona. La persona consciente de sí misma es consciente de sus prejuicios y límites, así como de sus talentos y cualidades personales. Consciente también de su influencia moral o de su posición en la comunidad, la persona consciente de sí misma tiene cuidado de no abusar del poder personal.

La Idoneidad es la sensibilidad a diferentes situaciones sociales, de modo que uno puede adaptar la vestimenta, el comportamiento o el discurso según corresponda. Algunas personas, perfectamente competentes de otra manera, parecen no tener ningún o poco sentido de lo que es apropiado y a veces se niegan a reconocer la importancia de la sensibilidad respetuosa hacia los contextos y las personas.

La Confianza en Sí Mismo se manifiesta en la confianza de una persona en su propia habilidad para manejar los desafíos (y la conciencia de las limitaciones). No debe confundirse con la audacia o la indiferencia temeraria e imprudente ante el peligro y las convenciones.

La Eficacia es simplemente la habilidad para lograr lo que uno se propone, pero requiere una confianza en sí mismo realista y la capacidad para aprender de los errores. Las personas que aprenden de los errores serán más realistas sobre lo que deben emprender y si pueden ser eficaces o no.

La Motivación o el compromiso con un objetivo es un prerrequisito para el éxito de la vida intercultural. Nuestra suposición debería ser que todo aquel que busque voluntariamente pertenecer a una comunidad intercultural tiene los motivos teológicos y pragmáticos apropiados, y una voluntad sincera de cambiar y agudizar su motivación para ponerla en consonancia con la del grupo general.

La Flexibilidad es la capacidad de cambiar de perspectiva durante el dar y recibir de la vida de la comunidad y de ser relativistas apropiados en lugar de relativistas absolutos (quienes carecen de cualquier valor o principio básico) o absolutistas (inflexibles y que quieren imponer sus valores a todos los demás). Es más probable que los que reconocen varias percepciones o perspectivas válidas en lugar de una sola, cambien de perspectiva de manera apropiada. La persona flexible es a la vez autónoma y colaboradora: basada y arraigada en valores personales, pero abierta y adaptable a los valores de los demás, siendo respetuosa de su otredad.

Mente Abierta: Cuando personas de diferentes culturas se reúnen con la intención de formar verdaderos lazos de colaboración, la apertura mental de cada una es crucial para el resultado. Cada una tiene que encontrar un balance entre las prácticas y los principios que necesita mantener y las que pueden ser adaptadas e incluso abandonadas. Es necesario un compromiso que no atente contra la integridad de una persona, pero la intimidación o coerción de cualquier tipo agriará y luego destruirá las relaciones auténticas.

Competencia en Comunicación: La presión de algunas personas se acumula como una olla de presión cuando no son capaces de expresar sus sentimientos o pensamientos adecuadamente. Esto se debe a que se sienten inhibidas o les falta la habilidad para expresarse claramente y sin hacer ataques personales. La competencia comunicativa es una habilidad que pueden desarrollar aquellos que buscan y piden ayuda genuinamente y que son pacientes con ellos mismos y con los demás. No es probable que las personas que son impacientes o se sienten amenazadas logren el nivel de competencia necesario para una vida intercultural armoniosa.

La Tolerancia es la habilidad de identificar a personas y circunstancias molestas y, sin embargo, abstenerse de atacar o condenar. La tolerancia no es una aceptación sin crítica; eso equivaldría a un relativismo no discriminatorio. La clave de la auténtica tolerancia es la indulgencia, que consiste en la aceptación paciente de lo que a veces puede molestar o irritar. Es una virtud o habilidad muy necesaria para la vida intercultural.

Sensibilidad, o una simpatía intuitiva por los sentimientos de otra persona, requiere en primer lugar, que una persona esté consciente de ser una entre muchas en lugar de ser el centro de todo o el único agente. Está en consonancia con los estados de ánimo y las motivaciones de otros miembros de la comunidad y es capaz de afirmar y consolar apropiadamente.

Hasta aquí una lista de habilidades y valores: una presentación analítica que aísla y separa. Pero en la vida real, las personas tienden a sintetizar o integrar, por lo que deberíamos suplementar la lista con alguna indicación de actitudes generales que producirían grupos completos de habilidades y valores—o incluso lo contrario: incompetencia, irresponsabilidad o imprudencia.

Así que aquí tenemos una imagen más sintética de las habilidades y virtudes que las acompañan que derivan o brotan de una actitud o hábito subyacente o *habitus*—una mentalidad o disposición madura que caracteriza a una persona como un todo integrado. Esta imagen está compuesta por "grupos" de varios componentes de la lista anterior, y la imagen total es la suma de todos los grupos. La selección y explicación que se ofrece aquí no está grabada en piedra, pero podría servir para abrir una discusión que, a su vez, daría lugar a adiciones y modificaciones en contextos particulares.[4] Dado que estas habilidades no son innatas, deber identificarse y trabajarse; esto es parte del propósito de la formación (religiosa). Cuando una persona se une a una comunidad intercultural, algunas de estas habilidades ya deben haber sido adquiridas. El nivel real de habilidades variará entre las personas, pero las habilidades siempre necesitan ser perfeccionadas y afinadas continuamente en las circunstancias reales de la vida de una persona.

Formando un "Habitus" o Disposición

Las siguientes son más que habilidades individuales aisladas; cada una especifica una actitud o estado mental que se encuentra por debajo o detrás de los esfuerzos específicos en la adquisición de habilidades. Si las habilidades en sí identifican lo *que* necesitamos o buscamos, entonces estas disposiciones dicen más acerca del *por qué* las buscamos.

Respetar a la Persona Humana y las Culturas Humanas. La etnicidad, como mencionamos, identifica quiénes son las personas; la cultura especifica lo que hacen y como viven. Atacar la cultura de otras personas es asaltar su espíritu. Una persona muy centrada en sí misma será insensible a la etnicidad y la cultura de otros y, de hecho, no responderá a otras personas como sujetos y agentes. El nivel de sensibilidad (o la falta de ella) determinará si es posible una vida intercultural sostenible. El chauvinista arrogante—a nivel nacional, étnico o cultural—no tiene lugar en tal comunidad.

Comprometerse con la Búsqueda de la Verdad por Medio del Diálogo Respetuoso. Algunas personas creen que la verdad es un bien que debe ser captado, poseído, y que solo algunos poseen. Entonces, o bien muestran poco respeto por el otro o tratan de persuadir a los demás—por diferentes medios—del error de sus costumbres. Pero otros ven la verdad como un tesoro escondido que debe ser identificado y descubierto por medio de un esfuerzo colaborativo de diálogo y de búsqueda mutua de la verdad. Tres características de diálogo podrían servir como una prueba autoadministrada. Primero, el diálogo cambia a las dos partes. Segundo, el resultado del diálogo no puede conocerse de antemano. Y, tercero, desde una perspectiva estructural, el diálogo y la jerarquía son incompatibles: no pueden ocupar el mismo lugar al mismo tiempo. Si no se cumple alguno de estos criterios, no hay un diálogo auténtico sino algún grado de intransigencia, manipulación, deshonestidad o ceguera. Ya que una comunidad intercultural necesita un diálogo auténtico, sus miembros necesitan las habilidades apropiadas.

Cultivar una Postura de Aprendizaje. La palabra "discípulo" (en griego: *mathētēs*) significa simplemente "un aprendiz". En una comunidad intercultural, aunque hay diferentes personas y una variedad de roles, es importante que todos se conviertan en aprendices y acepten ese rol. Algunos pueden ser, en efecto, "maestros", ya que es imposible tener aprendices sin un maestro, o *viceversa*; pero como dijo Jesús, la inversión de roles es siempre necesaria: en algunas situaciones el primero debe convertirse en el último y el maestro se convierte en aprendiz (ver Mc 10,43-45). Todos tienen algo que aprender; solo el arrogante e ignorante no lo pueden entender. No tienen un lugar permanente en una comunidad intercultural y por lo tanto deben tener, o tratar de adquirir las habilidades necesarias, y urgentemente.

Aprender la "Movilidad Descendente" y Aceptar la Marginalidad. A medida que se amplía la brecha entre ricos y pobres (o los que "tienen" y los que "no tienen"), cualquier incremento en la movilidad ascendente de una persona amplía la brecha entre ellos. Si el propósito de las comunidades interculturales es servir a la misión de Dios y la opción preferencial de Dios por los pobres, debemos aprender del ejemplo de Jesús y elegir "la movilidad descendente" para encontrarnos con aquellos a los que pretendemos servir. Esto ha sido tratado en otros lugares; pero como la única manera de aprender una habilidad es practicar y practicar, los miembros de comunidades interculturales deben comprometerse a un curso de acción específico para adquirir la habilidad de encontrar *verdaderamente* a las personas a través de la movilidad descendente y de *buscar* a las personas que están marginadas frecuentando ellos mismos los márgenes. Un gran peligro es que se forme una jerarquía malsana en una comunidad y que ciertas personas (particularmente el líder de aquellos con autoridad) no tengan tiempo para llegar a los márgenes mientras que otras personas (típicamente los jóvenes o los que están en formación) reciban tareas que los ponen en contacto con las personas de los márgenes. Pero a menos que todos en la comunidad busquen la movilidad descendente y un cierto estatus marginal, la comunidad misma no podrá demostrar un compromiso claro con los pobres (*no* "El Pobre", sino con personas concretas de carne y hueso); el espíritu de la comunidad se verá afectado negativamente y ciertas personas se convertirán en una contraseña (o un denegar), alegando que sus responsabilidades les impiden en realidad encontrarse con los *anawim* (los pobres y mansos)—lo cual, por supuesto, es el propio propósito de la comunidad.

Cultivar un Enfoque "Ecuménico". La palabra "ecuménico" se utiliza aquí en un sentido amplio para indicar la apertura y colaboración con personas de diversas culturas y personalidades. Todos están conscientes de lo desafiante que es simplemente vivir en una comunidad monocultural y reconocer y respetar las diferencias de cada uno. Vivir en una comunidad intercultural es mucho más desafiante, pero uno espera que lo "prevenido esté preparado". Las personas deben estar preparadas de antemano para trabajar constructivamente tanto con sus diferencias personales como con las culturales. Sin esta sensibilidad, sería imposible construir una comunidad saludable. Pero la sensibilidad por sí sola no llevará a las personas muy lejos: es necesario cultivar relaciones interpersonales con más habilidad, practicando y fomentando algunas de las actitudes ya detalladas.

Aprender la Sabiduría de la Partera.[5] Como persona con un rol social distintivo, la partera tiene mucho que enseñarnos. La palabra misma viene de *"mid"*, que significa "con", y "esposa", en el sentido de "mujer": una partera, curiosamente, es una "mujer con" pero no tiene que ser necesariamente una mujer. Las personas que atienden y apoyan profesionalmente a una mujer en trabajo de parto tienen funciones múltiples y de importancia crítica que incluyen las siguientes características y habilidades: tienen literalmente otra vida en sus manos; son sustentadoras de vida; y la sociedad no puede arreglárselas sin ellas. Además, las parteras necesitan tanto creatividad como credibilidad; su trabajo no es dar a luz por sí mismas ni interferir, sino facilitar, guiar y afirmar a la madre biológica. Las parteras siempre han trabajado "en el límite" y han demostrado ser particularmente efectivas entre los temerosos, oprimidos y necesitados. El término en francés es simplemente *sage femme*, "mujer sabia". Esto puede ser un estímulo para todos los que están en formación, ya sean "parteras" (líderes) o "comadres" dando a luz una nueva vida.

Aprender de las Ciencias Sociales. Una justificación o razón fundamental para este libro es ofrecer y mezclar ideas de las ciencias sociales—psicología, sociología y antropología social/cultural en particular—con la sabiduría acumulada proporcionada por nuestra teología y nuestra tradición religiosa. De la misma forma en que ningún adulto puede aprender otro idioma simplemente estando entre personas que lo hablan, sino que debe ser intencional, motivado y sistemático en el estudio del mismo, así muchas habilidades requeridas para una vida intercultural exitosa no se pueden adquirir simplemente viviendo en una comunidad por cierto tiempo: el compromiso real y la dedicación a la tarea requieren pasos específicos—que pueden ser enseñados aprendiendo activamente algo de la sabiduría de las ciencias sociales. Pero como los lectores de estas páginas y los miembros de comunidades interculturales no necesitan convertirse en científicos sociales, aquí se ofrece información y recomendaciones en un intento de compartir lo que podría ser relevante para una persona que busca crecer en una comunidad intercultural. La sabiduría popular nos recuerda que quien busca y desea el fin debe buscar y desear los medios para alcanzarlo; las ciencias sociales y sus practicantes pueden ofrecer el fruto de la experiencia y la sabiduría práctica.

Aprender de la Teología y la Tradición. Sin una base teológica o razón firme, no lograremos ningún grado de vida comunitaria intercultural honesta. Dado que la nuestra es una obra basada en la fe, debemos volver frecuentemente a nuestras raíces teológicas y particularmente a la vida y enseñanza de Jesús: él es el "maestro", nosotros somos los "discípulos", y los evangelios están llenos de ejemplos de lo que esto implica, desde "Ya le basta al discípulo ser como su maestro" (Mt 10,25) hasta "Os he dado ejemplo, para que también vosotros hagáis lo que acabo de hacer con vosotros" (Jn 13,15).

Formando Personas Virtuosas

Las habilidades pueden ser impresionantes, pero nuestro objetivo no es impresionar sino reflejar y ejemplificar algunas de las cualidades que marcaron la misión de Jesús y llevaron a la gente a seguirlo. Primero y último, somos sus discípulos; no somos el Maestro, como él nos recordó: "Vosotros, en cambio, no os dejéis llamar 'Rabbí', porque uno solo es vuestro Maestro; y vosotros sois todos hermanos [estudiantes, discípulos]" (Mt 23,8). Así que examinemos algunas de las virtudes que debemos tratar de cultivar por el bien de la comunidad y de la misión.

La formación de un carácter moral incumbe a todo aquel que se precie de servir a los demás, lo que incluye llamarlos a desarrollar su propio carácter moral. La santidad y la humanidad deben unirse en una mezcla poco común. Siempre habrá algo de disyunción entre lo que proclamamos y lo que somos, pero debemos comprometernos a cerrar la brecha entre ambos. Esto requiere virtud—específicamente, una vida virtuosa. Aquí hay cinco grupos de virtudes que parecen ser particularmente apropiadas para cualquier persona comprometida con la vida comunitaria intercultural apostólica. Algunas de ellas están incluidas arriba, y sería útil referirse a esa lista de habilidades. Pero específicamente como virtudes, son producto de la gracia habilitante de Dios y nuestra cooperación con esa gracia.

Paciencia, Longanimidad, Tolerancia: Virtudes de un Servidor. La paciencia incluye una capacidad de sufrir y perseverar. "Longanimidad"—uno de los Doce Frutos del Espíritu Santo—es indulgencia (de *animus*, alma, significa "sentido del alma"). Tolerancia es la capacidad de soportar. Cada una está asociada con un compromiso a largo plazo, y cada una es particularmente necesaria en una comunidad, un hogar que existe a lo largo del tiempo y que no es ni un motel ni una residencia temporal. Las personas que enfatizan la "auto-realización" y los grandes logros personales tal vez necesiten adquirir mayor paciencia si quieren ajustarse a las demandas de la comunidad. Y la resistencia tiene la raíz *dur-*, que significa dura, endurecida. Debemos endurecernos, no como el pedernal, sino como el acero de alta resistencia: no frágil, sino flexible. Cultivar la firmeza paciente ante los malentendidos y el sufrimiento real es ofrecer un testimonio poderoso de compasión y compromiso con Dios, la comunidad y aquellos entre los que servimos.

Humildad: Virtud de la Terrenalidad y la Fecundidad. Muchos escritores han comentado sobre la etimología de la palabra humildad. *Humus* es el componente orgánico oscuro de los suelos, la fuente de la fertilidad y la vida. Fue de la tierra, del *humus*, que el ser humano (*'adam*) fue formado. María, la madre de Jesús, es llamada la humilde porque de su cuerpo fértil nació Jesús. El *Magnificat* es su exultante alabanza al Dios que puede hacer cosas maravillosas con y para las personas humanas. Como María, cada uno de nosotros estamos llamados a ser fértiles y a producir una cosecha de todo lo que somos y todo lo que hacemos. Desde nuestra humildad, Dios encuentra una voz para hablar y acciones para sanar. Por consiguiente, una de las virtudes más importantes y creativas que hay que practicar y pulir en comunidad es la humildad: la fecundidad. La vida comunitaria nunca debe degradar o destruir la autoestima de las personas (la "humillación" es ser tratado como tierra inproductiva en lugar de permitir que sea productiva). Una comunidad debe ser un semillero ("seminario") en el que cada uno pueda esforzarse para alcanzar su potencial pleno y fértil y no volverse estéril e inproductivo. Una comunidad de miembros auténticamente humildes nunca se marchitará por la competencia destructiva, sino que crecerá como un jardín floreciente.

Sabiduría: Discernimiento y Perspicacia. La sabiduría es una rara combinación de conocimiento y experiencia. Si el conocimiento por sí mismo fuera suficiente, todos los graduados, maestros y profesores serían sabios; si la experiencia por sí misma fuera suficiente, todas las personas mayores serían sabias. Pero esto no es verdad. La sabiduría se revela cuando se añade el juicio al conocimiento y a la experiencia. Uno de sus componentes es el "sentido común"; pero el sentido común está lejos de ser moneda común, porque no todos poseen un juicio maduro o apropiado, uno de sus componentes esenciales. Pero la sabiduría—un don del Espíritu—es vital para transmitir la fe; sin ella, lo mejor que podríamos hacer sería simplemente transmitir lo que hemos recibido. La sabiduría ayuda a una persona a destilar el conocimiento y a transmitirlo de manera y circunstancias apropiadas, lo que requiere discernimiento y perspicacia. Pero sin una base de sentido común, no parece haber suficiente carácter moral para que la sabiduría arraigue; y sin el florecimiento de la sabiduría, nuestra habilidad para vivir y trabajar dentro y fuera de la comunidad intercultural se vería gravemente inhibida. La sabiduría no se le da a todo el mundo, pero todas las comunidades la necesitan. Se puede orar por ella, y si se da, puede ser apreciada y practicada.

Compromiso con la Conversión Personal. ¿Quién evangelizará al evangelizador; quién convertirá a quién busca llevar a otros a la conversión? Estas parecen preguntas retóricas, pero necesitan urgentemente una respuesta de cada uno de nosotros. Como dijo san Pablo de manera más bien dramática, "golpeo mi cuerpo y lo esclavizo, no sea que, habiendo proclamado a los demás, resulte yo mismo descalificado" (1 Co 9,27). Si cada uno de nosotros es un aprendiz de por vida, así como un maestro, debemos estar comprometidos con nuestra conversión personal y continua. En ningún momento de nuestra vida podemos saber quién puede ser todavía un instrumento en ese proceso (o cómo podemos contribuir a la conversion de los demás); pero nuestra comunidad debería ser sin duda un lugar en el que nuestra conversión se esté dando realmente. Si estamos realmente abiertos a que el Espíritu de Dios obre en nuestra vida, deberíamos orar para que no se pasen por alto ni se minimicen las oportunidades en el contexto de nuestra comunidad. Por lo tanto, parte de nuestro compromiso con nuestra conversión personal, debería ser una verdadera voluntad de comprometernos con aquellos entre los que vivimos: ellos pueden ser los agentes más inmediatos de nuestra conversión.

Confianza y un Corazón Confiado. Recientemente, el escándalo del abuso sexual de menores ha comprometido masivamente la confianza entre muchas personas y el clero y los religiosos. Pero también ha afectado las relaciones dentro de las comunidades y entre sus miembros. La confianza es más bien como la porcelana; si se rompe es de hecho irreparable. Y, sin embargo, la confianza es la piedra angular de las relaciones, por lo que *debe* ser reparada. Quien vive con doble moral no es digno de confianza, pero quien no confía en las personas con quien vive tampoco es digno de confianza. Por lo tanto, todos los miembros de la comunidad tienen la responsabilidad moral de tratar de ser dignos de confianza y también de esforzarse por confiar en aquellos con los que vive. Sin ese apoyo, una comunidad no puede sobrevivir, y mucho menos permanecer fiel a la misión. En el capítulo 2 identificamos algunas características de una comunidad intercultural. Entre ellas deber estar la disponibilidad de mecanismos para hacer frente a la sospecha mutua o a la erosión de la confianza intercomunitaria. Pero tales mecanismos nunca serán suficientes a menos que cada persona se comprometa a trabajar en cuestiones de confianza y a cultivar la virtud de la confianza.

Apéndice III

Vida Intergeneracional

El Desafío

La vida intercultural es un *desafío*, pero no un *problema*, lo que no quiere decir que siempre sea fácil de negociar. Pero si la visualizamos de manera positiva, como una invitación o un desafío en lugar de una vicisitud o un problema, será mucho menos probable que busquemos culpables o incluso puede que la encontremos más atractiva. Los problemas (que sugieren dificultad, penuria e incertidumbre) disuaden a muchas personas y se puede culpar a menudo y fácilmente a otra persona; pero los desafíos (que sugieren la necesidad de coraje y audacia) pueden parecer mucho más atractivos a muchos otros.

Pero uno de los desafíos de la vida intercultural se relaciona tanto con las personas como con las culturas. Dado que las personas están indudablemente moldeadas por la cultura, hemos explorado algunos efectos de la cultura en las personas;[1] pero aquí es necesario explorar otra característica de las personas, y una que está menos obviamente basada en la identidad cultural de uno que en la identidad de cada persona (aunque culturalmente manejada o interpretada): a saber, la edad. Los miembros de cada comunidad pueden, en principio, reunirse en cohortes o grupos de edad y separarse según generaciones o grados de edad. Pero la forma en que las personas dentro de esos grupos y entre ellos se relacionan entre sí, y la forma en que esto afecta a toda la comunidad, es intrínsecamente interesante—tal vez especialmente en algunas comunidades contemporáneas.

Generaciones Iguales, Adyacentes y Alternas

A continuación, se presentan algunas generalizaciones que no resultarán ciertas en todos los casos pero que proporcionarán una regla general o una aproximación útil. Las personas de la *misma generación* que uno (a menudo identificadas como coetáneas o un grupo de coetáneos) pueden ofrecer o ser llamadas a proporcionar apoyo y aliento a sus coetáneos y a menudo lo hacen de manera muy eficaz. Pero también pueden ejercer un poder considerable: el poder de ejercer presión de parte de los coetáneos, desaprobación o sanciones a otros de sus coetáneos, también con un gran—y a veces muy doloroso—efecto. Durante el período de socialización secundaria (básicamente, la adolescencia), las personas pueden ser particularmente influenciadas por su grupo de coetáneos.[2] De hecho, las pandillas son moldeadas, sostenidas y motivadas por eso. Así que, en el contexto de una comunidad, sería útil identificar los grupos de coetáneos y su significado.

Generaciones adyacentes son dos generaciones contiguas o adyacentes: es decir, personas emparentadas como padres e hijos. Pero más que a los niños y a sus padres, esto también se aplica a los hijos adultos y sus padres ancianos, así como a los padres jóvenes y sus propios hijos en crecimiento. Cada una de estas configuraciones se caracteriza por dinámicas sociales muy diferentes. Típicamente, sin embargo, podemos decir que las relaciones aquí están marcadas por el estrés, la lucha, la ambigüedad y la fricción estructural: se rozan entre sí, a veces amorosa y armoniosamente, pero otras veces contenciosa y antagonísticamente. Esta característica parece encajar en la experiencia de las personas de culturas muy diferentes y podría ser un universal cultural. La relación entre las personas de generaciones adyacentes es a menudo muy volátil, al menos hasta que haya cierta suavidad y tolerancia por parte de cada una.

Compare esta situación con la relación entre personas de *generaciones alternas*, en las que puede haber poca o ninguna lucha por la autoridad, colaboración en lugar de competencia y facilidad estructural en lugar de fricción estructural.[3] Las generaciones alternas son dos generaciones separadas por al menos una generación intermedia, como los nietos de sus abuelos o bisabuelos. Los abuelos suelen estar (pero no siempre o universalmente) mucho más relajados con sus nietos de lo que estuvieron con sus propios hijos durante su crecimiento, mientras que los nietos suelen ser consentidos o "mimados" por sus abuelos en formas que sus propios padres nunca demostraron.

Por más interesante que esto pueda ser, esto no es nuestro objetivo principal. Sin embargo, cuando se aplica a la vida comunitaria esta información puede ser bastante esclarecedora. Si tuviéramos que elegir entre generaciones "iguales", "adyacentes" o "alternas", ¿cómo describiríamos—en el mundo de hoy, comparado con el de hace medio siglo—la relación entre el novicio y el director, un superior y la comunidad, y a un pequeño número de personas de diferentes edades pero que profesan el mismo día?

Cohortes o Grupos Transversales y Generaciones Mezcladas

En mi noviciado, hace medio siglo, éramos más de cincuenta novicios; el maestro de novicios era un hombre "viejo", bien entrado en los cincuenta; y con dos excepciones muy obvias y singulares, todos nacimos con dos años de diferencia. El maestro de novicios era claramente la figura paterna de la generación adyacente a la nuestra. Dos de los confesores eran incuestionablemente de la generación alterna a la nuestra; eran nuestros abuelos. Pero el otro confesor no parecía tener la edad suficiente para estar ordenado; era más bien como un hermano en edad, pero pocos le hacían su confesor porque se sentían incómodos con él en esas circunstancias. Todos los novicios eran, por supuesto, de la misma comunidad religiosa, y éramos solo hombres.

Hoy trabajo con varios grupos de internovicios. Estos son grupos de media docena o más comunidades, hombres y mujeres, clérigos y laicos; cada grupo tiene entre ninguno o media docena de novicios en un año dado. Cuando entro en la sala, donde puede haber entre veinticinco y cincuenta personas, incluyendo los directores de los novicios, no tengo idea de quién es quién, aparte de suponer que cualquiera que se vea *realmente* joven (de los cuales hay solo unos pocos) no es un director, sino un novicio. Así que siempre tengo que preguntar, porque un hombre de sesenta años—anteriormente casado, ahora quizás divorciado o viudo, quizás un abuelo—puede ser uno de los novicios de este año—o, de hecho, el director de novicios. Y una persona en los cuarenta podría ser cualquiera de los dos. Una vez más, esto es bastante familiar para nosotros, pero la dinámica de las relaciones interpersonales e intracomunitarias a menudo puede llegar a confundir y a ser confusa.

¿Puede un novicio de menos de treinta años, sin mucha experiencia en la vida ser un verdadero compañero de otro novicio de la misma comunidad que tenga más de cincuenta años y que ha disfrutado de una carrera en la enseñanza, la banca o el derecho? ¿Y puede un director de novicios que tiene una edad muy parecida a la del único novicio de la comunidad ser un par o un compañero? A veces es tan difícil para una persona mayor diferir apropiadamente de un director más joven como lo es para un director joven ser propiamente director de un novicio.

Luego, están los "abuelos" en la comunidad y también los "mentores" y las "parteras". Los abuelos suelen tener la edad suficiente para formar parte de una comunidad que incluye a personas de dos o tres—o cuatro—generaciones, y los mentores o parteras son guías personales de confianza que han demostrado ser personas de autoridad moral pero no autoritarias, que son amables en lugar de severas, y tan deseosas de apoyar como capaces de corregir sin socavar su propia dignidad o la de la otra persona. Pero los mentores rara vez son los padres o compañeros, y ni los padres ni los compañeros pueden asumir ese estatus: es la persona que recibe la mentoría la que debe afirmar ese título. Y una persona puede ser un mentor en una comunidad sin ser el superior. En cuanto a las parteras, tampoco son necesariamente superioras de la comunidad; su reputación irá por delante de ellas y determinará en gran medida la respuesta de quienes atienden o ayudan. Y puede ser muy interesante para los líderes en las comunidades de hombres saber que en uno de los diálogos de Platón él cita a Sócrates en el tema de las parteras *masculinas*. Sócrates dice: "Mi arte de partero es en la mayoría de los aspectos como [el de las mujeres]; pero difiere, en que yo atiendo a hombres y no a mujeres, y me ocupo de sus almas cuando están en parto, y no de sus cuerpos: y el triunfo de mi arte consiste en examinar minuciosamente si el pensamiento que la mente de un joven da a luz es un ídolo falso o un nacimiento noble y verdadero".[4]

En resumen, hoy en día existen muchos y múltiples roles y estatus en cualquier comunidad que crean un delicado desafío en sí mismos. Y si a continuación complicamos el desafío identificando diferencias culturales específicas entre estas diversas personas, entonces nos acercamos a la realidad que se da dentro de una comunidad intercultural. Un director de novicios de una cultura completamente diferente a la de todos los novicios, y al que éstos no pueden ver como a un anciano o mentor sino solo como a una figura paterna o disciplinaria, va a encontrar la vida tan difícil como los novicios. Y si el director no tiene un compañero con quien consultar, la soledad y el aislamiento pueden complicar una situación ya delicada.

¿Qué Es Posible y Qué No?

Algunas personas que ocupan puestos de liderazgo tratan de ser compañeros o colegas del mayor número posible de personas, mientras otras abdican de su responsabilidad debido a choques de personalidad.

Algunos pretenden ser "abuelos" cuando eso es bastante inapropiado porque la naturaleza de la relación es evidentemente una de fricción estructural. Y mientras algunos pueden tratar de manera imposible ser todo para todos (par, amigo, padre, abuelo, mentor y partero), otros pueden optar, de manera igualmente imposible, por mantener un solo estatus y un rol que sea adecuado para afrontar todos los desafíos de la vida en comunidad.

Cada uno de nosotros tiene el reto de examinarse a sí mismo y—preferiblemente con un amigo o mentor con criterio—de identificar nuestras fortalezas y debilidades, nuestras aptitudes e ineptitudes para la vida comunitaria intergeneracional y/o de liderazgo. Luego tendríamos que explorar las variables culturales como la siguiente media docena.

En primer lugar, comprobar quiénes se consideran figuras de sabiduría en las culturas de los miembros de la comunidad y encontrar cómo se llega a ser una figura de sabiduría: por la edad, el rol social, el género, los logros, etc. A continuación, identificar los roles y expectativas entre las personas de autoridad y sus cargos en otras culturas. Tercero, identificar cómo los miembros de la comunidad perciben a las figuras de autoridad en sus comunidades religiosas y descubrir qué se considera y qué no se considera un comportamiento apropiado entre un líder concreto y el subordinado. Después, recuerde que la reciprocidad puede ser simétrica o asimétrica. Entre pares debe ser simétrica e igual; entre el líder y la persona de quien está a cargo o el superior y el subordinado, puede ser asimétricamente recíproca o mutua pero desigual, como entre los padres y los hijos y los abuelos y los nietos. Vea si puede qué relaciones dentro de la comunidad pueden o deben ser simétricas y cuáles son o deben ser asimétricas. Quinto, no imponga la jerarquía en situaciones potencialmente dialogantes ni fuerce el diálogo en situaciones jerárquicas. (El diálogo y la jerarquía son estructuralmente incompatibles: no podemos tener ambas cosas al mismo tiempo, como lo señalamos en el Apéndice II.) Finalmente, aclare los objetivos y las expectativas personales e interpersonales en determinadas circunstancias, luego compruebe si fueron realistas y/o si se cumplieron, y si no, por qué no.

Herramienta de Análisis DAFO

Las siglas SWOT en inglés o DAFO en español significan Debilidades, Amenazas, Fortalezas y Oportunidades asociadas con la situación real o a un proyecto. Un análisis DAFO o matriz DAFO es una forma de identificar factores críticos involucrados en una empresa y analizarlos con vistas a calibrar la viabilidad de un plan o estrategia previstos. Inicialmente se desarrolló como una herramienta para ser utilizada en el ámbito empresarial, pero desde entonces ha demostrado ser útil para organizaciones sin fines de lucro, incluso en comunidades pequeñas. Puede ayudar a las personas a identificar tanto las oportunidades como los problemas potenciales y a evaluar la probabilidad de éxito o fracaso de determinados proyectos. No podemos entrar en detalles aquí: basta con identificar la herramienta en sí misma y cómo se puede acceder a ella.

Al utilizar el enfoque DAFO, el objetivo es buscar una *adaptación estratégica* entre los recursos disponibles y el resultado propuesto. A medida que cada componente del DAFO se identifica, la planeación futura puede calibrarse en consecuencia. La eficacia del análisis DAFO en una consulta de toda la comunidad, o entre un novicio y el director de novicios, dependerá en parte de que se puedan formular las preguntas más pertinentes—sobre las fortalezas, debilidades, oportunidades y amenazas—que producirán respuestas útiles que lleven a la acción.

En el sitio de red de Wikipedia sobre el análisis DAFO, hay un diagrama sencillo, similar al siguiente (fig. 21).

Fig. 21

ANÁLISIS DAFO

	ÚTIL	*PERJUDICIAL*
ORIGEN INTERNO *(Atributos de la comunidad o personales)*	FORTALEZAS	DEBILIDADES
ORIGEN EXTERNO *(Atributos del entorno más amplio)*	OPORTUNIDADES	AMENAZAS

Para obtener más información, simplemente busque en Google SWOT analysis Template o la herramienta de análisis DAFO o SWOT, en www.smartsheet.com o vaya a www.business newsdaily.com/4245-swot-analysis.html.

Apéndice IV

Opción Preferencial por "El Otro"

El Forastero en Cada Uno de Nosotros

"El concepto de forastero sigue siendo una de las herramientas sociológicas más poderosas para analizar los procesos sociales de las personas y grupos que se enfrentan a nuevos órdenes sociales".[1] Ya hemos visto a Jesús como a un forastero y la necesidad de no limitarnos a tender la mano al forastero que es "el otro" sino que también identifiquemos y asumamos esa condición y ese rol.[2] He desarrollado este tema con más detalle en otro lugar.[3] El objetivo de la presente reflexión es recordarnos que "el otro" no solo es otra persona, sino que, en el contexto de una comunidad intercultural y del compromiso con la misión transcultural, "el otro" es la persona que está en tu espejo: tú mismo. Cada uno de nosotros se convierte en el forastero o "el otro", lo que significa que tenemos dos roles: actuar apropiadamente como el forastero, la persona que no está en su hogar, pero también tratar apropiadamente a los demás como forasteros. Si estos dos roles se entienden y se viven adecuadamente, habrá, o debe haber, un desarrollo progresivo de relaciones mutuas. Como resultado, todos serán forasteros ("otro" y "forastero participante") pero también incorporados (no asimilados) como miembros verdaderos y plenos de la comunidad intercultural ("participantes de adentro"). Esto dejará a cada miembro en una situación delicada o volátil, a veces sintiéndose mucho como se siente un forastero (no asimilado y sin pertenecer del todo) y a veces mucho "en casa". Alternar entre estos dos estados es exactamente lo que una persona marginal hace;

Y así como cada miembro de la comunidad trata de vivir adecuadamente como persona marginal, cada miembro debe intentar empatizar con todos los demás cuando ellos también experimentan la ambigüedad de la persona marginal o liminal, viviendo, como lo expresa Jung Young Lee, "entre", "en ambos" y "en el más allá".[4]

Sin embargo, como vimos en el capítulo 8, al igual que Jesús vino no solo para identificar sino también para eliminar o borrar activamente la línea divisoria entre los de adentro y los de afuera, "nosotros" y "ellos" (Ef 2,14), así cada miembro de una comunidad intercultural debe intentar la misma hazaña.

Reflexión Teológica

En un apéndice breve solo podemos mencionar algunas contribuciones a este tema y animar a las personas a leer más. Aquí hay algunas reflexiones muy útiles de algunos autores significativos.

En un brillante y clarividente artículo de hace veinticinco años, Johannes Metz analizó una situación que se ha agudizado con el paso de los años: el cambio de una iglesia culturalmente monocéntrica (euroamericana) a una iglesia policéntrica.[5] El desafío específico es el de la unidad en la diversidad y, si ésta se afronta con una mentalidad defensiva, "una mentalidad de la seguridad primero" o con una "lealtad ofensiva" a Dios, y a la misión de la iglesia.[6] Por supuesto, este es el propósito esencial de las comunidades interculturales. Metz identifica el desafío o dilema en cuatro partes: el policentrismo cultural está siendo rápidamente erosionado por la globalización; las culturas no europeas están siendo arrastradas a un "remolino eurocéntrico"; los pueblos no occidentales están bajo intensa presión para adaptarse a los procesos de secularización; y la supervivencia del policentrismo cultural frente a un mundo globalizado que parece haber perdido sus amarras morales. Dadas estas corrientes, ¿qué esperanza hay de auténtica unidad en la diversidad?

Metz sugiere que una iglesia culturalmente policéntrica (y para nuestros fines específicos, una comunidad intercultural) es posible con dos condiciones. En primer lugar, debe estar explícitamente comprometida con la búsqueda de la libertad y la justicia para todos; en segundo lugar, debe estar manifiestamente "basada en el reconocimiento del otro en su otredad . . . como debería sernos familiar desde la historia primitiva del cristianismo".[7] Para que esto ocurra, la iglesia debe "implementar la herencia bíblica principalmente como base de una cultura hermenéutica:

es decir, una cultura que reconozca al otro en su otredad". Esa "nueva" cultura hermenéutica—que interpreta y explica la realidad de un modo nuevo, avalando y defendiendo la "otredad" o la dignidad de la diferencia—es precisamente lo que defendimos en el capítulo 2 como "Cultura E", una *nueva* comunidad intercultural. Metz se refiere a ella como una cultura del reconocimiento. Pero el reconocimiento no es suficiente; debemos ir más allá y crear una cultura de acogida e inclusión radicales, como vimos en nuestro último capítulo. Pero Metz también añadiría a la clásica frase "opción preferencial por los pobres" una segunda, "opción por los demás en su otredad".[8] Los miembros de las comunidades interculturales deben sin duda abrazar la misma opción no opcional.

Wilhelm Dupré habla en términos más amplios,[9] considerando la propia tradición religiosa a nivel nacional o diocesano; pero sus observaciones se aplican pertinentemente a una comunidad intercultural local. Cita a Julia Kristeva, quien habla de una "comunidad de contraste" que está "formada por extranjeros que se reconcilian consigo mismos en la medida en que se reconocen extranjeros".[10] Continúa diciendo que dicha comunidad no funciona por asimilación, sino por "una integración parcial con un óptimo nivel de autoidentificación. Cualquiera que quiera venir y acepte las condiciones que delimitan esta posibilidad es bienvenido. . . . Es la residencia de hecho (y libremente elegida) la que determina el significado de la ciudadanía".[11]

El filósofo Emmanuel Levinas fue una fuente de gran conocimiento en las relaciones entre el yo y el otro.[12] Para él, "el otro" es, en primer lugar, el otro ser humano que reclama "la responsabilidad ética"[13] de uno mismo. El teólogo David Tracy hace eco de ello: "El giro hacia el otro es el giro por excelencia de la propia posmodernidad. Es ese giro, sobre todo, el que define el significado intelectual y ético de la posmodernidad. El otro y lo diferente se presentan ahora como categorías intelectuales centrales en las principales disciplinas, incluida la teología".[14] En otro lugar, al reconocer que Levinas utiliza el "otro" para referirse tanto a "otro" humano como al "otro" transcendente, Tracy muestra la relación entre ambos: "Seguramente, esta ruta ética hacia el Otro Absoluto sólo por medio de las interrelaciones de los otros humanos es el movimiento más original y audaz de Levinas, y para la teología judía y cristiana, a la vez prometedor y controvertido".[15] Y Terry Veling añade: "Al igual que la sensibilidad de la teología de la liberación, Levinas quiere mantener al prójimo humano entre el yo y Dios, de manera que no podamos acercarnos demasiado fácilmente a Dios invisible sin encontrarnos primero a la altura de nuestro prójimo".[16]

Gustavo Gutiérrez, el padre de la teología de la liberación escribió: "Redescubrir al otro significa entrar en su propio mundo. También significa una ruptura con el nuestro. El mundo del ensimismamiento . . . no solo es interior, sino que está condicionado socioculturalmente. Entrar al mundo del otro . . . con las exigencias reales involucradas . . . es empezar . . . un proceso de conversión".[17]

Por supuesto, sería más fácil—al menos a corto plazo—tratar al otro solo como un invitado o forastero, manteniendo así nuestra propia iniciativa y control; es mucho más difícil, como dice Levinas, "subrayar más bien el acto de deferencia hacia el Otro en su otredad, que sólo puede producirse a través del despertar del Mismo [es decir, de uno mismo]— dormido en su identidad—por el Otro".[18] Veling prosigue este pensamiento de una manera que desafía a nuestras propias comunidades interculturales. Dice que, si experimentamos dificultades para adaptarnos al otro, al menos seremos más conscientes de su existencia real, mientras que cuanto más cómodos nos sintamos, más insensibles a la propia existencia del otro nos volveremos. La tarea de la revelación dice, "es siempre anunciar, ordenar, perforar, romper, desestabilizar, para abrir nuestro mundo y volvernos hacia la llamada y la demanda del otro en medio de nosotros".[19] Aquí es donde sentimos la llamada a la conversión. "El rostro del otro irrumpe en mi mundo y me llama. No soy un yo para mí, sino un yo frente al otro. El otro reclama mi respuesta, exige mi atención, se niega a ser ignorado, reclama mi existencia, me dice que soy responsable".[20]

Viviendo con la Ambigüedad

El otro, pues, es el forastero, el forastero es el otro, y cada uno de nosotros es ambas cosas: éste es el reto al que se enfrentan quienes se proponen crear y vivir en comunidades interculturales. Recordemos los grandes versículos iniciales de Génesis 18: "Se le apareció Yahvé en la encina de Mambré estando [Abrahán] sentado a la puerta de su tienda en lo más caluroso del día. Alzó la mirada y vio que había tres individuos parados a su vera".

También podemos saber que los rabinos enseñaron que éste es el versículo más largo de toda la Biblia: el espacio invisible entre el sentido del versículo uno y el versículo dos es donde la epifanía se hace carne: Dios aparece realmente como los forasteros. Aquí está Levinas de nuevo: "La justicia rendida al Otro,[21] a mi prójimo, me da una proximidad insuperable a Dios. . . . Uno sigue al Dios Altísimo, sobre todo, acercándose al prójimo y mostrando preocupación por 'la viuda, el huérfano, el forastero y el mendigo', un acercamiento que no debe hacerse con 'las manos vacías' ".[22]

Una última voz teológica es la de David Power que, en un excelente ensayo, habla del respeto a la otredad del otro y busca signos de un acuerdo común entre personas de diferentes culturas sobre la importancia crítica de esta actitud.[23] A continuación, identifica un imperativo "cívico" (común a muchas o a todas las personas) y otro "religioso" (específicamente para los cristianos).[24] Este último consiste en tener una fe permanente en Jesucristo. Pero esta fe cristiana, dice, "tiene que ser recuperada como un bien común más allá de las particularidades de las expresiones culturales específicas que se le dan".[25] Esta fe debe tener entonces tres referentes. En primer lugar, debe llevarnos "a la memoria de Jesucristo tal y como se nos presenta, en primer lugar, en la formulación de los evangelios, independientemente de lo que hayamos hecho en nuestras culturas particulares para tratar de entender y leer por debajo o a través de esa formulación, y tal y como se mantiene viva en el culto cristiano, en toda su diversidad".[26] En segundo lugar, nuestra fe debe sensibilizarnos "al poder del propio Espíritu de Dios".[27] Y, en tercer lugar, la fe debe ayudarnos a comprometernos "con la esperanza de la reconciliación cuando se ve ensombrecida, o sobreexcitada, por la negación del otro y el exceso de mal que conlleva".[28] Este es un llamado a la acción a todas las personas llamadas a la vida intercultural.

Y una última voz es la de un antropólogo social laico que dice lo siguiente:

> Al volvernos interculturales, nos elevamos por encima de las garras ocultas de la cultura y descubrimos que hay muchas maneras de ser buenos, verdaderos y bellos. En este proceso adquirimos una mayor capacidad para superar el parroquialismo cultural y desarrollamos un círculo más amplio de identificación. . . . En cierto modo, llegar a ser intercultural es un proceso de liberación de una perspectiva limitada de la vida, o de llegar a ser más plenamente humanos, con una mayor conciencia y sensibilidad hacia uno mismo, los demás y la relación entre ambos.[29]

Apéndice V

Poder y Autoridad[1]

Aclarando el Terreno

Un niño bastante pequeño puede tener el poder (capacidad física) de sacarle un ojo a alguien; el estado puede tener el poder (autoridad legítima) de ejecutar a un criminal; un padre puede tener el poder (autoridad moral) de convertir a un niño en un adulto virtuoso; y una nación puede tener el poder (capacidad militar) de arrasar una ciudad. Está claro que la palabra "poder" se utiliza de muchas maneras y en muchos contextos, así que empezaremos con una definición práctica de las ciencias sociales. Poder es la capacidad de actuar sobre algo o alguien y autoridad es el derecho a hacerlo. Yo tengo el poder, pero no la autoridad, para hacer muchas cosas, desde hornear un pastel hasta dar una patada a alguien, desde ofrecer ayuda a una persona necesitada hasta detonar una bomba. La autoridad es la autorización o legitimación de un acto. Así, un juez tiene autoridad para condenar a un criminal y un padre tiene autoridad para disciplinar a un niño. Pero a veces se invoca la autoridad cuando no la hay. Otras veces se invoca sólo como ejercicio de un poder rudo, como en un ataque preventivo contra un enemigo declarado, un marido que golpea a su mujer o un militar que tortura a un sospechoso.

El concepto de poder en sí mismo es moralmente ambivalente, ambiguo o neutro, pero una vez aplicado, brinda un contexto para el juicio moral. Afirmar categóricamente que el poder corrompe es demasiado simple; en todo caso, Lord Acton dijo que *tiende* a corromper. El teólogo y ex obispo Stephen Sykes elaboró un tratado bellamente presentado y argumentado sobre los enfoques teológicos del poder en el que identifica dos enfoques principales.[2] Algunas personas sostienen que el uso de todo poder es antitético a la vida y al espíritu de Jesús; otros, que Dios es la *fons et origo*, la fuente misma, de todo poder, y que la humanidad puede ejercer un poder divino derivado. Pero, como Sykes muestra claramente, el poder legítimamente derivado o reclamado (es decir, la autoridad) ha sido históricamente objeto de terribles abusos: A menudo se ha invocado a Dios para fines muy impíos.

Desde un punto de vista teológico, un problema relacionado con el uso del poder como autoridad es precisamente el hecho de que todos actuamos culturalmente: somos personas de cultura, y la cultura proporciona el contexto para todas nuestras acciones. Pero las culturas humanas son innumerables, y todas las nociones sobre Dios, sobre la naturaleza de Dios y sobre la autoridad que los seres humanos derivan de Dios están codificadas cultural y lingüísticamente y están inextricablemente ligadas a ideas más seculares sobre el gobierno y las sanciones apropiadas. Los agentes humanos siempre son capaces de invocar a Dios como su aliado o autoridad máxima cuando ejercen su propia autoridad, incluso cuando se han corrompido y causan un gran daño físico o moral. Veamos, pues, el uso del poder y la autoridad en el contexto de comunidades interculturales.

Distancia del Poder

Geert Hofstede definió "distancia del poder" como "la medida en que los miembros menos poderosos de las institutiones y organizaciones aceptan que el poder está distribuido de forma desigual."[3] Aquí, el "poder" se entiende como el "poder en la autoridad" más que como la mera capacidad de obtener un resultado, y Hofstede distingue mucha distancia del poder de poca distancia del poder. Podemos mostrarlo en la tabla (fig. 22), cuyo contenido total debe tanto a Eric H. F. Law[4] como a Geert Hofstede, con algunos elementos añadidos por mí:

Utilizando la "distancia del poder" como esquema, un modelo explicativo o hermenéutico, es posible añadir variables culturales, como el sexo masculino o femenino, la inculturación egocéntrica o sociocéntrica, la etnia o la edad, para aportar mayor detalle explicativo. Por ejemplo, Law caracteriza a los franceses, mexicanos, indios, filipinos y brasileños como culturas de mucha distancia del poder, en contraste con los británicos, alemanes, norteamericanos (Estados Unidos y Canadá), australianos y escandinavos como culturas de poca distancia del poder. Esto

Fig. 22

DISTANCIA DEL PODER

MUCHA DISTANCIA DEL PODER	POCA DISTANCIA DEL PODER
• Las personas aceptan el poder (autoridad) como constitutivo de una sociedad ordenada	• La mayoría de las personas buscan una minimización de la autoridad jerárquica
• La jerarquía forma parte de la organización	• El poder (la autoridad) solo debe invocarse en contadas ocasiones
• Los superiores y los subordinados son distintos y se distinguen	• El poder jerárquico (la autoridad) es reconocido como un valor de la organización
• Los líderes/los superiores tienen un sentido de tener derechos y privilegios legítimos	• Las diferencias no suponen distinciones morales
• El poder incluye la amenaza legítima o el uso de sanciones	• Todas las personas tienen los mismos derechos
• Los padres/superiores esperan que se les obedezca	• Las personas valoran el trabajo honesto como su propia recompensa
• Los estudiantes/subordinados valoran la conformidad y muestran actitudes autoritarias entre ellos	• El conocimiento, el respeto, la felicidad se comparten mutuamente y son esperados
• La estrecha supervisión y el temor al superior produce falta de confianza, tanto vertical como horizontalmente (entre las personas)	• Las personas tienen "movilidad social", la capacidad de moverse libremente en la institución
• La discreción, el tacto y el servilismo son valorados por los subordinados	• Existe un esfuerzo real por la reciprocidad y la colaboración en lugar de la competencia.
• Todos tienen un lugar, pero es asignado y las personas son desiguales	• El poder (la autoridad) se entiende como servicio
• El poder (la autoridad) lo mantienen los superiores y rara vez se cuestiona	• Los que tienen poder son conscientes de los menos poderosos y los incluyen

podría ser un interesante tema de conversación para una velada intercultural, pero inmediatamente parece una generalización demasiado amplia, y "Gran Bretaña" y "América del Norte" contienen tal variedad de culturas y estilos que sería imposible utilizar este esquema como algo más que una herramienta *muy* burda.

El esquema de Hofstede puede ser útil cuando contrastamos comunidades de hombres y mujeres. Resumiendo, su aportación, Gudykunst y Kim contrastan los grupos de mucha masculinidad (o poca feminindad) con grupos de mucha feminidad (o poca masculinidad). Los primeros hacen hincapié en las cosas, la asertividad, el poder en sí mismo, la separación y la especialización de los roles y la independencia personal, mientras que los segundos valoran a las personas, el cuidado y la mutualidad y se preocupan más por la integración de los roles dentro de cada persona y por la interdependencia.[5] Esto más bien polariza y opone las actitudes de las mujeres y los hombres, mientras que uno esperaría que en realidad hubiera más superposición o difusión de los atributos "masculinos" y "femeninos" dentro de comunidades específicas. De todas formas, el esquema de Hofstede vuelve a dar pie a la reflexión y a la conversación comunitaria. Ayuda a explicar algunas diferencias culturales y de género. Para nosotros, es muy importante cómo se trata al forastero o "al otro", y quizás las culturas de mucha distancia del poder sean menos acogedoras que las comunidades de poca distancia del poder. Si los recién llegados se sienten constantemente aislados de forma inapropiada después de cierto tiempo en una comunidad, quizá haya que prestar atención a la proporción de distancia del poder que opera en la comunidad. Las comunidades de poca distancia del poder serían mucho más inclusivas con los forasteros y menos propensas a insistir en los protocolos de integración gradual.

El Ejemplo de Jesús

Jesús tenía un sentido muy fuerte y claro de su propia identidad y autoridad, pero no fue prepotente con nadie y advirtió explícitamente a sus seguidores que no lo hicieran: "Ustedes saben que los que son tenidos como jefes de las naciones, las dominan como señores absolutos, y sus grandes las oprimen con su poder. Pero no ha de ser así entre ustedes" (Mc 10,42-43). El griego dice, "no es así", pero el sentido es "no debe ser así" o "no debe ser así entre ustedes". Pero sobre la propia autoridad Jesús también recordaba a la gente: "Ustedes han oído que se dijo a los antepasados . . . Pues yo les digo" (Mt 5,21-22), como resultado de ello la gente cuestionó la fuente de esta afirmación, evaluó su persona y sus acciones, y se formó una idea de él en consecuencia. Pero Él definió poder como la capacidad de amar, expresada de forma no violenta como un servicio sacrificado hacia los otros, especialmente los más necesitados y explotados.

Análisis del Poder

Eric H. F. Law ofrece una acertada descripción y análisis de cómo se distribuye el poder en cualquier grupo. Se refiere a grupos de etnias, circunstancias económicas y géneros mixtos. Nuestro enfoque sería normalmente más estrecho: etnias y edades mixtas, por supuesto, pero el mismo género y—en principio—las mismas circunstancias económicas caracterizan a nuestras comunidades interculturales. Por supuesto, la situación sería diferente cuando consideramos nuestro alcance misionero. En una comunidad con gran distancia del poder—o una comunidad con poca distancia del poder en la que las personas son muy independientes—puede haber una variedad de circunstancias económicas, y algunos miembros tienen mucho mayor acceso a los recursos financieros que otros. Por lo tanto, con una mínima modificación, las preguntas que Law plantea pueden ser muy pertinentes para cualquier comunidad intercultural. Dedica una docena de páginas al análisis del poder, identificando las cuestiones pertinentes y ofreciendo un útil estudio de casos;[6] aquí nos limitamos a relatar algo de lo que dice de algunos temas de capítulos anteriores del presente libro.

En el capítulo diez examinamos los cuatro cuadrantes, identificando primero a los que están adentro y a los que están afuera y después a los participantes y a los no-participantes. Este esquema podría utilizarse en una conversación sobre el análisis del poder tanto dentro de nuestras propias comunidades como entre nosotros mismos y aquellos a los que servimos. Eric Law plantea preguntas como las siguientes ¿Cómo se distribuye el poder en este grupo en particular, entre hombres y mujeres, entre diferentes etnias, entre grupos con diferentes niveles de educación, entre los líderes y los miembros, entre los miembros con mayor antigüedad y los más jóvenes? Y así sucesivamente. Después de identificar primero quién tiene poder y quién no, y de averiguar si existe una relación causal entre ambas condiciones, "debemos determinar cuál es nuestra posición en relación con los demás en el continuo del poder".[7] Luego, a partir de su experiencia personal y de su comprensión, Eric Law propone esta joya de sugerencia: "Si me encuentro en una situación de falta de poder en relación con los demás, debo practicar la espiritualidad de la tumba vacía. Si me encuentro en un lugar con poder, debo practicar la espiritualidad de la cruz".[8] Este es un alimento sólido para una reflexión muy seria.

Los Líderes Deben Liderar

Una vez contrastadas las culturas de mucha y poca distancia del poder y luego el análisis del poder ¿qué ocurre con el legítimo ejercicio de la autoridad, y cómo se ejerce adecuadamente la responsabilidad de los líderes de servir a sus respectivas comunidades? Desde el Concilio Vaticano II, muchas comunidades han experimentado con diferentes estructuras de autoridad con las que ahora estamos familiariados—desde la piramidal o vertical hasta la piramidal casi invertida u horizontal. Pero los intentos de ser menos autoritarios o más inclusivos han resultado a veces en gran confusión o casi en la anarquía. Los que ocupan los puestos de autoridad—el uso legítimo del poder—tienen la responsabilidad moral de liderar, aunque hay estilos de liderazgo diferentes y compatibles que varían no solo dependiendo de los individuos sino también de la naturaleza de las distintas comunidades. Para concluir esta reflexión sobre el poder y la autoridad puede resultar muy instructivo volver al conocido y muy respetado estudio sobre la vida religiosa que fue realizado hace veinticinco años.[9]

Brevemente, los autores identifican cuatro categorías de líderes, dos estilos de liderazgo y dos grados de líderes:[10]

Cuatro Categorías de Líderes

1. Basados en los valores: ven los valores, pero no ven las estrategias
2. Visionarios: tienen sentido de la dirección y entienden las estrategias
3. Conflictivos: son incapaces de abordar el cambio: frustrados, enojados, desesperados
4. Inconscientes: no son conscientes de los problemas más importantes y por lo tanto no los abordan

Dos Estilos de Líderes

1. Transformador
   - Proporcionan una visión y un sentido de la misión
   - Inculcan un sentimiento de orgullo
2. Transaccional
   - Son administradores y gestores; se basan en objetivos o proyectos
   - Controlan y sancionan el comportamiento
   - Algunos evitan la toma de decisiones y renuncian a sus responsabilidades

Dos grados de líderes

1. Sobresaliente
   - Están dedicados explícitamente a hacer las cosas mejor que antes
   - Buscan nuevas formas para alcanzar los objetivos
   - Intentan servir mejor a los demás
   - Toman iniciativas y afrontan los problemas
   - Usan su "poder" para influir en las decisiones y comportamientos del grupo
   - Intentan crear consenso
   - A menudo se refieren a Dios como a líder

2. Típico
   - Amenazan con sanciones
   - Invocan la autoridad formal
   - Se anclan en los problemas de las personas
   - Rara vez se refieren a Dios como a líder

Aquí hay material valioso para la reflexión y conversación en comunidades interculturales en las que las personas de diferentes culturas tienen diferentes concepciones sobre la autoridad y el liderazgo, la obediencia y la iniciativa, la responsabilidad personal y la responsabilidad mutua.

Seguimiento Sugerido

1. Explore la noción de distancia del poder como usted la experimenta en la comunidad. ¿Considera que esta noción es útil para explicar algunas de sus experiencias?
2. ¿Ve, en la comunidad, posibilidades de un cambio hacia una distribución del poder más parecida a la de Jesús?
3. Reflexione sobre las cualidades del liderazgo. ¿Qué puede aprender para ayudar a su propio estilo de liderazgo? ¿Cómo le ayudan las ideas de Nygren-Ukeritis a comunicarse con el liderazgo y a experimentarlo?

Notas

Introducción (páginas xiii–xxi)

1. Estadísticas de Mary Gauthier, "Catholic Ministry Formation Enrollments: Statistical Estadísticas Overview for 2013–2014," 11, 25, 31, http://cara.georgetown.edu/Overview201314.pdf.
2. Jonathan Sacks, *The Home We Build Together* (London: Continuum, 2007), 84.

Capítulo 1 (páginas 1–14)

1. Un compendio útil de artículos se encuentra en *Verbum SVD* 54, no. 1 (2013).
2. S. M. Michael, "Interculturality and the Anthropos Tradition," en *Verbum SVD* 54, no.1 (2013): 62.
3. Siempre debemos tener cuidado de no *esencializar* la cultura o el Evangelio: la cultura no puede "hablar" al Evangelio más que el Evangelio puede "hablar" a la cultura. Los agentes siempre son personas humanas, *pace* Franz-Josef Eilers (*Verbum SVD*, 56) y otros, incluyéndome a mí, que a veces escriben como si una cultura o religión tuviera una voz.
4. Véase Milton Bennett, "A Developmental Approach to Training for Intercultural Sensitivity," en Judith Martin, ed., *International Journal of Intercultural Relations (Theories and Methods of Cross-Cultural Orientation)* 10, no. 2 (1986): 179–96; William Gudykunst, *Bridging Differences: Effective Intergroup Communication* (Newbury Park, CA: Sage Publications, 1991); Edward T. Hall, *The Silent Language* (Greenwich, CT: Fawcett Publications, 1959); Edward T. Hall, *The Hidden Dimension* (New York: Anchor, 1966); Edward T. Hall, *Beyond Culture* (New York: Anchor, 1977).
5. Pero la terminología todavía no está estandarizada, y a veces "multicultural" significa "intercultural," especialmente como la usa el autor muy popular y leído Eric H. Law.

6. Nuevas técnicas son necesarias, pero no por sí mismas suficientes. Como S. M. Michael observa, "La vida diaria juntos [entre gente de] diferentes culturas requiere trabajo constante e intenso para vencer nuestros propios límites," *Verbum SVD*, 54, no. 4 (2013): 61. Las palabras operativas son "constante" e "intenso."

7. Véase Anthony J. Gittins, "Developing Mature Ministers for Diverse Cultural Contexts," *Reflective Practice* 29 (2009): 9–22; también van Thanh Nguyen, *Verbum SVD* 54, no. 4 (2013): 35.

8. Jonathan Sacks, *The Home We Build Together* (London: Continuum, 2007).

9. Los recursos clásicos sobre la naturaleza de instituciones, tanto como las relaciones sociales que caracterizan estos y otros contextos son toda la obra (opus) de Erving Goffman. Sus libros incluyen *Asylums: Essays on the Social Situation of Mental Patients and Other Inmates* (Garden City, NY: Anchor Books, 1961); *The Presentation of Self in Everyday Life* (New York: Doubleday, 1959); *Strategic Interaction* (Philadelphia, University of Pennsylvania Press, 1969); *Stigma: Notes on the Management of Spoiled Identity* (Englewood Cliffs, NJ: Prentice-Hall, 1963); y otros.

10. Sacks, *Home We Build Together*, 82.

11. Jonathan Sacks, *The Dignity of Difference: How to Avoid the Clash of Civilizations* (London: Continuum, 2003).

12. Francisco, en una entrevista con Antonio Spadaro, "A Big Heart Open to God," *America* 209, no. 8 (13 de septiembre, 2013): 28.

13. Sacks, *Dignity of Difference*, 8.

14. Véase David Tracy, *The Analogical Imagination: Christian Theology and the Culture of Pluralism* (New York: Crossroad, 1981), 408–20.

15. Rudy Wiebe, *The Blue Mountains of China* (Toronto: McClelland and Stewart, 1970), 215–16.

16. Identificando cómo venimos a pensar como nosotros lo hacemos y la influencia crítica de la cultura en ese proceso nos lleva al campo de la sociología del conocimiento y autores como Marx, Weber, Scheler, Durkheim, Mannheim, y el clásico de Peter L. Berger y Thomas Luckmann, *The Social Construction of Knowledge* (New York: Anchor Books, 1967).

17. "La masa crítica," o los requisitos mínimos para una comunidad intercultural que funcione bien, se trata en el capítulo 11, donde también notamos las valiosas contribuciones de religiosas/os ancianos y enfermos.

18. Este es el tema del capítulo 6.

19. Jonathan Swift (1667–1745) fue un poeta, satírico y clérigo angloirlandés que fue decano de la Catedral de San Patricio, Dublín.

20. Donal Dorr, *Spirituality and Justice* (Maryknoll, NY: Orbis Books, 1984), cap. 1.

21. Orlando Costas, "Conversion as a Complex Experience," en *Down to Earth: Studies in Christianity and Culture*, ed. Robert Coote and John Stott (Grand Rapids, MI: Eerdmans, 1980); También en *Occasional Essays* 1, no. 5 (1980): 21–44.

22. Lewis Rambo, "Conversion," en *Dictionary of Pastoral Care and Counselling*, ed. R. Hunter (Nashville, TN: Abingdon Press, 1990).

23. Jim Wallis, *The Call to Conversion* (San Francisco: Harper San Francisco, 1981).

24. Orlando Costas, "Conversion."

25. Nikos Nissiotis, "Conversion and the Church," *The Ecumenical Review* 19, no. 3 (July 1967): 261–70.

26. Bernard Lonergan, *Method in Theology* (London: Darton, Longman & Todd, 1972), 132–33. Solo es justo señalar, sin embargo, que este sueño puede convertirse en una pesadilla: individuos y comunidades también pueden perder la fe de una generación a otra, como ha sucedido ampliamente en Europa entre la apertura y el cierre del siglo XX.

Capítulo 2 (páginas 15–31)

1. Un buen resumen es el de William Gudykunst and Young Yun Kim, *Communicating with Strangers: An Approach to Intercultural Communication*, 4th ed. (New York: McGraw Hill, 2003), 3–17, 246–67.

2. En la terminología de Jung Young Lee (1995), esto es "viviendo en ambos." Véase el capítulo 8, abajo.

3. Excepcionalmente, y generalmente como resultado de la guerra o huida forzada de casa, una persona que no lo eligió, puede con el tiempo convertirse verdaderamente transcultural por intención y compromiso. Pero no todo el que vive fuera de su cultura original es transcultural, ya que muchos buscan deliberadamente gente de su propia cultura entre quiénes vivir ("la comunidad expatriada").

4. Hay una literatura significativa sobre la sociología y teología del forastero. Véase Anthony J. Gittins, *A Presence that Disturbs: A Call to Radical Discipleship* (Liguori, MO: Liguori Press, 2002), 143–62; and *Ministry at the Margins: Strategy and Spirituality for Mission* (Maryknoll, NY: Orbis Books, 2002), 121–60.

5. El convertirse en una verdadera persona transcultural nunca es automático, no importa cuánto tiempo la persona permanece en otra cultura. De nuevo, Jung Young Lee (1995) identifica los problemas asociados con estar "entre" o "en ninguno." Véase el capítulo 8, abajo.

6. Gittins, *Presence*, 96–107. Consideraremos esto con más detalle más adelante, en los capítulos 8 y 10.

7. Gittins, *Ministry*, 135–41.

8. De hecho, ese mismo proceso—de esperar el momento, escudriñar a los demás y no estar completamente comprometido a ofrecer una aceptación y hospitalidad sin reservas—aplica a todos los miembros de una comunidad intercultural en proceso, como pronto se aclarará.

9. Véase Gittins, *Ministry*, 121–60; y el capítulo 8 abajo, en los márgenes.

10. Las connotaciones y denotaciones de las palabras "multicultural" e "intercultural" no están absolutamente estandarizadas. Eric H. F. Law, en su libro *The Bush Was Blazing But Not Consumed* (St. Louis: Chalice Press, 1996), usa "multicultural" para una comunidad en la que ninguna cultura domina. También incluye el proceso dinámico que yo llamo comunidad "intercultural" pero hablo de un proceso como consistente en "un diálogo constructivo" (x). Yo iría mucho más lejos. Él también identifica diálogo intercultural como incluyendo "intergeneracional, intergénero o diálogo interreligioso" (xi). Él se dirige a comunidades parroquiales específicamente,

mientras que yo estoy explorando las dinámicas sociales relativas a la formación de comunidades permanentes, estirándose diacrónicamente y abrazando a la gente que no solo colaboran y dialogan, sino que también actualmente viven juntos. El enfoque de Law es sobre colaboración y comunicación intercultural/multicultural. El mío es *la vida* intercultural.

11. Un recurso espléndido para parroquias multiculturales (es decir, multiculturalismo *intencional*) es John Coleman, "Pastoral Strategies for Multicultural Parishes," *Origins* (2000): 497–505.

12. La teoría del "crisol de culturas (o antes, crisol de razas)" se remonta a los siglos XVIII y XIX con personas como de Crevecoeur (1782), Emerson (1845), Robert Zangwill (1905), y Henry James (1908) pero fue refinado en la teoría muy controvertida de las exitosas relaciones intergrupales de Robert E. Park. Sus cuatro etapas son competencia, conflicto, acuerdo y asimilación. Él argumentó que diferentes grupos étnicos en la misma área (lo que yo llamo una sociedad multicultural) en realidad se mezclarían en una sola comunidad.

13. Liminalidad, o "intermedio," puede cumplir funciones sociales muy positivas, como con los peregrinos, participantes, novicios/novicias e iniciados. Es una etapa que lleva a un nuevo estatus social. De manera negativa, sin embargo, puede destruir las personas, como con los prisioneros en confinamiento solitario por un período indefinido.

14. Se discute el liderazgo brevemente en el Apéndice V.

15. En muchas comunidades religiosas, incluyendo la mía, los miembros del Consejo General, viviendo en Roma, deben adquirir fluidez en italiano para la vida diaria, inglés para las deliberaciones del consejo y también francés o portugués para la conversación, para no permitir que ningún idioma domine y todos los miembros tienen habilidades multilingües. Esto es particularmente desafiante para la gente de África o Sudamérica que podría necesitar varios idiomas nuevos y lo suficientemente desafiante para los europeos, la mayoría que necesitan aprender al menos un idioma nuevo y ya en sus años medios también.

16. La naturaleza y estatus de forasteros participantes y no-participantes serán tratados bajo el tema del "forastero" en el capítulo 10.

17. En la fig. 5, las líneas verticales y horizontales contiguas a cada una de las culturas A, B, C, y D están cortadas en lugar de continuas para mostrar que los límites no son impermeables pero abiertos a la comunicación mutua.

18. Homi Bhaba habla de la cultura como "un espacio continuo performativo" en *The Location of Culture* (London: Routledge, 1994), 3.

19. *Spiritan Rule of Life*, 44.3; Pedro Fernandes, "Constructing Religious Community: A Spiritan Rereading," *Spiritan Horizons* 8 (Fall 2013): 25–38.

20. Para más sobre "masa crítica" en relación a una comunidad, véase el capítulo 11.

21. Francisco, *Evangelii Gaudium (La Alegría del Evangelio)*, par. 33, 259 (noviembre 24, 2013); https://w2.vatican.va/content/francesco/en/apost_exthortations/documents/papa-francesco_esortazione-ap_20131124_evangelii-gaudium.html.

22. Citado por *National Catholic Reporter* columnist Joshua Mc Elwee, *National Catholic Reporter* (January 1, 2014); http://ncronline.org/blogs/ncr-today/francis-tells-religious-wake-up-the-world-outlines-modern-struggles-church.

23. Eric H. F. Law tiene algunas ideas útiles sobre el lugar seguro cuando habla del "margen de gracia" como una extensión del espacio seguro inmediato de uno al punto donde uno puede encontrar "al otro" y crear una nueva comunidad. Véase su *Inclusion: Making Room for Grace* (St. Louis: Chalice Press, 2000), 43–45.

24. Véase el Apéndice V para más sobre el liderazgo.

25. Adaptado de Bernardin Lecture at Catholic Theological Union, Chicago, por Brian Hehir, en noviembre 1988.

26. David Steindl-Rast, in *Fugitive Faith*, ed. Benjamin Webb (New York: Orbis Books, 1999), 112.

27. Como fue señalado en la introducción, sin embargo, muchos de estos comentarios pueden aplicarse igualmente más allá de comunidades religiosas interculturales. Ministros dedicados de todo tipo encontrarán que esto resuena con muchos aspectos de la vida intercultural.

Capítulo 3 (páginas 32–45)

1. Raymond Williams, *Keywords: A Vocabulary of Culture and Society* (New York: Oxford University Press, 1985), 87, como está citado en Gerald Arbuckle, *Culture, Inculturation, and Theologians: A Postmodern Critique* (Collegeville, MN: Liturgical Press, 2010), 1. Este libro podría ser particularmente útil para comunidades religiosas que buscan algunas de las habilidades requeridas para la vida intercultural ya que se toma la cultura en serio y muestra cuánto se requiere una comprensión más profunda en el mundo globalizado y pluralista de hoy.

2. Anna Green, *Cultural History: Theory and History* (New York: Palgrave, 2009), 1–10.

3. Robert J. Schreiter, *The New Catholicity: Theology Between the Global and the Local* (Maryknoll, NY: Orbis Books, 1997).

4. Este es el tema del capítulo 5.

5. Schreiter, *Catholicity*, 29.

6. David Couturier, "At Odds with Ourselves: Polarization and the Learning Cultures of Priesthood," *Seminary Journal* (December 2003): 64–71. Miembros de comunidades interculturales podrían identificar su "estilo de aprendizaje" preferido y él de los demás (p. 71), para comprender y manejar sus diferencias.

7. Note aquí que el registro histórico da fe de "niños salvajes," de quiénes ha habido más de cien (muchos engaños evidentes o mal documentados). Nacidos de padres humanos, son criados prácticamente sin contacto humano o idioma. Ellos por lo tanto carecen de una cualidad básica de lo humano (humanidad): socialidad. Abandonados o abusados, en consecuencia no han "aprendido" la cultura humana—sin embargo, algunos pueden tener rudimentos de la cultura animal, como la capacidad de comer y acicalarse. Pero son una excepción palpable; una anomalía sorprendente. No tienen cultura, y por cualquier definición normal, que siempre incluye el aspecto *social*, no se puede decir que sean completamente humanos. Incluso el famoso "Wild Boy of Aveyron" no pudo ser socializado (Harlan Lane, *The Wild Boy of Aveyron* (Cambridge, MA: Harvard University Press, 1975).

8. Enculturación, aculturación e inculturación necesitan ser cuidadosamente distinguidos. Véase el siguiente capítulo.

9. Estos componentes descriptivos se obtienen de muchas fuentes. "Cultura" es el tema que ha generado una gran cantidad de literatura fácilmente accesible. Ofrezco una descripción simplificada pero multifacética.

10. La literatura sobre la oralidad es vasta y fascinante. Dado que Jesús estaba operando en una cultura en gran parte oral y usaba las habilidades de oralidad, sería útil para miembros de una comunidad intercultural explorar la psicodinámica de la oralidad. Para un breve tratamiento véase Anthony J. Gittins, *Ministry at the Margins: Strategy and Spirituality for Mission* (Maryknoll, NY: Orbis Books, 2002), 85–100. A more extended discussion is Walter Ong, *Orality and Literacy: The Technologizing of the Word* (New York: Routledge, 2002, [orig. ed. 1982]).

11. Ampliaremos esto en el capítulo 6.

12. Edward T. Hall, *Beyond Culture* (New York: Anchor Books, 1976), 74–123. También veáse el capítulo 6.

13. Una buena introducción es Ronald L. Grimes, *Beginnings in Ritual Studies* (Waterloo, Canada: Ritual Studies International, 2013), or Catherine Bell, *Ritual Theory, Ritual Practice* (Oxford, UK: Oxford University Press, 1992).

14. Una institución social es definida como "un modo estandarizado de coactividad," indicando tanto la interacción social y la permanencia relativa. Para más información sobre las instituciones sociales, cualquier libro sobre la antropología social ayudará. Un favorito y un clásico es John Beattie, *Other Cultures: Aims, Methods and Achievements in Anthropology* (New York: The Free Press, 1964).

15. Un excelente análisis del poder en un contexto teológico es Stephen Sykes, *Power and Christian Theology* (London: Continuum, 2006). Y véase el Apéndice V.

16. Se dió un largo argumento sobre si el control social incluye el mismo sistema legal (B. Malinowski) o si la ley debe ser definirse como control social mediante la aplicación sistemática de fuerza en una sociedad políticamente organizada (A. Radcliffe-Brown). Pero debido a que tales argumentos no arrojan mucha luz sobre el desafío de la vida intercultural en sí, ofrezco aquí una descripción mucho más sencilla. Véase Tim Ingold, ed., *Companion Encyclopedia of Anthropology* (London: Routledge, 2002), 968; and Simon Roberts, *Order and Dispute* (Harmondsworth, UK: Penguin, 1979).

17. Para evitar *esencialización* o *cosificación* (ya que las culturas como tales no "actúan" ni "piensan"), usaré "sociedad" al referirme a las acciones de gente real (personas reales), y "cultura" como un término más genérico para describir los logros o fracasos no simplemente atribuidos a individuos específicos.

18. Para una discusión más completa de este tema antropológico clásico, véase Paul Sillitoe, "Why Spheres of Exchange?," *Ethnology* 45, no. 1 (Winter 2006): 1–26.

19. Una referencia clásica aquí es Robin Fox, *Kinship and Marriage: An Anthropological Perspective* (Cambridge Studies in Social Anthropology: Cambridge University Press, 1988).

20. Anthony J. Gittins, "Belief and Faith, Assent and Dissent," *New Theology Review*, no. 3 (August 1989).

Capítulo 4 (páginas 46–61)

1. Esto no es un requisito absoluto, pero cualquier persona que no haya encontrado suficientemente sus sesgos y prejuicios personales, el desafío de ir más allá de su zona de confort, la experiencia de la vulnerabilidad aguda e interacción delicada entre forastero (extraño) y anfitrión aún no está lista para moverse a una ambientación intercultural y podría encontrarlo personalmente traumático y socialmente disruptivo.

2. Véase Edward T. Hall, *The Silent Language* (Greenwich, CT: Fawcett Publications, 1959), 15, 128–45.

3. Esto se hará más claro en la siguiente sección, la cultura como "un sistema de dar sentido," y más después.

4. La reflexividad combina la autorreferencia (reflexión), revisión contemplativa (más reflexión) y reacción espontánea (reflejo), en un intento de interpretar y comprender más profundamente.

5. Para una exposición más detallada, véase Anthony J. Gittins, prefacio en *Culture, Inculturation, and Theologians: A Postmodern Critique*, por Gerald Arbuckle (Collegeville, MN: Liturgical Press, 2010), xi–xvii.

6. "La persona con quien hablé" es gramaticalmente correcto, pero la mayoría de la gente dice y acepta, "la persona (quien) a la que hablé." Esto también rompe la regla que uno no debe terminar una declaración con una preposición. Winston Churchill fue una vez desafiado por cometer este solecismo, a lo que respondió, "Este es un insulto con el cual no pondré," así demostrando que este uso perfectamente gramatical simplemente no era la forma en que la gente habla (esto es un aspecto de gramática inglesa).

7. En su estudió pionero de 1957, (Estructuras Sintácticas) *Syntatic Structures*, Noam Chomsky identificó un núcleo de 150 reglas en inglés. Con este número finito de reglas, podrían ser generarse un número virtualmente infinito de expresiones válidas (oraciones parciales o completas, oral o escritas).

8. Anthony J. Gittins, "Developing Mature Ministers for Diverse Cultural Contexts," *Reflective Practice: Formation and Supervision in Ministry* 29 (2009): 9–22. Las habilidades identificadas aquí incluyen: respeto por las personas y culturas; compromiso de buscar la verdad a través un diálogo respetuoso; cultivar una postura de aprendizaje; aprender "movilidad descendente" y aceptar la marginalidad; cultivo de un enfoque ecuménicos; y aprender la sabiduría de la partera (para facilitar sin interferir).

9. Peter Berger and Thomas Luckmann, *The Social Construction of Reality: A Treatise on the Sociology of Knowledge* (New York: Anchor Books, 1967).

10. Para enculturación y aculturación, véase también Aylward Shorter, *Toward a Theology of Inculturation* (London: Geoffrey Chapman, 1988), 3–6.

11. Dos clásicos sobre el tema son Berger and Luckmann, *The Social Construction of Reality*; y John Beattie, *Other Cultures: Aims, Methods, and Achievements in Anthropology* (New York: The Free Press, 1964); véase también Anthony J. Gittins, *Ministry at the Margins: Strategy and Spirituality for Mission* (Maryknoll, NY: Orbis Books, 2002), 64–72.

12. Luego (capítulos 8 y 10) exploraremos la sociología del forastero, notando que cada uno de nosotros es, y debe ser, un forastero hasta cierto punto. Identificaremos algunas etapas de transición y estrategias de afrontamiento. Pero si un extranjero

dispuesto (forastero) es expulsado de una comunidad antes de tener una oportunidad para ser iniciado, toda la preparación teórica será en vano.

13. Shorter, *Inculturation*, 12.

14. Ibid.

15. Esta es la definición del *ur* propuesta por Pedro Arrupe. Véase Arrupe, "Letter to the Whole Society on Inculturation," en *Other Apostolates Today: Selected Letters and Addresses of Pedro Arrupe SJ*, ed. J. Aixala (St. Louis: Institute of Jesuit Sources, 1981), 172–81.

16. Shorter, *Inculturation*, 11.

Capítulo 5 (páginas 62–79)

1. T. J. Gorringe, *Furthering Humanity: A Theology of Culture* (Hants, UK: Ashgate Publishing, 2004), 3.

2. "La división entre el Evangelio y la cultura es sin duda el drama de nuestros tiempos." Paul VI, Apostolic Exhortations *Evngelii Nintiandi* (December 8, 1975), par. 20; htttp://www.vatican.va/holy_father/paul_vi/apost_exhortations/documents/hf_p-vi_exh_19751208_evangelii-nuntiandi_en.html; y Concilio Vaticano II, *Gaudium et Spes*, desarrolla una comprensión bastante matizada de la cultura en 53–62.

3. Así es como San Jerónimo definió la espiritualidad—una palabra que él "inventó".

4. La geografía social se centra en el significado cultural de las características geográficas naturales.

5. Apolo y Dionisio eran hijos de Zeus. Nietzsche famosamente habló de Apolíneo y Dionisíaco en *The Birth of Tragedy* (Oxford: Oxford University Press, 2008). Un personaje apolíneo usa la razón y la restricción, mientras la emoción y hasta el caos marca al dionisíaco. La antropóloga Ruth Benedict, en *Patterns of Culture* (New York: Houghton Mifflin, 1934), identificó el primero con restricción y modestia y el último con ostentación e incluso exceso. Mi uso es más cercano al de Benedict que al de Nietzsche.

6. Vaticano II, *Sacrosanctum Concilium* (Constitución sobre la Sagrada Liturgia), par. 34.

7. En el 2012, un subsecretario de la Congregación para el Culto Divino anunció que la ley litúrgica "no prevé el uso de la danza y de drama dentro de la Misa, *a menos que la legislación particular haya sido promulgada por la conferencia* [nacional] *de los obispos*." *The Catholic Herald* (London: October 12, 2012): 4.

8. Como los religiosos africanos están estructuralmente vinculados a las necesidades de la familia extendida, permanecen hermanas o hermanos, hijas e hijos, responsables a la familia, especialmente en la muerte. Algunos religiosos africanos sienten que los euroamericanos totalmente malinterpretan esto. A estos últimos, a su vez, a veces les resulta imposible comprometerse o cambiar procedimientos establecidos desde hace mucho tiempo, temiendo que las familias se conviertan en una carga para las finanzas comunitarias—un asunto muy delicado para todos.

9. La cronémica es una estructura culturalmente variable del tiempo. Véase Nina Moore, *Nonverbal Communication: Studies and Applications* (New York: Oxford, 2010). En una comunidad intercultural, el "tiempo" puede ser muy problemático. Algunas personas son "observadores del reloj"; otras parecen no preocuparse por la puntualidad. Véase Edward T. Hall, *The Silent Language* (Greenwich, CT: Fawcett Publications, 1959), 128–45.

10. La proxémica (un término acuñado por Edward T. Halls) es "las observaciones y teorías interrelacionadas del uso del espacio por el hombre como elaboración especializada de cultura." Véase Edward T. Hall, *The Hidden Dimension* (New York: Doubleday, 1966); y "A System for the Notation of Proxemic Behavior," *American Anthropologist* 65, no. 5 (1963): 1003–26. Aquí, solamente consideramos los asuntos básicos relacionados al espacio.

11. Viktor Frankl, *Man's Search for Meaning* (New York: Pocket Books/Simon and Schuster, 1959).

12. Para más sobre esto, véase Anthony J. Gittins, "Spirituality and Mission: Body, World, and Experience of God," *New Theology Review* 23, no. 4 (November 2010): 62–73.

13. Como se mencionó, les debemos esta palabra a los presbiterianos americanos, para expresar el componente de divulgación de la vida de cada discípulo; "misionero" resultó demasiado estrecho. Desde entonces ha circulado ampliamente. Véase George Hunsberger and Craig Van Gelder, eds., *The Church Between Gospel and Culture* (Grand Rapids, MI: Eerdmans, 1997); and Darrell Guder, *Missional Church* (Grand Rapids, MI: Eerdmans, 1998).

14. Inagrace Dietterich, extraído de *The Gospel in Our Culture* 8, no. 3 (September 1996): 1–6. Esta sección está en deuda con este artículo.

15. Ibid.

16. Michael Paul Gallagher, *Clashing Symbols: An Introduction to Faith and Culture* (London: Darton, Longman & Todd, 1997).

17. Jon Sobrino, *Witnesses to the Kingdom: The Martyrs of El Salvador and the Crucified Peoples* (Maryknoll, NY: Orbis Books, 2003), 174–75.

18. Francis X. Moloney, *A Hard Saying: The Gospel and Culture* (Collegeville, MN: Liturgical Press, 2001), 209.

Capítulo 6 (páginas 80–97)

1. Pero véase también la fig. 11 al final de este capítulo, ilustrando otra característica cultural, en lugar de simplemente individual: estilos de comunicación de bajo y alto contexto.

2. La distinción elaborada/restringida fue formulada originalmente por Basil Bernstein en "Social Class, Language, and Socialization," en *Language and Social Context*, ed. P. P. Gigliolo (New York: Penguin Books, 1972). William Gudykunst and Young Yun Kim, *Communicating with Strangers: An Approach to Intercultural Communication*, 4th ed. (New York: McGraw Hill, 2003), 152–63.

3. De nuevo, véase la fig. 11 al final de este capítulo.
4. En el capítulo 5, "Comprensión Cultural del Pasado, Presente y Futuro".
5. Capítulo 3, no 12. Veáse Tambien Franz-Josef Eilers, *Communicating Between Cultures: An Introduction to Intercultural Communication*, 4th ed. (Manila: Logos Publications, 2012), 116.

Capítulo 7 (páginas 98–114)

1. Véase Clifford Geertz, *The Interpretation of Cultures* (New York: Basic Books, 1973), 93–94.
2. Milton J. Bennett, "A Developmental Approach to Training Intercultural Sensitivity," en *Special Issues on Intercultural Training, International Journal of Intercultural Relations* 10, no. 2 (1986): 179–86; Milton J. Bennett, "Towards Ethnorelativism: A Developmental Model of Intercultural Sensitivity (revised)," en *Education for the Intercultural Experience*, ed. R. Michael Paige (Yarmouth, ME: Intercultural Press, 1993); Milton J. Bennett, "Becoming Interculturally Competent," en *Toward Multiculturalism: A Reader in Multicultural Education*, 2nd ed., ed. J. Wurzel, (Newton, MA: Intercultural Resource Corporation, 2004), 62–77.
3. Véase el trabajo de Mitchell Hammer en *Intercultural Development Inventory*, http://idiinventory.com.
4. Véase también Franz-Josef Eilers, *Communicating Between Cultures: An Introduction to Intercultural Communication* (Manila: Logos Publications, 2010), 133–36.
5. Véase el Apéndice I.
6. Este tema será explicado y discutido en el capítulo 10.
7. Bennett, "Becoming Interculturally Competent," 65.
8. Capítulo 9, "Respuestas Psicológicas".
9. Bennett, "Becoming Interculturally Competent," 66.
10. Ibid.
11. Ibid.
12. Ibid., 67.
13. Esto está ligeramente reformateado de Bennett, "Becoming Interculturally Competent," 63.
14. Véase también Anthony J. Gittins, *Ministry at the Margins: Strategy and Spirituality for Mission* (Maryknoll, NY: Orbis Books, 2002), 131–33.
15. Otra referencia que vale la pena seguir es Eric H. F. Law, *Inclusion: Making Room for Grace* (St. Louis: Chalice Press, 2000). Véanse especialmente sus pensamientos sobre "la función de límite" (pp. 16ff.), y "el margen de gracia" (pp. 43ff.).
16. Este es el tema del capítulo 10.
17. Law, *Making Room for Grace*, 121–60.
18. Ibid., 135–41.

Capítulo 8 (páginas 115–30)

1. En los manuscritos iluminados, incluyendo las Biblias, los márgenes están llenos de ayudas visuales para el texto. Estas "apostillas" tenían una función explicativa pero también llamaron la atención sobre el mismo texto. En otras palabras, los márgenes pueden iluminar algunos hechos o el territorio alrededor.

2. Esto será explicado y explorado en el capítulo 10, "Respuestas Culturales".

3. John P. Meier, *A Marginal Jew: Rethinking the Historical Jesus*, 4 vols. (New York: Doubleday, 1991–2009).

4. Amartya Sen, "Social Exclusion: Concept, Application, and Scrutiny," *Social Development Papers, 1*, Office of Environment and Social Development, Asian Development Bank, Manila, 2000.

5. Ibid., 14–15.

6. Georg Simmel, "The Stranger" (1908), en Donald N. Levine, ed., *Georg Simmel: On Individuality and Social Forms* (Chicago: University of Chicago Press, 1971), 143–49.

7. Everett Stonequist, *The Marginal Man* (New York: Russell and Russell, 1961).

8. Jung Young Lee, *Marginality: The Key to Multicultural Theology* (Minneapolis: Fortress Press, 1995), 45.

9. Ibid.

10. Ibid., 4.

11. Ibid., 62.

12. Arnold van Gennep, *The Rites of Passage* (London: Routledge & Kegan Paul, 1908 [repr. 1977]); Victor Turner, *The Forest of Symbols* (Ithaca, NY: Cornell University Press, 1967).

13. Gennep, *Rites of Passage*.

14. Véase también Anthony J. Gittins, *Ministry at the Margins: Strategy and Spirituality for Mission* (Maryknoll, NY: Orbis Books, 2002), 131–33.

15. Otra referencia que vale la pena seguir es Eric H. F. Law, *Inclusion: Making Room for Grace* (St. Louis: Chalice Press, 2000). Véanse especialmente sus pensamientos sobre "la función de límite" (pp. 16ff.), y "el margen de gracia" (pp. 43ff.).

16. Este es el tema del capítulo 10.

17. Law, *Making Room for Grace*, 121–60.

18. Ibid., 135–41.

Capítulo 9 (páginas 131–46)

1. Véanse los capítulos 3 y 4.

2. Se discute la noción de una "masa crítica" en el contexto de *communitas (comunidad)* en el capítulo 11.

3. Este término ahora raramente usado, acuñado por el antropólogo Alfred Kroeber (1876–1960), puede señalar una forma útil de visualizar una cultura o sociedad más grande que la suma de sus partes. La materia inorgánica es inerte; la materia orgánica son entidades vivientes compuestas de elementos inorgánicos, pero lo

"superorgánico" se refiere a las culturas humanas que han desarrollado modos complejos de comunicación que no son solo genéticos, pero también constituyen sistemas externos a los individuos. La actividad social humana es cultural y simbólica en lugar de instintiva o genéticamente programada.

4. Adaptado de Dawid Venter, "Mending the Multi-Coloured Coat of a Rainbow Nation," *Missionalia* (1995): 316-17, quien usó S. Bochner, "The Social Psychology of Cross-Cultural Relations," en *Cultures in Contact* (Oxford, Pergamon, 1982), 5-44. El diagrama es modificado de Bochner, "Social Psychology," 27.

5. Bochner, "Social Psychology," 23.

6. Ibid., 23-24.

7. Ibid, 24.

8. Tales puntos de referencia cultural incluirían aspectos de la geografía social, tolerancia corporal, actitudes hacia la salud, enfermedad, y muerte, y percepciones culturales del tiempo y el espacio, como se vieron en el capítulo 5.

9. Véase el capítulo anterior sobre la competencia intercultural, para la terminología de Milton Bennett.

10. En *The Dignity of Difference* (London: Continuum, 2003), Jonathan Sacks dice que el enfoque sobre la "búsqueda de valores comunes" es completamente inadecuado en el mundo de hoy e insta que identifiquemos algunas de las diferencias—culturales, religiosas y el resto—con las cuales la gente en una sociedad pluralista puede vivir juntos. En lo que se refiere a la vida comunitaria, por supuesto, necesitamos enfatizar los valores comunes, pero al mismo tiempo, en las comunidades interculturales tenemos el desafío de explorar juntos cómo lidiar creativa y respetuosamente con algunas de nuestras diferencias. La "dignidad de la diferencia" es una frase maravillosa para cultivar.

11. Para esto, véanse las calificaciones importantes y descripción en el capítulo 2.

Capítulo 10 (páginas 147-61)

1. Richard Dawkins, *The Selfish Gene* (Oxford, UK: Clarendon Press, 1976). See Martin A. Nowak and Sarah Coakley, eds., *Evolution, Games, and God: The Principle of Cooperation* (Boston: Harvard University Press, 2013). La cooperación se define como "una forma de trabajar juntos en la cual un individuo paga un costo (en términos de aptitud, ya sea genético o cultural) y otro gana"; y el altruismo es "una forma de cooperación (costosa) en la cual un individuo es motivado por la buena voluntad o el amor a otro (u otros)." Estos merecen un lugar especial en la vida intercultural.

2. Jonathan Sacks, *The Dignity of Difference* (London/New York: Continuum, 2002).

3. Parcialmente extraído de la portada de Sacks, *The Dignity of Difference*.

4. Jacques Derrida, "Cogito and the History of Madness," en *Writing and Difference*, trans. A. Bass (London: Routledge, 1978), 75.

5. Sacks, *The Dignity of Difference*, 48.

6. David Tracy, *The Analogical Imagination: Christian Theology and the Culture of Pluralism* (New York: The Crossroad Publishing Company), 1981.

7. Andrew Greeley, *The Catholic Imagination* (Berkeley: University of California Press, 2000).

8. Sacks, *The Dignity of Difference*, 50.

9. Esto se trata con mayor detalle en Anthony J. Gittins, *A Presence That Disturbs* (Liguori, MO: Liguori Publications, 2002), 94ff.

10. J. L. Austin, *How to Do Things with Words* (Oxford, UK: Clarendon Press, 1962).

11. En el capítulo 6 notamos la tensión entre las normas egocéntricas y sociocéntricas. A menos que sea abordado y resuelto por el compromiso apropiado y la colaboración (apropiada), los miembros de la comunidad se polarizarán.

12. Este es un principio general de la organización social humana. Una comunidad religiosa en la cual el principio "Ya no hay judío ni griego . . . esclavo ni libre . . . hombre ni mujer" (Ga 3,28) el principio que se asume es por tanto "contracultural." Generalmente, comunidades interculturales son del mismo sexo, así que algo de este diagrama no es aplicable. La tendencia *cultural* al dominio y la subordinación, sin embargo, tendrá que luchar con el compromiso *religioso* al servicio *(diakonia)* y liderazgo de servicio (serviente). El diagrama ofrece un conocimiento del "defecto cultural" que opone a los de adentro con los de afuera y "PMIs" (personas muy importantes) con los "nadies"—del cual siempre quedan rastros en cualquier comunidad, por muy ilustrada que sea.

13. En una sociedad matrilineal, la descendencia se determina a través de la línea femenina, y algunas mujeres tienen una autoridad significativa. Pero la autoridad de hombre (rastreada a través del hermano de una mujer clave) es dominante. En un sentido algo análogo, a pesar de la autoridad legítima de mujeres líderes en comunidades religiosas, en la Iglesia Católica siempre ellas se consideran responsables ante algunos hombres más arriba en la jerarquía, que, en la iglesia contemporánea, permanece como un problema continuo. Para una encuesta de igualdad/desigualdad de género y el poder de las mujeres y autoridad, véase André Beteille, "Inequality and Equality," en *Companion Encyclopedia of Anthropology*, ed. Tim Ingold (London: Routledge, 2002), 1010–39, especialmente 1021–23.

14. Miembros mayores de comunidades religiosas/de fe recordarán haber sido tratados (tratadas) como niños (niñas) y recordará el abismo entre postulantes y novicios (novias) y miembros profesos (profesas) u ordenados. En algunas comunidades, esto creó una gran dependencia en los otros (líderes) y alguna infantilización de los adultos.

15. En comunidades de hombres, si algunos miembros vienen de una cultura *machista*, esto puede crear una tensión enorme con otros, mientras en comunidades de mujeres, miembros criados en un ambiente sociocéntrico y patriarcal pueden encontrar una comunidad más igualitaria pero egocéntrica muy difícil de negociar. Estas variables culturales deben ser identificadas e incluidas.

16. Para el importante tema de "nacionales con guiones" (africanos, asiáticos y otros), véase Jonathan Tan, *Asian American Theologies* (Maryknoll, NY: Orbis Books, 2008), 41–56. ¿Están a veces relegados al cuadrante 3 o 4 y con qué consecuencias?

17. Véase la fig. 14, capítulo 8. Esto también es muy relevante para los miembros en formación inicial: *vía* postulantado, noviciado, primeros votos, o estudios teológicos, pasan de ser de afuera/ellos a ser de adentro/nosotros.

18. Virgil, *Aeneid*, II, 49.

19. Véase K. Koyama, "'Extend Hospitality to Strangers'—A Missiology of *Theologia Crucis*," *International Bulletin of Missionary Research* 82 (1993): 283–95; y Anthony J. Gittins, "Beyond Hospitality? The Missionary Status and Role Revisited," *Currents in Theology and Mission* (1994): 164–82.

20. Un ensayo brillante por Andrew Walls is "The Ephesian Moment" en su *The Cross-Cultural Process in Christian History* (New York: Orbis Books, 2002), 72–82.

21. La autoría paulina de Efesios es cuestionada, pero estos sentimientos ciertamente armonizan con los de Pablo.

22. En inglés, el autor regresa a la Nueva Versión Revisada Standard de la Biblia (NRSV por sus siglas en inglés) para la segunda parte de este pasaje (texto). La traducción en español en todo el libro usa la Biblia de Jerusalén en sus citas y en este párrafo se hace una versión libre, donde aplica, de la traductora.

Capítulo 11 (páginas 162–77)

1. George Santayana (1863–1952). La cita viene de *The Life of Reason*, vol. 1 (Amherst, NY: Prometheus Books, 1998).

2. Francisco, *Evangelii Gaudium* (La Alegría del Evangelio), par. 120, https://w2.vatican.va/content/francesco/en/apost_exhortations/documents/papa-francesco_esortazione-ap_20131124_evangelii-gaudium.html.

3. Anthony J. Gittins, *A Presence that Disturbs: A Call to Radical Discipleship* (Liguori, MO: Liguori Publications, 2002), 74.

4. Este concepto fue explorado y elaborado por el antropólogo social Victor Turner en una serie de publicaciones importantes. Aunque su aplicación original era la sociedad a una pequeña escala en África, desde entonces se ha ampliado enormemente y actualmente es utilizada ampliamente por liturgistas y misiólogos así como científicos sociales.

5. Y véase Franz-Josef Eilers, *Communicating Between Cultures* (Manila: Logos/SVD, 2012), 116–17.

6. Johannes Quasten and Joseph Plumpe, eds., *The Epistle to Diognetus*, Ancient Christian Writers Series 6 (Westminster, MD: The Newman Press, 1948), 135–47.

7. Ibid., 139–40.

8. Gittins, *A Presence*, 79.

9. "The Adventure" es uno de los ensayos de Simmel y está disponible en muchos compendios, como Kurt H. Wolf, ed., *George Simmel, 1858–1918: A Collection of Essays, with Translations and a Bibliography* (Columbus, OH: Ohio State University, 1959). Esta cita es de la sección 22. Tiene un formato diferente en Donal Levine, ed., *Georg Simmel: Selected Writings on Individuality and Social Forms* (Chicago: University of Chicago Press, 1971), 191–92.

10. El proyecto comunitario es identificado en el capítulo 2.

11. Robert Dunbar tiene un capítulo muy útil sobre el tema: Robert Dunbar, "Culture, Honesty and the Freerider Problem," en *The Evolution of Culture: An Interdisciplinary View*, ed. Robin Dunbar, Chris Knight, and Camila Power (New Brunswick, NJ: Rutgers

University Press, 1999), 194–213. Dunbar dice que "jinetes libres (u oportunistas, aquellos que toman los beneficios que se derivan de los contratos sociales mientras que permite que todos los demás paguen el costo) se convierten en un problema particularmente intrusivo" (p. 194). Véase también Rodney Stark, *The Rise of Christianity* (Princeton, NJ: Princeton University Press, 1995), 174–79. Y en su famoso *Dictionary*, Doctor Samuel Johnson describe célebremente a un vagabundo de abadía como "un vividor holgazán en una casa religiosa, bajo el pretexto de jubilación y austeridad."

12. El autor aquí hace un juego de palabras en inglés notando que "resisters" se compone de dos palabras "re" y "sisters" (hermanas que se resisten al sistema). Pero también explica que de ninguna manera son solo las hermanas las que se convierten en "resisters", y que no puede encontrar una palabra adecuada para describir a los hermanos que se resisten.

13. Esto se puede encontrar en el capítulo 8.

14. Véanse algunas de las condiciones para la supervivencia de una comunidad intercultural en el capítulo 2.

15. Lawrence Cada, et al., *Shaping the Coming Age of Religious Life* (New York: Seabury Press 1977), chap. 3.

16. Beatrice Bruteau, *The Holy Thursday Revolution* (Maryknoll, NY: Orbis Books, 2005), 114.

17. Ibid.

Capítulo 12 (páginas 178–86)

1. En el capítulo 7 contrastamos un "modelo de" y un "modelo para"; el primero sería un modelo a escala de algo que ya existe, mientras que este último es más imaginativo, pero ayuda a orientar a la gente a un posible resultado y muestra cómo podría funcionar. También podría acomodar ideas creativas acerca de cómo crear lo que necesita existir. Y siempre está abierto al desarrollo, modificación, e inspiración.

2. Stephanie Spellers, *Radical Welcome: Embracing God, the Other, and the Spirit of Transformation* (New York: Church Publishing, 2006). El diagrama (modificado) es del *Study Guide* acompañante, p. 1. He usado la estructura de ese modelo y algunos de la terminología del autor, pero lo modifiqué para nuestros propósitos actuales.

3. Véase el Apéndice I para "grupos silenciados" y "representación."

4. Véase el Apéndice V.

Apéndice I (páginas 187–93)

1. Véase el capítulo 7, "Desarrollando Competencia Intercultural" ("Developing Intercultural Competence", y la sección sobre Cultural Baggage en Anthony J. Gittins, *Ministry at the Margins: Spirituality and Strategy for Mission* (Maryknoll, NY: Orbis Books, 2002), 14–21.

2. Para un repaso sobre estos términos, véase el capítulo 6, "Perfiles Sociales e Interacción Social".

Notas 237

3. Eric H. F. Law, *The Wolf Shall Dwell with the Lamb: A Spirituality for Leadership in a Multicultural Community* (St. Louis: Chalice Press, 1993), 79–88.

4. Un artículo muy influyente es el de Gayatri Chakravorty Spivak', "Can the Subaltern Speak?" en *Marxism and the Interpretation of Culture*, ed. C. Nelson y Grossberg (Basingstoke, UK: Macmillan Education, 1988), 271–313.

Apéndice II (páginas 194–203)

1. Wolfgang Messner, *Intercultural Communication Competence: A Toolkit for Acquiring Effective and Appropriate Intercultural Communication* (Bangalore, India: Messner Consulting & Training Pvt. Ltd., 2013). Wolfgang Messner & N. Schäfer, eds., *The ICCATM Facilitator's Manual: Intercultural Communication and Collaboration Appraisal* (London: Createspace, 2012), www.globusresearch.com.

2. B. H. Spitzberg, "A Model of Intercultural Communication Competence," en *Intercultural Communication: A Reader*, ed. L. A. Samovar and R. E. Porter (Belmont, CA: Wadsworth Publishing, 2000), 375–87.

3. Para un fácil acceso (en inglés): http://en.wikipedia.org/wiki/Intercultural_communication.

4. Un tratamiento más completo es Anthony J. Gittins, "Developing Mature Ministers for Diverse Cultural Contexts," *Reflective Practice: Formation and Supervision in Ministry* 29 (2009): 9–22.

5. Un tratamiento más completo es Anthony J. Gittins, "Mentors and Midwives: Images of Discipleship," en *A Presence That Disturbs* (Liguori, MO: Liguori Publications, 2002), 131–41.

Apéndice III (páginas 204–9)

1. Véase "Perfiles Sociales e Interacción Social" en el capítulo 6.

2. Véase "La Necesidad de Aclarar la Terminología", en el capítulo 4.

3. Donde, sin embargo, los abuelos están criando niños debido a algún mal funcionamiento del núcleo familiar, la relación de abuelo-nieto puede replicar la fricción estructural más típica de la relación de padre-hijo.

4. Edith Hamilton and Huntingdon Cairns, eds., *Plato: The Collected Dialogues. "Theatatus" #149–50* (Princeton, NJ: Princeton University Press, 1969), 855.

Apéndice IV (páginas 210–14)

1. W. Shack, "Open Systems and Closed Boundaries," en *Strangers in African Society*, ed. W. Shack and E. Skinner (Berkeley: University of California Press, 1979); citado en William B. Gudykunst y Young Yun Kim, *Communicating with Strangers: An Approach to Intercultural Communication*, 2nd ed. (New York: McGraw-Hill, 1992), 19.

2. Véase el capítulo 10 y el Cuadrante 3, "Forasteros-Participantes" y "La Solución de Jesús".

3. Anthony J. Gittins, "Strangers in the Place," chap. 7, y "Missionary as Stranger," chap. 8, *Ministry at the Margins* (Maryknoll, NY: Orbis Books, 2002), 121–41, 142–60.

4. Jung Young Lee, *Margilnality*. Y véase el capítulo 8, arriba.

5. Johannes Metz, "Unity and Diversity: Problems and Prospects for Inculturation," *Concilium* 204 (1989): 79–87.

6. Ibid., 79.

7. Ibid., 82.

8. Ibid., 83.

9. Wilhelm Dupré, "Multiculturalism and Xenophobia: Reflections on a Common Dilemma," en *'Mission is a Must': Intercultural Theology and the Mission of the Church* (Amsterdam and New York: Editions Rodopi, 2002), 161–77.

10. Dupré, "Multiculturalism," 169, citando a Julia Kristeva, *Strangers to Ourselves* (New York: Columbia University Press, 1991), 195.

11. Dupré, "Multiculturalism."

12. Emmanuel Levinas, *Totality and Infinity: An Essay in Exteriority* (Pittsburgh, PA: Duquesne University Press, 1969).

13. Terry A. Veling, "In the Name of Who? Levinas and the Other Side of Theology," *Pacifica* 12 (October 1999): 275.

14. David Tracy, "Theology and the Many Faces of Modernity," *Theology Today* 51, no. 1 (1994), como citado en Veling, "In the Name," 276.

15. David Tracy, "Response to Adriaan Peperzak on Transcendence," en *Ethics as First Philosophy: The Significance of Emmanuel Levinas for Philosophy, Literature and Religion*, ed. Adriaan Peperzak (New York: Routledge, 1995), 194.

16. Veling, "In the Name," 283.

17. Como citado en Veling, "In the Name", de Gustavo Gutiérrez, "Liberation, Theology and Proclamation," en Claude Geffré y Gustavo Gutiérrez, eds., *Theology of Liberation, Concilium* 6, no. 10 (June 1974): 59.

18. Emmanuel Levinas, "Revelation in the Jewish Tradition," en *The Levinas Reader*, ed. Sean Hand (Oxford: Blackwell, 1989), 209.

19. Veling, "In the Name," 279.

20. Veling, "In the Name," 281.

21. Esta "O" en el "Otro" es deliberadamente ambiguo, denotando a Dios como prójimo.

22. Veling, "In the Name," 292, citando a Levinas, *Difficult Freedom: Essays on Judaism* (Baltimore: The Johns Hopkins University Press, 1990), 18, 26.

23. David Power, "Communion within Pluralism in the Local Church: Maintaining Unity in the Process of Inculturation," en *The Multicultural Church: A New Landscape in U.S. Theologies*, ed. William Cenkner (Mahwah, NJ: Paulist Press, 1996), 79–101.

24. Ibid., 93–94.

25. Ibid., 94.

26. Ibid.

27. Ibid.
28. Ibid.
29. William B. Gudykunst and Young Yun Kim, *Communicating with Strangers: An Approach to Intercultural Communication*, 2nd ed. (New York: McGraw Hill, 1992), 255.

Apéndice V (páginas 215–21)

1. Algo de esto se puede encontrar en el capítulo 3 bajo "Política".
2. Stephen Sykes, *Power and Christian Theology* (London: Continuum, 2006).
3. Geert Hofstede and M. Bond, "Hofstede's Cultural Dimensions," *Journal of Cross-Cultural Psychology* 15 (1984): 417–33. Esta cita, 419.
4. Eric H. F. Law, *The Wolf Shall Dwell with the Lamb* (St. Louis: Chalice Press, 1993), 19–27. Eric Law, sacerdote episcopal (anglicano) ha pasado más de veinte años trabajando con comunidades multiculturales en los Estados Unidos y otros lugares. Su objetivo es ayudarlos a trabajar realmente juntos proporcionando información y desarrollando habilidades en individuos y comunidades. Mucho de su trabajo es muy relevante para el propósito de este libro, aunque él está tratando con comunidades parroquiales o ad-hoc en lugar de explícitamente con comunidades permanentes y residenciales.
5. William B. Gudykunst and Young Yun Kim, *Communicating with Strangers: An Approach to Intercultural Communication*, 2nd ed. (New York: McGraw Hill, 1992), 47, en referencia a Geert Hofstede, *Culture's Consequences* (Beverly Hills, CA: Sage Publications, 1980).
6. Eric H. F. Law, *The Wolf*, 57–69. 7.
7. Ibid., 57–58.
8. Ibid., 58.
9. David Nygren and Miriam Ukeritis, *The Future of Religious Orders in the United States: Transformation and Commitment* (Westport, CT: Praeger, 1993). Para el Research Executive Summary, *Origins* (September 24, 1992): 258–72.
10. Ibid., 266–71.

Bibliografía

Adler, Peter S. "Beyond Cultural Identity: Reflections on Cultural and Multicultural Man." In *Intercultural Communication: A Reader*, edited by Larry Samovar and Richard Porter. Belmont, CA: Wadsworth, 1987.

Aixala, J., ed. *Other Apostolates Today: Selected Letters and Addresses of Pedro Arrupe, SJ*. Vol. 3. St. Louis: Institute of Jesuit Sources, 1981.

Arbuckle, Gerald A. *Culture, Inculturation, & Theologians: A Postmodern Critique*. Collegeville, MN: Liturgical Press, 2010.

Arnett, R. *Communication and Community*. Carbondale, IL: Southern Illinois University Press, 1986.

Arrupe, Pedro. "Letter to the Whole Society on Inculturation." In Aixala, *Other Apostolates Today*, 172–81.

Asuncion-Lande, Nobleza, ed. *Ethical Perspectives and Critical Issues in Intercultural Communication*. Falls Church, VA: Speech Communication Association, 1978.

Austin, J. L. *How to Do Things with Words*. Oxford, UK: Clarendon Press, 1962.

Barnlund, D. "The Cross-Cultural Arena: An Ethical Void." In Asuncion-Lande, *Ethical Perspectives and Critical Issues in Intercultural Communication*.

Barnsley, J. *The Social Reality of Ethics*. London: Routledge, Kegan, Paul, 1972.

Beattie, John. *Other Cultures: Aims, Methods, and Achievements in Anthropology*. New York: The Free Press, 1964.

Bell, Catherine. *Ritual Theory, Ritual Practice*. Oxford, UK: Oxford University Press, 1992.

Bellah, Robert, et al. *Habits of the Heart*. Berkeley: University of California Press, 1985.

Benedict, Ruth. *Patterns of Culture*. New York: Houghton Mifflin, 1934.

Bennett, Janet M., and Milton J. Bennett. "Developing Intercultural Sensitivity: An Integrative Approach to Global and Domestic Diversity." In *Handbook of Intercultural Training*, 3rd ed., edited by Dan Landis, Janet M. Bennett, and Milton J. Bennet, 147–65. Thousand Oaks, CA: Sage Publications, 2004.

Bennett, Milton J. "Becoming Interculturally Competent." In *Toward Multiculturalism: A Reader in Multicultural Education*, 2nd ed., edited by Jaime S. Wurtzel, 62–77. Newton, MA: Intercultural Resource Corporation, 2004.

———. "A Developmental Approach to Training for Intercultural Sensitivity." *International Journal of Intercultural Relations* 10 (1986): 179–96.

———. "Toward Ethnorelativism: A Developmental Model of Intercultural Sensitivity." In *Education for the Intercultural Experience*, 2nd ed., edited by M. Paige, 21–71. Yarmouth, ME: Intercultural Press, 1993.

———. "Transition Shock." In *International and Intercultural Communication Annual*, vol. 4, edited by N. Jain. Falls Church, VA: Speech Communication Association, 1977.

Berger, Peter, and Thomas Luckmann. *The Social Construction of Reality: A Treatise on the Sociology of Knowledge*. New York: Anchor Books, 1967.

Bernstein, Basil. "Elaborated and Restricted Codes." In *Communication and Culture*, edited by A. Smith. New York: Holt, Reinhart, and Winston, 1966.

———. "Social Class, Language, and Socialization." In *Language and Social Context*, edited by P. P. Gigliolo. New York: Penguin Books, 1972.

Beteille, André. "Inequality and Equality." In *Companion Encyclopedia of Anthropology*, edited by Tim Ingold, 1010–39. London: Routledge, 2002.

Bhaba, Homi, *The Location of Culture*. London: Routledge, 1994.

Biernatzki, William E. *Roots of Acceptance: The Intercultural Communication of Religious Meanings*. Rome: Editrice Pontificia Universita Gregoriana, 1991.

Bochner, Stephen. "The Social Psychology of Cross-Cultural Relations." In *Cultures in Contact: Studies in Cross-Cultural Interaction*. International Series in Social Experimental Psychology, edited by Stephen Bochner, vol. 1, 5–44. Oxford, UK: Pergamon Press, 1982.

Bruteau, Beatrice. *The Holy Thursday Revolution*. Maryknoll, NY: Orbis Books, 2005.

Buber, Martin. *I and Thou*. New York: Scribner, 1958.

———. *Between Man and Man*. New York: Macmillan, 1965.

Cada, Lawrence, and Raymond Fitz. *Shaping the Coming Age of Religious Life*. New York: Seabury Press, 1977.

Cenkner, William, ed. *The Multicultural Church*. Mahwah, NJ: Paulist Press, 1996.

Chomsky, Noam. *Syntactic Structures*. The Hague, Holland: Mouton, 1957.

Coleman, John. "Pastoral Strategies for Multicultural Parishes." *Origins* (2000): 497–505.

Costas, Orlando. "Conversion as a Complex Experience." In *Down to Earth: Studies in Christianity and Culture*, edited by Robert Coote and John Stott. Grand Rapids, MI: Eerdmans. Also in *Occasional Essays* 1, no. 5 (1985): 21–44.

Couturier, David. "At Odds with Ourselves: Polarization and the Learning Cultures of Priesthood." *Seminary Journal* 9, no. 3 (Winter 2003): 64–71.

Dawkins, Richard. *The Selfish Gene*. Oxford, UK: Clarendon Press, 1976.

Deregowski, J. B., et al. *Expiscations in Cross-Cultural Psychology: Selected Papers from the Sixth International Congress of the International Association for Cross-Cultural Psychology Held at Aberdeen, July 20–23, 1982*. Lisse, NL: Swets and Zeitlinger, 1983.

Derrida, Jacques. "Cogito and the History of Madness." In *Writing and Difference*. London: Routledge, 1978.

Dietterich, Inagrace. *The Gospel in Our Culture* 8, no. 3 (September 1996): 1–6.

Dorr, Donal. *Spirituality and Justice*. Maryknoll, NY: Orbis Books, 1984.

Dunbar, Robin. "Culture, Honesty, and the Freerider Problem." In *The Evolution of Culture: A Historical and Scientific Overview*, edited by Robin Dunbar, Chris Knight, and Camilla Power, 194–213. Edinburgh, UK: Edinburgh University Press, 1999.

Dupré, Wilhelm. "Multiculturalism and Xenophobia: Reflections on a Common Dilemma." In Wijsen and Nissen, *Mission Is a Must*, 62–77.

Earley, Christopher P., and Ang Soon, eds. *Cultural Intelligence: Individual Interactions across Cultures*. Stanford, CA: Stanford University Press, 2003.

Eilers, Franz-Josef. *Communicating Between Cultures: An Introduction to Intercultural Communication*, 4th ed. Manila: Logos Publications, 2012.

Fernandez, Pedro. "Constructing Religious Community: A Spiritan Reading." *Spiritan Horizons* 8 (Fall 2013): 25–38.

Fox, Robin. *Kinship and Marriage: An Anthropological Perspective*. Cambridge Studies in Social Anthropology. Cambridge, UK: Cambridge University Press, 1967/1988.

Frankl, Viktor. *Man's Search for Meaning*. New York: Pocket Books/Simon and Schuster, 1959.

Friedli, Richard. "Interkulturelle Theologie." In *Lexikon Missionstheologischer Grundbegriffe*, edited by Karl Müller and Theo Sundermeier, 181–85. Berlin: Reimer Verlag, 1987.

Friedli, Richard, Jan A. B. Jongeneel, Klaus Koschorke, Theo Sundermeier, and Werner Usdorf, eds. *Intercultural Perceptions and Prospects of World Christianity*. Frankfurt: Peter Lang, 2010.

Friedman, M. *The Confirmation of Otherness*. New York: Dell, 1983.

———. Foreword to *Communication and Community*, by R. Arnett, vii–xix. Carbondale, IL: Southern Illinois University Press, 1986.

Gallagher, Michael Paul. *Clashing Symbols: An Introduction to Faith and Culture*. London: Darton, Longman & Todd, 1997.

Geertz, Clifford. *The Interpretation of Cultures*. New York: Basic Books, 1973.

———. "On the Nature of Anthropological Understanding." *American Scientist* 63, no. 1 (January–February 1975): 47–53.

Gittins, Anthony J. "Belief and Faith, Assent and Dissent." *New Theology Review* no. 3 (August 1989): 65–85.

———. "Beyond Hospitality? The Missionary Status and Role Revisited." *Currents in Theology and Mission* (1994): 164–82.

———. "Developing Mature Ministers for Diverse Cultural Contexts." *Reflective Practice: Formation and Supervision in Ministry* 29 (2009): 9–22.

———. Foreword to *Culture, Inculturation, and Theologians: A Post-Modern Critique*, by Gerald Arbuckle, xi–xvii. Collegeville, MN: Liturgical Press, 2010.

———. *Ministry at the Margins: Strategy and Spirituality for Mission*. Maryknoll, NY: Orbis Books, 2002.

———. *A Presence That Disturbs: A Call to Radical Discipleship*. Liguori, MO: Liguori Publications, 2002.

———. "Spirituality and Mission: Body, World, and Experience of God." *New Theology Review* 23, no. 4 (November 2010): 62–73.

Goffman, Erving. *Asylums: Essays on the Social Situation of Mental Patients and Other Inmates*. Garden City, NY: Anchor Books, 1961.

———. *The Presentation of Self in Everyday Life*. New York: Doubleday, 1959.

———. *Stigma: Notes on the Management of Spoiled Identity*. Englewood Cliffs, NJ: Prentice-Hall, 1963.

———. *Strategic Interaction*. Philadelphia: University of Pennsylvania Press, 1969.

Gorringe, T. J. *Furthering Humanity: A Theology of Culture*. Hants, UK: Ashgate Publishing, 2004.

Greeley, Andrew. *The Catholic Imagination*. Berkeley: University of California Press, 2000.

Green, Anna. *Cultural History: Theory and History*. New York: Palgrave Macmillian, 2008.

Grimes, Ronald. *Beginnings in Ritual Studies*. Waterloo, Canada: Ritual Studies International, 2013.

Gross, Rita M. "Excuse Me, But What's the Question? Isn't Religious Diversity Normal?" In *The Myth of Religious Superiority*, edited by Paul Knitter, 75–87. Maryknoll, NY: Orbis Books, 2005.

Guder, Darrell. *Missional Church*. Grand Rapids, MI: Eerdmans, 1998.

Gudykunst, William B. *Bridging Differences: Effective Intergroup Communication*. Newbury Park, CA: Sage Publications, 1991.

———, ed. *Cross-Cultural and Intercultural Communication*. Thousand Oaks, CA: Sage Publications, 2003.

Gudykunst, William B., and Stella Ting-Toomey. *Culture and Interpersonal Communication*. Newbury Park, CA: Sage Publications, 1988.

Gudykunst, William B., and Young Yun Kim. *Communicating with Strangers: An Approach to Intercultural Communication*. 2nd ed. New York: McGraw-Hill, 1992.

———. *Communicating with Strangers: An Approach to Intercultura Communication*. 4th ed. New York: McGraw-Hill, 2003.

Hall, Edward T. *Beyond Culture*. New York: Anchor Books, 1976.

———. *The Hidden Dimension*. New York: Anchor/Doubleday, 1966.

———. *The Silent Language*. Greenwich, CT: Fawcett Publications, 1959.

———. "A System for the Notation of Proxemic Behavior." *American Anthropologist* 65 (1963): 1003–26.

Hammer, Mitchell. *Intercultural Development Inventory*, http://idiinventory.com.

Hick, John, and Paul Knitter, eds. *The Myth of Christian Uniqueness*. Maryknoll, NY: Orbis Books, 1987.

Hofstede, Geert H. *Culture's Consequences*. Beverly Hills, CA: Sage Publications, 1980.

———. "Dimensions of National Cultures in Fifty Countries and Three Regions." In Deregowski, et al., *Expiscations in Cross-Cultural Psychology*.

Hollenweger, Walter. *Erfahrungen der Leibhaftigkeit. Interkulturelle Theologie*. 2nd ed. Munich, 1990.

Hunsberger, George, and Craig van Gelder, eds. *The Church Between the Gospel and Culture*. Grand Rapids, MI: Eerdmans, 1997.

Ingold, Tim, ed. *Companions Encyclopedia of Anthropology*. London: Routledge, 2002.

Jain, N., ed. *International and Intercultural Communication Annual*. Vol. 4. Falls Church, VA: Speech Communication Association, 1977.

Jampolsky, G. *Out of Darkness and Into the Light*. New York: Bantam, 1989.

Klopf, Donald W., and J. McCroskey. *Intercultural Communication Encounters*. Pearson, NY: 2007.

Koyama, Kosuke. "'Extend Hospitality to Strangers'—A Missiology of *Theologia Crucis*." *International Bulletin of Missionary Research* 82 (1993): 283–95.

Kristeva, J. *Strangers to Ourselves*. New York: Columbia University Press, 1991.

Landis, Dan, ed. *Handbook of Intercultural Training*. 3rd ed. Thousand Oaks, CA: Sage Publications, 2004.

Lane, Harlan. *The Wild Boy of Aveyron*. Cambridge, MA: Harvard University Press, 1975.

Law, Eric H. F. *The Bush Was Blazing But Not Consumed: Developing a Multicultural Community Through Dialogue and Liturgy.* St. Louis: Chalice Press, 1996.

———. *Inclusion: Making Room for Grace.* St. Louis: Chalice Press, 2000.

———. *Sacred Acts, Holy Exchange: Faithful Diversity and Practical Transformation.* St. Louis: Chalice Press, 2002.

———. *The Wolf Shall Lie Down with the Lamb: A Spirituality for Leadership in a Multicultural Community.* St. Louis: Chalice Press, 1993.

Lee, Jung Young. *Marginality: The Key to Multicultural Theology.* Minneapolis: Fortress Press, 1995.

Lonergan, Bernard. *Method in Theology.* London: Darton, Longman & Todd, 1972.

Magesa, Laurenti. *What Is Not Sacred? African Spirituality.* Maryknoll, NY: Orbis Books, 2012.

Martin, Judith K., ed. "Theories and Methods in Cross-Cultural Orientation." *International Journal of Intercultural Relations* 10, no. 2 (1986).

Meier, John P. *A Marginal Jew: Rethinking the Historical Jesus.* 4 vols. New York: Doubleday, 1991–2009.

Messner, Wolfgang. *International Communication Competence: A Toolkit for Acquiring Effective and Appropriate Intercultural Communication.* Bangalore, India: Messner Consulting & Training Pvt, Ltd., 2013.

Messner, Wolfgang, and N. Schäfer, eds. *The ICCATM Facilitator's Manual. Intercultural Communication and Collaboration Appraisal.* London: Createspace, 2012. www.globusresearch.com.

Michael, S. M. "Interculturality and the *Anthropos* Tradition." *Verbum, SVD* 54, no.1 (2013): 60–74.

Moloney, Francis Xavier. *A Hard Saying: The Gospel and Culture.* Collegeville, MN: Liturgical Press, 2001.

Moore, Nina. *Nonverbal Communication: Studies and Applications.* New York: Oxford, 2010.

Müller, Karl, and T. Sundermeier, eds. *Dictionary of Mission.* Maryknoll, NY: Orbis Books, 1997.

Murray, Pat. "Intercultural Leadership." UISG Assembly, Rome, Italy, May 7, 2013. Unpublished manuscript.

Nguyen, van Thanh. "Biblical Foundations for Interculturality." *Verbum, SVD* 54, no. 1 (2013): 35–47.

Nissiotis, Nikos. "Conversion and the Church." *The Ecumenical Review* 19, no. 3 (July 1967): 261–70.

Nowak, Martin A., and Sarah Coakley, eds. *Evolution, Games, and God: The Principle of Cooperation*. Cambridge, MA: Harvard University Press, 2013.

Ong, Walter. *Orality and Literacy: The Technologizing of the Word*. New York: Routledge, 1982/2002.

Peck, M. Scott. *The Different Drum: Community Making and Peace*. New York: Simon and Schuster, 1987.

Rambo, Lewis. "Conversion." In *Dictionary of Pastoral Care and Counselling*, edited by R. Hunter. Nashville, TN: Abingdon Press, 1990.

Rhoads, David. *The Challenge of Diversity: The Witness of Paul and the Gospels*. Minneapolis: Augsburg Fortress, 1996.

Roberts, Simon. *Order and Dispute*. Harmondsworth, UK: Penguin Books, 1979.

Sacks, Jonathan. *The Dignity of Difference: How to Avoid the Clash of Civilizations*. London: Continuum, 2003.

———. *The Home We Build Together: Recreating Society*. London: Continuum, 2007.

Samovar, Larry, and Richard Porter, eds. *Intercultural Communication: A Reader*. 3rd ed. Belmont, CA: Wadsworth, 1982.

———. *Intercultural Communication: A Reader*. 5th ed. Belmont, CA: Wadsworth, 1987.

Scheuerer, F-X. *Interculturality—A Challenge for the Mission of the Church*. Bangalore, India: Asian Trading Co., 2001.

Schreiter, Robert. *The New Catholicity: Between the Global and the Local*. Maryknoll, NY: Orbis Books, 1997.

Sen, Amartya. "'Social Exclusion': Concept, Application, and Scrutiny." *Social Development Papers*, 1. Office of Environment and Social Development. Asian Development Bank. Manila, 2000.

Shorter, Aylward. *Toward a Theology of Inculturation*. London: Geoffrey Chapman, 1988.

Sillitoe, Paul. "Why Spheres of Exchange?" *Ethnology* 45, no. 1 (Winter, 2006): 1–26.

Simmel, Georg. "The Stranger." In *Georg Simmel: On Individuality and Social Forms*, edited by Donald N. Levine, 143–49. Chicago: University of Chicago Press, 1971.

Smith, A. *Communication and Culture*. New York: Holt, Rinehart, Winston, 1966.

Smith, Wilfred C. "Idolatry in Comparative Perspective." In *The Myth of Christian Uniqueness*, edited by John Hick and Paul Knitter, 53–68. Maryknoll, NY: Orbis Books, 1987.

Sobrino, Jon. *Witnesses to the Kingdom: The Martyrs of El Salvador and the Crucified Peoples*. Maryknoll, NY: Orbis Books, 2003.

Spadaro, Antonio. "A Big Heart Open to God: The Exclusive Interview with Pope Francis." *America* (September 30, 2013): 15–38, here 28.

Spellers, Stephanie. *Radical Welcome: Embracing God, the Other, and the Spirit of Transformation*. New York: Church Publishing, 2006.

Spitzberg, B. H. "A Model of Intercultural Communication Competence." In *Intercultural Communication: A Reader*, edited by L. A. Samovar and R. E. Porter, 375–87. Belmont, CA: Wadsworth Publishing, 2000.

Spivak, Gayatri Chakravorty. "Can the Subaltern Speak?" In *Marxism and the Interpretation of Culture*, edited by C. Nelson and L. Grossberg, 271–313. Basingstoke, UK: Macmillan Education, 1988.

Steindl-Rast, David. "Belonging to Community: Earth Household and God Household." In *Fugitive Faith*, 102–17. Maryknoll, NY: Orbis Books, 1999.

Stonequist, Everett. *The Marginal Man*. New York: Russell and Russell, 1961.

Sykes, Stephen. *Power and Christian Theology*. London: Continuum, 2006.

Tan, Jonathan. *Asian American Theologies*. Maryknoll, NY: Orbis Books, 2008.

Tracy, David. *The Analogical Imagination: Christian Theology and the Culture of Pluralism*. New York: Crossroad, 1981.

Turner, Victor. *The Forest of Symbols*. Ithaca, NY: Cornell University Press, 1967.

Usdorf, Werner. "The Cultural Origins of 'Intercultural' Theology." In *Intercultural Perceptions and Prospects of World Christianity*, edited by Richard Friedli, 81–105. Frankfurt, Peter Lang, 2010.

Van Gennep, Arnold. *The Rites of Passage*. London: Routledge and Kegan Paul, 1908/1977.

Venter, Dawid. "Mending the Multi-Coloured Coat of a Rainbow Nation." *Missionalia* (1995): 316–17.

Wallis, Jim. *The Call to Conversion*. San Francisco: HarperSanFrancisco, 1981.

Walls, Andrew. "The Ephesian Moment." In *The Cross-Cultural Process in Christian History*, 72–82. Maryknoll, NY: Orbis Books, 2002.

Wiebe, Rudy. *The Blue Mountains of China*. Toronto: McClelland and Stewart, 1970.

Wijsen, Frans, and P. Nissen, eds. *'Mission Is a Must': Intercultural Theology and the Mission of the Church*. Amsterdam/New York: Rodoni, 2002.

Williams, Raymond. *A Vocabulary of Culture and Society*. New York: Oxford University Press, 1985.

Wurtzel, Jaime S., ed. *Toward Multiculturalism: A Reader in Multicultural Education*. 2nd ed. Newton, MA: Intercultural Resource Corporation, 2004.

Young Yun, Kim, and William B. Gudykunst, eds. *Theories in Intercultural Communication*. Newbury Park, CA: Sage Publications, 1988.

Índice

aculturación, 57–61
Acton, Lord, 215
agotamiento, 27
ajuste psicológico, 133–42
análisis DAFO o SWOT, 208–9
analogía/analógica, 20
Arbuckle, G., 32
asimilación, ix, xvi, 2, 19, 30, 134, 179, 180, 181, 185, 212, 225
Austin, J. L., 151
autoridad, 153–55, 174–98, 205–8, 215–21

bagaje cultural, 187–93
Bennett, M., 100, 135, 138
bicultural, 16–17
bienvenida (radical), 178–86
Bruteau, B., 8, 176
buena voluntad, x, xx, xxi, 5, 14, 24, 55, 95, 109–10, 142, 194

Cada, L., 176
carisma, 1; *veáse también carisma fundacional*
carisma fundacional, xvi, 1, 24
"carta cultural", 95
Ciencias Sociales, x, 3, 121
communitas, 162–77
comunidad

espontánea, 165–67
mecánica, 167, 171
normativa, 166–69
veáse también comunidad intercultural
comunidad de invitación, inclusión, bienvenida radical 178–86
material, 35–36
moral, 38–39
"piel social," 54–55
"Sistema que da significado," 50–54
simbólica, 36–38
"Comunidad suficientemente buena", 145–46
comportamiento, 37, 49–50
compartir la fe, 95, 144
Conocimiento
interno/aprendiz, xix
externo/académico, xix
contexto, 37, 92
culturas de alto/bajo contexto, 92–95
control social, 39
conversión, 1–14, 56, 58
corrección, 27
Costas, O., 12–13
Couturier, D., 33
"creatividad regida por las reglas", 53–54

creencia, 43–45, 50
cultura, x, 32–35, 56, 115, 147–52
   "ambiente hecho parte por el humano", 32–45
   "forma de vida social", 47–50
   integrada, 44–45
   institucional, 39–45
   una nueva cultura, 22–24, 77, 132–33, 212
   "realidad social duradera", 55–56
   y fe (veáse fe y cultura), 62, 77, 116
cultura institucional (vs. integrada), 39–45

defecto cultural, 150–53, 159
Derrida, J., 149
desahogar, 26, 80, 143
dialético, 10
diferencias, 20
différence, différance, xvi–xvii, 9–10, 149
diversidad, 142
Dorr, D., 12

economía, 40–42
enculturación, 34, 57–59, 82, 101, 188; *veáse también* socialización
ensaladera, 20
espacio, 71–74; *veáse también* tiempo
espiritualidad, 76, 116
espiritualidad vivida, 62–63
etnicidad, 34
etnocéntrico/etnocentrismo, 100, 101–7, 188
etnorelativismo, 100–101, 108–13
ethos, xvi, 55

fe y cultura, 62, 77, 116
fisión/fusión, 163
Francisco, papa, x, 10, 25, 164
frustración. *Veáse* desahogar

Gallagher, M. P., 77

van Gennep, A., 122
globalización, xii
grupos silenciados, 191–93
Gutierrez, G., 213

habilidades, 11, 194–203
habitus, 196–97
Hall, E. T., 37, 92
Hofstede, G., 216–18
Hume, Cardenal B., 144

inclusión, 179–81
inculturación, 33, 60
individualismo, xvii
intercultural, x, 2, 21–23
   competencia, 98–114
   comunicación, 3
   comunidad, 23–29, 38, 53–55, 59, 64, 67, 89–90, 96–96, 112, 131, 178
   vida, ix, xiii–xviii, 2–6, 15, 19, 41–42, 47, 55, 76–77
internacionalidad, xiii
invitación, 178–79
"-ismos", 190–91

Jesús, xviii, 37, 77–78, 117, 126–28, 158, 218–19

kairos. *Veáse* tiempo

Law, Eric H. F., xvii, 179, 192, 216, 219
Lee, Y. J., 121, 128, 141, 175, 211
Levinas, E., 212–14
liderazgo, 21, 60, 104, 110, 140, 174, 183, 220–21
liminalidad, 118–19, 122–23, 128, 131, 139, 174–75
Lonergan, B., 13
los de afuera/los de adentro, 18, 47, 119, 153–58
   no-participantes, 18, 119, 153–61
   participantes, 18, 23, 119, 128, 156, 210

los de adentro no-participantes, 155–56
los de adentro participantes, 155

macrocosmos/microcosmos, 64ff., 124, 128
márgenes, 115–20
masa crítica, 25, 132, 172–74
mentores y parteras, 199–200, 207–8
Metz, J., 211
Ministros pastorales, x, xvii
misión, 115ff., 184–86, 198, 200, 211
misional, 164
missio Dei, 115
movilidad, 2
modelos de/para, 98–100, 179
Moloney, F. X., 78
monocultural, 15–16
multicultural, xvii, xviii, 4, 18–20

Nissiotis, N., 13
"nosotros/ellos", 103, 106

oralidad, 36–37
"otro", xiv, xxi, 64, 76, 104, 125–26, 130, 153, 180, 185, 210–14, 218

parentesco, 42–43
pasado, presente, futuro. *Veáse* tiempo
pecado y gracia (cultura como), 104–5
perfiles sociales, 80–92
perímetro, 117–30, 129; *veáse también* margen
pesimismo, 190
pobreza (religiosa), 42
poder. *Veáse* autoridad
  análisis del poder, 219
  distancia del poder, 182–83, 216–19
política, 39–40, 131
Power, D., 214

proyecto comunitario (común), 24–25, 149

Rambo, L., 12
relativismo, 109, 149–50, 188–89
"representación", 191–93
ritos de paso. *Veáse* liminalidad
ritual, 37
romanticismo, 189–90
Romero, O., 77–78

Sacks, J., 7–10, 148–49
salud/enfermedad, 69–71
sanciones, 39
Schreiter, R., 33
Sen, A., 120
Simmel, G., 121, 171
socialización. *Veáse* enculturación
Spellers, S., 179
Sykes, S., 215–16

tiempo, 47–48, 71, 74
  kairos, 72
  litúrgico, 72
  mítico, 72
  pasado, presente, futuro, 74–75
tipos sociales, 81
tolerancia, 25
tolerancia corporal, 67–69
  Apolíneo, 67–69, 73
  Dionisíaco, 67–69, 73
Tracy, D., 212
tradición, 88
transcultural, 17–18, 131
Turner, V., 122, 124

ubicación social, 63–66

variables culturales, 63–74
  enfermdedad, salud, muerte, 69–71
  microcosmos/macrocosmos, 65–67

pasado, presente, futuro, 74–75
  tiempo y espacio, 71–74
  ubicación social, 63–67
Veling, T., 212–13
vida basada en la fe, 5, 76–78, 141–44, 162, 175, 200

vida intergeneracional, 204–9
virtudes, 5, 11, 194–203
visión, 5, 28

Wallis, J., 12
Wiebe, R., xx, 11